Sabedoria do Monte Athos

dos Internacionais de Catalogação na Publicação (CIP)
(Câmara Brasileira do Livro, SP, Brasil)

Leloup, Jean-Yves
Sabedoria do Monte Athos / Jean-Yves Leloup ;
tradução de Karin Andrea de Guise. – Petrópolis,
RJ : Vozes, 2012.

Título original : Sagesse du Mont Athos

1ª reimpressão, 2025.

ISBN 978-85-326-4380-3

1. Monasticismo e ordens religiosas ortodoxas –
Grécia – Athos, Monte (Grécia) – Século XX
2. Vida espiritual – Igreja ortodoxa I. Título.

12-04840 CDD-271.81949565

Jean-Yves Leloup

Sabedoria do Monte Athos

Tradução de Karin Andrea de Guise

EDITORA VOZES
Petrópolis

Direitos de publicação em língua portuguesa:

Rua Frei Luís, 100
25689-900 Petrópolis, RJ
Internet: http://www.vozes.com.br
Brasil

Título original francês: *Sagesse du Mont Athos*

Diretor editorial
Frei Antônio Moser

Editores
Aline dos Santos Carneiro
José Maria da Silva
Lídio Peretti
Marilac Loraine Oleniki

Secretário executivo
João Batista Kreuch

Editoração: Fernando Sergio Olivetti da Rocha
Projeto gráfico: Guilherme F. Silva
Capa: Sérgio Gonzalez
Imagem da capa: Monte Athos. © Wolfgang Kaiser

ISBN 978-85-326-4380-3 (edição brasileira)

Editado conforme o novo acordo ortográfico.

Este livro foi composto e impresso pela Editora Vozes Ltda.

Sumário

Breve história do Monte Athos

I. Athos mítico

Ésquilo[1] fez do Monte Athos uma das residências de Zeus; já naquela época reinava sobre os cumes das suas montanhas a "Presença do Relâmpago"... Mais tarde, veio a guerra dos gigantes; um deles, chamado Athos, jogou sobre Poseidon[2] uma "pedra" que viria a se tornar "a santa montanha" quando, ao errar o seu alvo, ela ficou cravada no Mar Egeu. No entanto, alguns dizem que, pelo contrário, a santa montanha tornou-se o sepulcro sagrado do deus das tempestades... Ele desperta de tempos em tempos para sacudi-la e tentar dissolvê-la nas águas, mas "isso não acontecerá", dizem os atonistas, pois a *Theotokos*[3] protege este lugar desde sua passagem por aqui, há muito tempo atrás[4]. Este lugar é o seu jardim e um refúgio para todos aqueles que buscam a *hesychia* (o Silêncio e a paz interior).

---

1. Ésquilo (525/524 a.C.-456/455 a.C.): dramaturgo da Grécia Antiga, conhecido como o "pai da tragédia" [N.T.].

2. Poseidon: deus dos mares na mitologia grega [N.T.].

3. *Theotokos*: literalmente, "Mãe de Deus", título grego dado a Maria, mãe de Jesus, utilizado na Igreja Ortodoxa [N.T.].

4. Referência à tradição que conta que a Virgem Maria, acompanhada por São João Evangelista, quando estava a caminho de Chipre para visitar Lázaro, foi forçada, devido à força do mar, a procurar refúgio em um porto que hoje em dia encontra-se aos pés do mosteiro de Iveron no Monte Athos. A Virgem, ao admirar a beleza selvagem do lugar, pediu a Deus que lhe desse a montanha como presente. A voz do Eterno se fez então ouvir: "Que este lugar seja teu jardim e teu paraíso e um porto seguro para todos que buscam a salvação". Desde então o Monte Athos é considerado "o jardim da Virgem Maria", cujo acesso é proibido a todas as mulheres [N.T.].

II. Athos antigo

Heródoto e os antigos geógrafos mencionam seis cidades na península: Dion, Thyrsos, Cleonae, Acrothoi, Charadrores e Olophyxos. Em 491 a.C., na extremidade meridional da península, uma violenta tempestade expulsou a frota persa do General Mardonios.

A história nos conta que, com o objetivo de evitar uma nova vitória de "Poseidon", Xerxes[5] fez com que os persas cruzassem o Istmo de Ierissos que liga o Monte Athos ao continente, assim evitando a catástrofe.

Em 368 a.C., a península e suas seis cidades tornaram-se parte integrante do estado de Felipe da Macedônia. Alguns anos mais tarde, seu filho, Alexandre o Grande, tornou-se rei da Macedônia e integrou toda a Grécia ao seu império; conta a lenda que nesta época um arquiteto chamado Dinocrates quis entalhar o Monte Athos para fazer dele uma estátua colossal do imperador. Foi a própria *Theotokos* quem inspirou ao imperador um pouco de modéstia, assim preservando mais uma vez o "seu Jardim..."

III. Athos evangélico

Em 306, Constantino[6] tornou-se imperador e, após sua conversão, o Monte Athos tornou-se, junto com ele, uma terra cristã. Alguns eremitas encontraram ali um porto de paz onde,

---

5. Xerxes (519 a.C.-466 a.C.), rei persa que empreendeu várias batalhas contra os gregos, tornando-se particularmente conhecido pelas suas batalhas navais contra a frota grega [N.T.].

6. Constantino I (272-337), imperador romano, fundador da cidade de Constantinopla, capital do reino que entraria para a história como Império Bizantino. Após ter sido proclamado imperador, ele converteu-se ao cristianismo, instaurando-o como religião oficial do império, dando término, assim, às perseguições contra os cristãos [N.T.].

nas grutas e florestas de então, eles podiam "viver segundo o Evangelho" e ali praticar suas asceses. Foi a partir do século VII, após o Islã ter invadido a Capadócia, que muitos monges vieram refugiar-se no Monte Athos.

No século VIII, a história guarda o nome de Pedro do Athos e registra a chegada, por volta de 860, de Euthonios o Novo.

Como a tranquilidade dos monges era ameaçada pelas incursões de ladrões ou de pastores acompanhados pelas suas famílias, foi necessária uma ordem imperial (a Crisóbula do Imperador Basílio I, o Macedônio, em 885) para formalmente proibir-lhes a entrada. Apenas os monges tinham o direito de habitar o "jardim da Virgem"; como alguns ladrões e pastores tinham "haréns" inconstantes, o acesso a esta terra consagrada à ascese foi interditado não apenas às mulheres, mas também aos "animais fêmeas", pois a zoofilia era uma prática frequente na época. Contudo, os monges do Monte Athos sabem que uma crisóbula não é o suficiente para estarmos em paz com nossos instintos. O combate com os pensamentos (*logismoi*) ou o apaziguamento do mental é uma vitória ainda mais profunda...

É isso que um monge e um imperador tentarão viver e transmitir. De fato, foi em 963 que Santo Atanásio o Atonita fundou e organizou a vida monástica no Monte Athos. Graças aos donativos de seu amigo, o imperador Nicéforo Focas, o Monastério da Grande Lavra e sua igreja central (*catholicon*) puderam ser construídos.

À imagem do Monastério de Studios em Constantinopla, Atanásio desejou transformar o Monte Athos em um imenso eremitério. Ele fez com que a autoridade imperial aceitasse um modelo de organização monástica: as *typika* ou regras, que organizavam e orientavam a vida dos monges. Essas *typikas* foram confirmadas em 972 por João I Tzimisces.

Em 1046, um novo *typikon*, carregando o selo imperial de Constantino IX Monômaco, confirmou a organização e as regras de vida dos *Coenobium* (monastérios cenobitas[7]).

Durante este período foram construídos os monastérios de Xeropotamou, Vatopediou, Hagiou Paulou, Zographou e Iviron. É interessante observarmos que quase todos os monastérios do Monte Athos foram construídos antes do cisma de 1054[8].

Nesta época, a Igreja era uma comunhão de igrejas assim como o Athos era uma comunhão de monastérios, livres e independentes juridicamente, mas compartilhando da mesma fé e celebrando os mesmos "mistérios".

A Igreja era Una, santa, católica, apostólica; unida na diversidade, à imagem da "Santa e Bem-aventurada Uni-Trindade": essa imagem que a ambição, a ignorância e o orgulho dos homens iria destruir...

Por volta de 990, nas vizinhanças dos monges da Grande Lavra, instalou-se uma importante comunidade de beneditinos, vivendo não segundo as regras de Santo Atanásio, mas segundo as regras de São Bento; ela era financeiramente sustenta-

---

7. Um cenobita é um monge que leva uma vida retirada, mas em comum com outros que têm os mesmos interesses, princípios e/ou prerrogativas. É uma das formas que assume o monasticismo no Ocidente. Normalmente pertencem a uma Ordem religiosa e vivem de acordo com uma Regra ou *typika*, ou seja, uma coleção de preceitos, tais como a Regra de São Bento. Difere do monasticismo eremítico, onde o eremita afasta-se do contato com o mundo para assim melhor buscar a Deus. A palavra deriva do grego *koinos* e *bios*, significando algo como "comum" e "vida" e chegou até nós pela sua forma latina. O monasticismo cenobítico existe em diversas religiões, do budismo ao cristianismo e tem sido a forma mais proeminente de vida monástica no mundo [N.T.].

8. Referência ao cisma que separou a Igreja de Roma da Igreja Ortodoxa, situação que perdura até os dias de hoje [N.T.].

da pelos amalfitanos de Constantinopla. Ali eles permaneceram durante quase três séculos. Os vestígios deste monastério dedicado à Virgem ainda são visíveis, junto à baía de Morphonou (situada no lado leste da quase ilha[9]). Uma torre, bom exemplo de fortificação monástica, parece desafiar mais de oito séculos de desprezo, aguardando a "diversidade reconciliada" que faria do Monte Athos uma terra realmente ortodoxa e católica – uma terra evangélica. Mas antes de chegarmos lá, será necessário que ambas as partes perdoem-se mutuamente, sobretudo os cristãos ortodoxos, pois a memória dos crimes perpetrados pelos seus irmãos ocidentais permanece viva...

IV. O Athos devastado

Em 1053, o papa de Roma, Leão IX, e o patriarca de Constantinopla, Miguel Cerulário, excomungam-se mutuamente por razões sem dúvida teológicas (a processão do Espírito Santo, o filioque[10]), canônicas (casamento dos padres, pão ázimo[11],

9. "Quase ilha" é uma expressão referente ao fato do Monte Athos ser uma península conectada ao continente por uma estreita faixa de terra [N.T.].

10. A expressão *filioque* significa "e do Filho" em latim; ela aparece na frase: *Et in Spiritum Sanctum, Dominum, et vivificantem: qui ex Patre Filioque procedit* ("Creio no Espírito Santo, Senhor e Fonte de vida, que procede do Pai e do Filho"). Refere-se à doutrina da processão do Santo Espírito do Pai e do Filho. A cláusula filioque era, e ainda é, uma controvérsia na Igreja em relação ao Espírito Santo. A pergunta é: De quem o Espírito Santo procedeu, do Pai, ou do Pai e do Filho? É chamada de cláusula filioque porque o termo "e do filho" foi adicionado ao Credo niceno-constantinopolitano pelo Terceiro Concílio de Toledo em 589, indicando que o Espírito Santo procedeu do Pai "e do Filho". A controvérsia em torno deste assunto acabou culminando na separação das Igrejas Católica Romana e Ortodoxa em 1054 d.C. As duas igrejas ainda hoje não chegaram a um acordo sobre a cláusula filioque [N.T.].

11. Pão ázimo ou asmo, *matzo* (ídiche) ou *matzá* (hebraico), é um tipo de pão assado sem fermento, feito somente de farinha de trigo (ou de outros cereais como aveia, cevada e centeio) e água. A preparação da massa não deve exceder 18 minutos para garantir que a massa não fermente. De acordo com a tradição judaico-cristã, o pão ázimo foi feito pelos

barba, costumes, ritos etc.), mas, sobretudo, políticas (rivalidade entre o império bizantino e o império "bárbaro" que começa a organizar-se, transformando-se em império latino).

Quando a política prevalece sobre a ética, os conflitos de ideias rapidamente tornam-se conflitos armados, mas, naquela época, a tranquilidade do Monte Athos parece permanecer intocada e a unidade monástica ainda não foi abalada. Foi apenas em 1204, quando a quarta cruzada abateu-se sobre Constantinopla, que o irreparável foi consumado:

Destruição de igrejas, monastérios, pilhagem das relíquias e de outros tesouros, assassinato de monges, bispos etc. É fácil compreender que, após esta data, os bizantinos passaram a tolerar com maior facilidade a invasão dos muçulmanos do que os constantes crimes dos seus irmãos latinos[12].

A estas alturas, a "santa montanha" está sob o domínio dos francos e do rei da Tessalônica, Bonifácio de Montferrat, e do bispo latino Sebaste; quando os monges recusaram-se a submeter-se a Roma, suas encostas testemunharam terríveis massacres, pilhagens e incêndios.

Apesar do Papa Inocêncio III ter denunciado as torpes e nefastas consequências das cruzadas, ele confirmou a "conquista" operada, inclusive nomeando o Veneziano Morosini para a cátedra do Patriarca Fócio. As duas igrejas, a de Roma e a de Constantinopla, não pararam de se afastar uma da outra.

Diante da nova ameaça representada pelos otomanos, Miguel VIII Paleólogo (1259-1282), assim como o Patriarca

---

israelitas antes da fuga do Antigo Egito, porque não houve tempo para esperar até a massa fermentar [N.T.].

12. Ao longo da obra o autor utilizará as expressões "bizantinos" para referir-se aos cristãos ortodoxos e "latinos" referindo-se aos cristãos ligados à Igreja de Roma [N.T.].

Beccos, tentaram unir-se a Roma para lutarem juntos contra o inimigo comum. Miguel VIII mandou um representante ao Concílio de Lyon (1274) e aceitou, em caráter pessoal, "a união". Esta não foi aceita por nenhum cristão ortodoxo; o paleólogo não teve sequer direito a uma sepultura devido à sua "apostasia".

Andrônico II Paleólogo (1282-1328) tentou reabilitá-lo, o que desagradou não apenas aos monges, mas também aos seus aliados catalães que, de 1305-1307, vingaram-se contra o Monte Athos e deixaram apenas ruínas após sua passagem.

V. O Athos reconstruído

Foram os príncipes ortodoxos sérvios, búlgaros e russos que ofereceram aos monges o necessário para a reconstrução de seus monastérios. O Rei Milutin, genro sérvio do Imperador Andrônico II Paleólogo, restaurou Chilandari; Estêvão IV Duchan (1331-1355), após ter conquistado a Macedônia, impôs-se como senhor e protetor dos "Hagoritas" (1346). Foi nesta época que são reconhecidas as vozes e as obras de Gregório Palamas[13] e de

---

13. Gregório Palamas (1296-1359) foi um monge do Monte Athos, e, posteriormente, arcebispo de Salônica, conhecido como o teólogo preeminente do hesicasmo. Ele é venerado como santo pela Igreja Ortodoxa e alguns de seus escritos são encontrados na Filocalia. O Segundo Domingo da Quaresma é chamado, na Igreja Ortodoxa, de "Domingo de Gregório Palamas" em sua honra. Ele sustentava a doutrina ortodoxa de que é impossível conhecer Deus em sua essência (saber quem é Deus, de fato), mas é possível conhecê-lo em suas energias (saber o que Deus faz e quem Ele é em relação à criação e ao homem), uma vez que é a forma pela qual Ele se revela à humanidade. Assim sendo, ele faz referências aos Padres Capadócios e outros escritores cristãos e Padres da Igreja. Palamas ainda defende que, quando Pedro, Tiago e João testemunharam a transfiguração de Jesus no Monte Tabor, eles estavam, na verdade, vendo a luz de Deus e que é possível a outros ver a mesma luz com o auxílio de certas disciplinas espirituais e meditações, ainda que não seja de uma maneira mecânica ou automática [N.T.].

Nicolau Cabasilas[14] como autênticos defensores do hesicasmo e da ortodoxia. Fundamentados nas suas doutrinas, os cristãos ortodoxos recusaram o Concílio de Ferrara-Florença (1439), organizado pela Igreja de Roma.

Dali em diante, a Igreja Ortodoxa, fiel à Igreja indivisa do primeiro milênio, comunhão de igrejas, distintas, mas não separadas; unidas, mas não confundidas ou uniformes, passará a se chamar "Igreja dos Sete Concílios Ecumênicos" e recusará todas as inovações dogmáticas ou canônicas[15].

VI. Athos Otomano

Apesar de a Igreja Ortodoxa permanecer solidamente fundada sobre esses sete concílios ecumênicos, ela começava a ficar desprovida de poder: o Império Bizantino estava desmoronando e o Império Otomano começava a tomar o seu lugar.

---

14. Nicolau Cabasilas foi um escritor, teólogo e místico bizantino. Cabasilas é considerado santo pela Igreja Ortodoxa e é comemorado no dia 20 de junho. Nicolau era um amigo íntimo do imperador bizantino João VI Cantacuzeno, a quem ele acompanhou em sua aposentadoria num mosteiro. Em 1355 ele sucedeu a seu tio, Nilo Cabasilas, um ardente opositor – como o próprio Nicolau – da reunião da Igreja Ortodoxa com a Igreja Católica, separadas desde o cisma de 1054. Durante a controvérsia hesicasta, ele tomou partido dos monges do Monte Athos e de Gregório Palamas [N.T.].

15. Referência aos Sete Concílios Ecumênicos que aconteceram no primeiro milênio cristão, antes do cisma, ocorrido em 1054, que separou a Igreja de Roma (Igreja do Ocidente) das demais igrejas. Os dogmas estabelecidos nesses sete primeiros concílios são reconhecidos tanto pela Igreja de Roma quanto pela Igreja Ortodoxa. Após essa data, a Igreja de Roma organizou outros concílios e estabeleceu novos dogmas (por exemplo: o dogma da infalibilidade do papa, o dogma da Imaculada Conceição etc.), que não são reconhecidos pela Igreja Ortodoxa (ou Igreja do Oriente). Os mais importantes dogmas, que tratam de assuntos como a Santíssima Trindade e a natureza de Jesus Cristo, foram definidos nos primeiros concílios ecumênicos. Depois de 1054, a Igreja Ortodoxa não tem reconhecido como ecumênico mais nenhum concílio, ao passo que a Igreja Católica continuou a convocar e realizar concílios ecumênicos em comunhão plena com o papa. Anglicanos, luteranos e algumas outras denominações protestantes reconhecem os quatro primeiros concílios ecumênicos e, em alguns casos, os primeiros sete [N.T.].

Murad II já tinha conquistado a Tessalônica em 1430 e os monges lhe juraram fidelidade; em troca, Murad comprometeu-se a respeitar as propriedades dos monastérios, o que foi ratificado por Mehmed II após a queda de Constantinopla em 1453.

Não podendo mais beneficiar-se da ajuda do imperador, os monastérios do Monte Athos não demoraram a se degradar; de cenobitas, os monastérios tornaram-se idiorrítmicos[16] para preservar os poucos bens que conseguiram subsistir diante das regras que aplicavam taxas cada vez mais elevadas.

Durante o século XVI a Grécia, a Bulgária, a Sérvia e a Albânia foram transformadas em províncias otomanas. Apenas os povos que conseguiram preservar sua independência política puderam prestar ajuda e socorro aos monges do Athos: os romenos, válacos e moldavos, os russos, os ucranianos e os caucasianos.

Benfeitor de Zographou, o moldavo Estêvão o Grande (1457-1504) reconstruiu o Mosteiro de Vatopedi e de São Paulo; seus filhos Alexandre, Bogdon e Pedro ajudaram Gregoriou, Konstamonitou, Karakalou, Protaton; Pedro refez em 1534 o *catholicon*[17] de Dionysiou etc.

No século XVII foram os príncipes Miguel, o Valente[18], Matei Basarab e Serban Cantacuzeno que permitiram que os atonitas sobrevivessem.

---

16. Do grego *Idios*: próprio, particular, e *rythmos*: ordem, regra. Neste tipo de monasticismo cada monge tem liberdade para conduzir sua ascese da forma que preferir e para encontrar um ritmo de vida e de oração que lhe for mais apropriado. Assim, aos monges se lhes permitiu a aquisição de propriedades privadas que não poderiam superar certos limites [N.T.].

17. Igreja central de um monastério ortodoxo [N.T.].

18. Também conhecido por "Miguel o Bravo", hoje em dia considerado herói nacional romeno. As cores da bandeira da Romênia originam-se dos estandartes e do escudo usado por ele [N.T.].

Já no século XVIII, são os russos que vão afirmar a sua presença, particularmente no Mosteiro de São Panteleimonos. Também nesta época assistimos igualmente a um despertar das nações que, cansadas de suportar o jugo otomano, aspiram reencontrar sua identidade. A academia eclesiástica atonita (*Athonias*), onde eminentes teólogos ensinaram (Eugênio Vulgaris, Atanásio Parios), participou deste "despertar das nações" colocando à disposição, para este fim, a impressora do Monge Cosmos, na grande Lavra.

Infelizmente, a revolução de Estêvão Papas em 1822 em prol da independência da Grécia teve como consequência uma "ocupação feroz", fazendo com que, em 1827, os turco-otomanos novamente saqueassem os mosteiros, seus manuscritos e tesouros.

VII. Athos grego

Até 1912 os monges do Monte Athos foram sujeitos otomanos; o aparelho administrativo deste império não se interessava pelas regras e costumes internos da comunidade monástica e o estatuto interno do Monte Athos permaneceu inalterado.

Desde a independência da Grécia, em 1821, o estado grego estabeleceu sua soberania sobre o Monte Athos, mas ela só foi realmente aplicada a partir de 1912 (países gregos e eslavos tiveram que confrontar suas diferenças com relação à sua preeminência sobre a Santa Montanha, sobretudo com o czar russo...).

Desde essa data, todo monge do Monte Athos é considerado cidadão heleno.

Após a Revolução Russa (1917) e o estabelecimento do império comunista sobre os países eslavos, os mosteiros que dependiam desses países se encontraram empobrecidos e viram sua população drasticamente diminuída enquanto os mosteiros gregos mantinham-se da melhor maneira possível.

Posto estratégico de observação do movimento dos navios de guerra e dos submarinos ao longo das duas guerras mundiais, o Monte Athos foi submetido ao controle militar pelos aliados que combateram os turcos.

Durante esses anos o interesse espiritual pelo Monte Athos diminuiu drasticamente. Muitos monges não passavam de aventureiros que buscavam a montanha como um refúgio contra a justiça ao invés de um lugar de exercício das mais elevadas virtudes. O milênio do Monte Athos, comemorado em 1963, foi ocasião para uma tomada de consciência e um "retorno"...; novos monges instruídos e motivados voltaram a povoar os mosteiros.

Desde 1992 o Monte Athos está se abrindo gradativamente à modernidade: eletricidade, estradas desertadas pelos burricos, mas abertas aos rutilantes 4x4... bibliotecas informatizadas, chuveiros, banheiros... (luxos desconhecidos há apenas trinta anos atrás!), telefones celulares, portos modernos que acolhem soberbas embarcações pilotadas por arquimandritas[19] levemente despenteados.

De agora em diante, o Monte Athos faz parte da Europa. Sempre velando pela preservação das *typika* arcaicas, o dinheiro do Banco Europeu de Investimento participa da restauração

---

19. Arquimandrita (grego: *Archimandrìtis*) é um título dado pelas igrejas orientais, sejam elas ortodoxas ou católicas, aos higumenos, ou aos sacerdotes celibatários que sejam dignos de honra pelos seus serviços prestados (os sacerdotes casados podem receber o título de arcipreste). O equivalente latino, em relação quando é dado para tais presbíteros celibatários, poderia ser o título de monsenhor.
Etimologicamente, significa Superior do mosteiro (de *arkhè*, "maior", ou *archon*, "governante", e *mándra*, "clausura" ou "redil", denotando "mosteiro") [N.T.].

do conjunto dos mosteiros. O Monte Athos é agora parte do "Patrimônio Mundial da Humanidade" da Unesco.

Será que a chegada da luz elétrica vai expulsar do coração dos monges a reverência pela luz incriada? Será que o turismo vai destruir o que séculos de barbárie não conseguiram apagar? Vãs questões, como dizia Valéry[20] a respeito do Ser (uma ínfima impureza na infinita pureza do Não Ser); aqui, a história não passa de uma ínfima impureza na infinita pureza da Vida Eterna...

Hoje, como ontem, é Ela, a "Hagia Sophia"[21], que os monges vêm buscar aqui: "A Verdadeira Vida"...

Face aos apocalipses que nos cercam, a oração no coração do monge continua sendo a mesma:

> Deus Santo, Santo Forte, Santo Eterno,
> Tenha piedade de nós...
> Senhor Jesus Cristo, Filho do Deus Vivo...
> *Kyrie Eleison*
> *Gospodi pomiju...*

---

20. Paul Valéry (1871-1945), escritor, poeta e crítico literário francês [N.T.].

21. Hagia Sophia: Santa Sabedoria [N.T.].

Cartas do Monte Athos

Caminhos infinitos...
Não são caminhos que levam a lugar algum
ou a algum lugar
Mas caminhos que levam ao "caminhar"
No próprio instante
Em que caminho...

Não há destino ou errância...
(assim como não há saber
ou ignorância)
Mas presença... infinita presença à
Vida que vai...
Ao "Eu Sou" que é o caminho...

Caminho infinito...
Ir
A cada manhã
Acender minha centelha
Na chama que queima diante do Teu semblante...

Carta I
Abrir-se ao Infinito

Meu caro A,

Você me pergunta o que faço aqui, no Monte Athos.

"Após tudo que você viveu, eu não vou 'render-me a Deus', à evidência [...] Até aqui, nós passamos muito bem sem essa hipótese [...]".

"Eu jamais acreditarei", você me diz, "que a graça tenha caído sobre a sua cabeça; é mais fácil acreditar que você esteja fugindo. Você renuncia ao real e vai se unir a essa horda de sonhadores do outro mundo para esconder sua vaidade ou vacuidade atrás de uma barba, de volutas de incenso e, é claro, não vai demorar muito, atrás de uma roupa preta. Não tenho dúvidas de que, conhecendo seus gostos estéticos, o Monte Athos seja o refúgio ideal para a sua covardia [...].

Afinal de contas, por que não viver sua vida absurda acompanhado por cantos bizantinos e belos ícones, em um lugar cuja natureza está preservada, o clima é agradável, entre arquiteturas históricas de grande beleza e cercado por homens indubitavelmente inteligentes, donos de uma apurada delicadeza? [...]".

Se eu fosse o cínico que você imagina, eu responderia: sim, por que não? É covardia amar a beleza, a calma e a companhia daqueles que apreciam essas qualidades?

Não é você o louco ou o doente? Continuar a viver em um mundo que você considera, como já me disse, cada vez mais feio, mais pesado, impossível de viver? O que o faz correr desta maneira? Esgotar-se não apenas trabalhando, mas também em todo tipo de encontros ou relações que julga ser cada vez mais vãs?

Você me disse um dia que a mediocridade lhe é insuportável e que, no entanto, "era necessário consenti-la [...] Ao desejar o que não tem ou tendo o que deseja, tanto em um caso como no outro, o homem sente-se infeliz [...]".

Não ache que vendi minha lucidez por um pouco de "água ardente" – "água de vida" (*ouzo*[1]) – e alguns *loukoums?*[2]

Antes de chegar aqui, eu tive o cuidado de me suicidar...

A "graça", para um ateu fervoroso e dogmático como você, só poderia ter ares fatais...

Mas, fique tranquilo, nada me caiu sobre a cabeça, foi simplesmente o corpo que desmoronou! Devido ao cansaço, aos venenos... eu tive medo! Como pude ter medo, logo eu que dizia: "Não se pode ter medo de 'nada' [...] pois eu estava persuadido de que não havia nada, nem antes da morte, nem após a morte".

Mas este "nada" não passava de um pensamento, uma representação, sem semelhança alguma com a realidade na qual não pensamos mais, mas onde simplesmente "somos". É a realidade que nos interessa, não é?

---

1. Bebida alcoolizada grega fabricada à base de álcool neutro misturado a diversos aromas, principalmente erva-doce, depois destilado e diluído [N.T.].

2. *Loukoum*: doce típico oferecido aos visitantes nos mosteiros da Grécia. É muito consumido em países como Turquia, Bulgária, Chipre, Grécia, Romênia, Albânia etc., ou seja, em todos os países que sofreram influência otomana [N.T.].

Então, vamos seguir em frente: o que resta quando não resta mais nada? É difícil dizer, pois justamente não há mais ninguém para dizer alguma coisa. E, no entanto, eu tenho que lhe confessar que o que aconteceu, para minha grande surpresa, aconteceu independente da minha vontade.

Eu já relatei esta aventura e, a ela, não acrescentarei mais nada:

Mal acabara de chegar a Istambul, eu caí gravemente enfermo. Mais tarde me disseram que eu devo ter sido envenenado, mas não há ninguém que eu possa acusar senão a mim mesmo que, na minha indiferença, comia o que restava nas ruas após a feira e bebia de águas que nem sempre vinham da fonte. Eu comia tão pouco que, a meu ver, é nas águas imundas do Bósforo que devemos ir buscar o micróbio fatal. Encontraram-me inconsciente, caído na rua. Ao ver que eu era europeu, conduziram-me a um hospital onde ainda viviam médicos e enfermeiros franceses. Após os exames de rotina, dentre eles um eletroencefalograma, fui declarado "morto".

Não fui o primeiro jovem europeu a ser encontrado desta maneira. Drogas, miséria, envenenamento, pouco importa, eles eram rapidamente declarados mortos e, caso não tivessem documentos, o que era o meu caso, eles não demoravam a ser enterrados, o que ia ser o meu caso. Contudo, decidiram esperar um pouco e instalaram-me em um quarto refrigerado, um pouco afastado.

Contar o que vivi me parece difícil; primeiro, porque com um eletroencefalograma linear não há mais pensamento. Segundo, porque minha experiência não possui nada de muito original quando conhecemos os diversos relatos de *near death experience* narrados nos dias de hoje. Sempre fico surpreso pela abundância de imagens e de luz testemunhadas por essas pessoas que escaparam da morte. Para mim, o que aconteceu foi o vazio. Nada, mas confesso jamais ter conhecido um estado de plenitude semelhante a este vazio, a este Nada.

Tentarei ser o mais honesto possível e descreverei com palavras aquilo que está fora do alcance das palavras. De fato, os conceitos pertencem ao espaço-tempo, e referem-se a um "alguma coisa" ou ao mundo. Ora, essa experiência não foi vivida no nosso espaço-tempo e permanece fora do alcance dos instrumentos forjados neste espaço-tempo.

Antes de tudo, "eu não queria morrer"! Eu tinha desejado a morte, eu me preparara para ela de diversas maneiras, conscientes e inconscientes, mas, no momento em que "ela" chegou, eu disse: "não!" Tive medo, e quanto mais eu dizia não, mais eu sofria... era algo intolerável, uma revolta de todo meu corpo, de todo meu psiquismo – não! Depois, diante do inelutável, do intolerável, sobretudo diante do sofrimento, algo em mim soçobrou, arrebentou e, ao mesmo tempo, aquiesceu. Para que lutar? Sim. Eu aceito...

No próprio instante em que disse este "sim", toda dor desapareceu. Eu não sentia mais nada ou sentia algo muito leve. Compreendi o símbolo do pássaro, usado para representar a alma. Eu continuava dentro da minha caixinha ou na minha gaiola, mas o pássaro abria suas asas e levantava voo. Sensação de espaço, "horizonte não impedido", mas sempre consciente, extremamente vivo, luminoso, que eu percebia ao mesmo tempo no meu corpo e fora do meu corpo. Depois, para retomar a imagem (inadequada), "o pássaro saiu da sua gaiola", saiu do corpo e do mundo que o cercava, mas o pássaro ainda guardava a sua consciência de pássaro, autônomo e bem diferenciado da sua gaiola.

A "alma" existe fora do corpo que ela informa ou que ela anima, isso foi relatado em outros testemunhos.

Depois... como dizer? Foi como se o voo saísse do pássaro, um voo que continua sem pássaro e que se une ao Espaço... Não havia mais consciência, "consciência de alguma coisa", corpo, alma ou pássaro: *nada*...

Mas este nada, este *no-thing* (não uma coisa, como dizem melhor os ingleses), foi o Espaço que continha o voo, a gaiola e o pássaro. Essa vastidão continha a consciência, a alma e o corpo; não era nada particular, determinado, informado. Isso não é Nada, isso É... é tudo que posso dizer...

Durante "este tempo", ou melhor, durante a "saída deste tempo", meu enterro estava sendo preparado...

O que aconteceu?

Lembro-me apenas de um homem que gritou em francês: "Ele não está morto!" e tomaram medidas desagradáveis para me reanimar. O voo voltou para o pássaro, o pássaro desceu e voltou a entrar na sua gaiola, o pássaro sufocava, ele não conseguia respirar, colocaram nos seus pulmões "um ar que não era o seu", fizeram todo tipo de transfusão de líquidos nas suas veias que não eram o seu sangue...

Quando ele começou a gemer, todos se acalmaram: "Ele saiu do coma"[3].

Eu dizia que não vejo nada que possa ser acrescentado a este relato. No entanto, quase quarenta anos após esse acontecimento, eu me coloco a questão: "É preciso esperar morrer, suicidar-se precocemente para saborear o que resta quando não resta mais nada, ou seja: "aquilo que é realmente"?

3. Cf. LELOUP, J.-Y. *O absurdo e a graça*. Campinas: Verus, 2003.

Não cometerei o mesmo erro duas vezes, não voltarei a viver sem ter vivido, pois é verdade que eu não vivia antes desta experiência. Eu tinha ilusões, eu dava desculpas – eu tomava meu discurso sobre a realidade pela realidade, como os cientistas de outrora tomavam a sua representação do real, aquilo que seus instrumentos sofisticados conseguiam capturar, pelo Real.

Aquilo que eu acreditava ser a vida, não era a "Vida", mas a "vida mortal".

Essa experiência de "morte clínica" me ensinou que morrer é perder seus limites, esses limites com os quais nos identificamos, fisicamente, psiquicamente e mentalmente.

A Vida que toma forma em mim é mais do que eu. A Consciência que toma corpo em mim é mais do que o meu corpo. O Logos que se faz carne em mim subsiste quando não estou mais aqui para manifestá-lo.

Apenas a morte morre, ou aquilo que é mortal; apenas o meu medo da morte, ou seja, "eu".

A Vida continua.

A Consciência brilha.

O Logos permanece...

Podem me tirar a vida que eu tenho, mas não a Vida que "eu sou".

Descobri neste instante, "clínico e trágico", que eu não tinha a vida, mas que "eu era a Vida..."

"A vida que eu tenho", aliás, como tudo aquilo que eu tenho (bens materiais, relacionais, intelectuais etc.), um dia eu não mais terei... é uma evidência...

A Vida que "eu sou" (não identificada à que eu tenho), eu a serei para sempre. É uma outra evidência... e eu não esperava por isso.

O que estou fazendo aqui?, você me pergunta.

Nada, a não ser "deixar ser a Vida que eu sou", permanecer neste movimento da Vida que se dá, estar presente a isto, de todo meu corpo, de toda minha inteligência, de toda minha afetividade, com gratidão...

Não nascemos para fazer alguma coisa, mas para sermos alguém...

Aqui, como em todo lugar, é um bom lugar para estarmos vivos e para "deixar ser a Vida" na forma precária e provisória que nos é dada (eu – você – a sociedade – o cosmos) por mais algum tempo.

Mas, é preciso que saibamos, não nascemos apenas para morrer, mas para perdermos nossas ideias sobre a vida e sobre a morte, para perdermos nossas pretensões e nossos limites.

Você me dirá: "E Deus nisto tudo?"

Eu gostaria de lembrá-lo de que Deus não existe; se Ele existisse como tudo aquilo que existe, Ele estaria condenado a desaparecer... Qual interesse em "termos" um deus que existe ou em termos a "verdade"? Como tudo que temos, um dia não mais teremos...

O importante não é o "deus que temos", mas o "Deus que somos". O importante não é a verdade, a vida que temos, mas a Verdade, a Vida que somos.

Gostaria também de lembrá-lo que na Bíblia não se fala de Deus, mas de YHWH, de Adonai, de Shaddai, de Eyeh asher Eyeh, de Elohim, de Shabbaot – sendo que cada um desses nomes é uma tentativa de associarmos uma palavra a uma experiência. A experiência do Desconhecido, do Silêncio Inefável no coração de tudo aquilo que vive e respira (YHWH); a experiência de um Sentido que nos orienta, nos estrutura e nos conduz (Adonai); a experiência do mundo como manifestação de uma Força e de uma Energia incomensurável (Elohim); a experiência de uma Presença que nos envolve, nos sustenta, quase uma "Mãe" que nos carrega (Shaddai); a experiência de uma Ordem, de uma Harmonia que estruturam os diferentes planos do ser ou os diferentes "níveis de realidade", para utilizar uma expressão dos físicos de hoje (Shabbaot)...

Existem outros nomes de Deus, ou seja, outras maneiras de entrar em relação com a Realidade una – diversa e inefável.

A experiência que eu relatei agora há pouco não está próxima da de Moisés quando ele acolheu Deus como sendo *Eyeh asher eyeh*: "Eu sou o que eu sou"?

Não é essa a experiência que todo ser humano pode fazer da "Vida que é", não apenas no momento onde ele perde a "vida que ele tem", mas no próprio quotidiano desta vida mortal?

Nos evangelhos falamos de Deus como sendo a bela e grande *Zoé*: a Vida... "Ele é a Vida – por Ele, tudo existe; sem Ele: nada [...] A Vida é a luz (*phos*) dos homens... ela ilumina todo ser humano que vem a este mundo (*panta anthropon*[4])".

Em todo caso, é a experiência de Yohanan[5], o discípulo, e a experiência de Yeshoua[6], o senhor: "Eu sou a vida [...] Eu sou a luz do mundo [...] Antes de Abraão ser, 'Eu Sou'[7] [...]".

Não tenho nada contra a palavra "Deus" se nos lembramos daquilo que ela quer dizer e a que experiência magnífica ela nos remete: Deus, é *dies*, o dia.

---

4. Cf. prólogo do Evangelho de São João.

5. Yohanan: nome hebraico de João; referência a São João [N.T.].

6. Yeshoua: nome hebraico de Jesus de Nazaré [N.T.].

7. Cf. Evangelho de João.

Ver Deus é "ver o Dia", é morar e permanecer na luz; a luz é aquilo que não vemos, mas aquilo que nos permite ver todas as coisas (da mesma maneira, a Consciência não é "alguma coisa" cuja consciência poderíamos "ter", mas é aquilo que nos torna conscientes).

Podemos morrer sem jamais termos visto o Dia!... Que pena: nós vemos as coisas, nós não vemos a claridade na qual elas nos aparecem; nós vemos o visível, nós não vemos o Invisível... nós apreendemos todos os tipos de objetos e ignoramos o Espaço no qual podemos capturá-los, compreendê-los...

"Ver o Dia", como diz o Livro do Gênesis, é ver o "Nada" no qual todas as coisas aparecem. Que esplendor! Ver a luz não apenas em volta ou entre as coisas, mas no coração das coisas, ver a luz na matéria! Essa é a grande experiência do Monte Athos, é a experiência do Monte Thabor ou da Transfiguração.

Não seria essa também a conclusão, sem dúvida mais teórica do que "experimental", dos físicos que consideram, hoje em dia, a matéria como uma das "velocidades mais lentas da luz..."? Nós frequentaríamos apenas as "frequências mais lentas" do Real... É o nosso aparelho de percepção (nosso corpo, nosso cérebro) que se trata de adaptar aos diferentes níveis de realidade que se oferecem a nós.

A cada dia descubro que o ateísmo é uma "doença dos olhos" (literalmente: *a-theos* – sem visão ou visão sem luz), é ter o olhar obstruído, parado, por aquilo que vemos, é não ver o Invisível...

Aliás, a palavra *theos*, em grego, que utilizamos aqui no lugar da palavra *Deus*, não quer dizer "visão"? Assim, como na sua origem, em Platão, a palavra *theoria* quer dizer "contemplação"?

Aquilo que chamamos de Deus – Theos – aqui no Monte Athos e no cristianismo ortodoxo é a experiência de uma visão não obstruída, uma visão infinita que situa cada realidade finita no lugar que lhe é próprio e nos impede de fazermos dela um ídolo. À luz desta visão, nós vemos a Luz; em cada ato de pura consciência, nós experimentamos a Consciência; em cada instante plenamente vivido, nós experimentamos a Vida; em cada presente, nós provamos a Presença...

O ateísmo é não apenas uma doença dos olhos, ele é também uma doença de todos os sentidos.

Ele é também o "ouvido obstruído" porque ele escuta certas palavras ou certos conceitos que impedem que escutemos além, que impedem que sejamos sensíveis para escutar o silêncio de onde vêm todos os pensamentos e para onde eles retornam.

É ter o "paladar obstruído" por certos sabores, certos temperos, é ser insensível à "insipidez" das águas e a outros "alimentos" mais sutis... (cf. o maná – em hebraico *man-ouh?*, literalmente: "o que é isso?").

É termos as "mãos obstruídas" por aquilo que elas tocam ou aquilo que elas carregam, incapazes de pressentir o sopro, o impalpável de um corpo...

É ter as "narinas obstruídas" por certos aromas ou, pior ainda, por "desodorantes"; narinas amedrontadas diante dos perfumes e incensos, os "odores da santidade" que nos colocam na pista do Desconhecido...

Lao-Tsé, e muitos outros sábios antes dele, já teve este pressentimento:

> Nós o olhamos
> Mas isso não basta para vê-lo
> Nós o ouvimos

Mas isso não basta para escutá-lo
Nós o provamos
Mas isso não basta para encontrarmos
O sabor[8].

E ainda:

Ao olhá-lo, não o vemos e o nomeamos o Invisível
Ao escutá-lo, não o ouvimos e o nomeamos o Inaudível
Ao tocá-lo, não o sentimos e o nomeamos o Impalpável[9].

Como dizem os Padres da Igreja, particularmente Dionísio o Teólogo: "Sobre Deus, nada podemos dizer sobre o que Ele é, mas apenas sobre o que Ele não é"; só podemos falar dele em termos negativos.

É uma experiência dos sentidos conduzidos aos seus limites: para além e para dentro do visível, nós o conhecemos e o amamos como Invisível.

Para além e para dentro das palavras e dos sons, nós o conhecemos e o amamos como Silêncio...

Para além e para dentro de tudo aquilo que podemos tocar, nós o "contatamos" como o Incriado, impalpável e intangível.

Para além e para dentro de tudo aquilo que provamos, nós o saboreamos como Inefável.

Para além e para dentro de tudo aquilo que respiramos, nós o pressentimos por vezes como um aroma, uma essência que nos extasia.

Nessa abordagem do Real, os sentidos não são um obstáculo ao conhecimento e à adoração, contanto que eles permane-

---

8. *Tao te King*, cap. XXXV.

9. Ibid., cap. XIV.

çam no Aberto, não obstruídos pelo objeto por eles "capturado" que se transformaria, então, em um "ídolo", um obstáculo a um prazer ainda maior.

Este "prazer ainda maior" que chamamos de beatitude; essa beatitude que alguns chamam de "Deus".

Na sua carta você falou do hedonismo como sendo um "privilégio do ateu": "os pobres crentes privam-se de todas as coisas belas e boas do mundo..." Eu diria: pobre hedonismo, cujo prazer está circunscrito aos objetos apenas visíveis, apenas audíveis, apenas palpáveis... Por que privar-se de um prazer mais vasto, vinculado à abertura possível dos sentidos?, por que não se alegrar com o invisível, com o silêncio, com o impalpável?

Quando vemos uma casa, por que ver apenas as paredes e esquecer o espaço, o que está dentro e o que está fora, que a torna habitável? Mais uma vez, eu cito para você o velho sábio:

> Trinta raios convergem ao centro
> Mas é o espaço mediano
> Que faz o carro se movimentar.
> Moldamos a argila para dela fazer vasos
> Mas o seu uso depende
> Do vazio interno.
> Uma casa é atravessada por portas e janelas
> Mas é o Espaço dentro dela que a torna possível de ser habitada[10].

Nós perdemos esta consciência do Espaço e é precisamente esta consciência que reencontro aqui, na meditação e na oração; é este Espaço que me foi dado viver na minha "queda" em Istambul.

---

10. Ibid., cap. XI.

Na evidência deste Espaço, nada é destruído, os móveis da casa estão no seu lugar; por que deveríamos aguardar o desmoronar das nossas paredes para reconhecê-lo?

"Ninguém pode ver Deus sem morrer"... às categorias e aos modos nos quais gostaríamos de conceitualizá-lo, "fechá-lo", "idolatrá-lo". Ser reduzido a nada, consentir ao vazio e à "douta ignorância" é produzir em nós a matriz do verdadeiro conhecimento, que fará de nós – segundo os termos de Mestre Eckhart – "mães de Deus"[11].

Eu falei sobre esses "sentidos obstruídos", incapazes de sentir além dos objetos que a manifestam, a presença da Vida simples e soberana. Deveríamos falar ainda da "inteligência obstruída" por aquilo que ela sabe, incapaz de contemplação e de abertura ao Desconhecido... da "afetividade obstruída" (apegada) por aquilo que ela ama, incapaz de segurar em seus braços e deixar livre, de manter aberto o seu abraço.

Seria necessário falarmos também da "fé obstruída" por certas representações de Deus, incapaz de adorar o Infinito Real na sua incognoscibilidade, inefável e inominável. Faço apenas relembrá-lo da tradição apofática dos padres dos primeiros séculos que nos inspiram ainda hoje em dia, aqui, no Monte Athos:

> Se acontecer de, ao ver Deus, comentarmos sobre aquilo que vemos, é porque não vimos o próprio Deus, mas alguma dessas coisas cognoscíveis que lhe devem o ser. Pois, em si, Ele ultrapassa toda inteligência e toda essência. Ele não existe de maneira sobre-essencial e só é conhecido, além de todo intelecto, enquanto permanece totalmente desco-

11. Cf. LELOUP, J.-Y. *Escritos sobre o hesicasmo*. Petrópolis: Vozes, 2003.

> nhecido e não existente. E é este perfeito desconhecimento, tomado no melhor sentido da palavra, que constitui o conhecimento verdadeiro d'Aquele que ultrapassa todo conhecimento[12].

Desculpe-me por conduzi-lo a pensamentos que, com certeza, não lhe são familiares, mas são pensamentos muito humanos e eu sei que "nada daquilo que é humano lhe é estrangeiro"...

A noite caiu sobre a montanha. Quando você me ler, talvez a noite já tenha caído lá onde você estiver.

Abra a sua janela, olhe as estrelas e as miríades de mundos infinitamente mais vastos que o nosso, olhe o Espaço que os contém, contemple a noite que nos transborda, o dia que chega...

Olhe um pouco mais...

A consciência, ou a Presença, que contém este Espaço, esta noite e este dia que chega.

Olhe.

És isso?

---

12. Dionísio o Areopagita, Cartas a Galos, P.G. 3, 1.065, apud *Escritos sobre o hesicasmo*. Op. cit.

Carta II
O Cristo é a Vida

Meu caro A,

Você diz compreender a minha experiência: essa abertura ao Infinito, ao Desconhecido, à inefável Presença... e você indica com precisão que é nessa abertura e nessa relação com a "Transcendência imanente", com o "Além que está dentro de nós" que nossa humanidade se realiza. Mas, você acrescenta: por que ser cristão? Isso não seria, após ter acabado de entrar no Aberto, construir um novo claustro? Fechar o Espaço dentro dos muros de uma encarnação? Enfim, por que cristão e não budista ou taoista? (Você frequentemente me disse: "Eu sempre achei que você era mais um "taólogo" do que um "teólogo"). Por que cristão e não judeu ou muçulmano e por que não guarani?

Será preciso pertencer a uma religião particular? Tanto na história quanto ainda hoje em dia, não é esta a fonte de todos os conflitos? Por que apegar-se à seita cristã que, como sabemos, é uma heresia oriunda do judaísmo, assim como o judaísmo, o hinduísmo, o budismo e o islã são heresias ou complicações oriundas de uma tradição primordial e universal esquecida?

Segundo esta "tradição primordial e universal", nós compartilhávamos pacificamente o Ser e a Vida em todos os níveis de realidade, mineral, vegetal, animal, angélico... Por que querer ser cristão? Essa escolha e esse particularismo não estariam fragmentando a grande fraternidade primeira, a harmonia silenciosa de todos os planos do Ser?

Sua questão é clara: por que ser cristão? Acreditar em Deus, aderir àquilo que é, como uma flor, como um animal, como um anjo, e, por que não, como um homem... Qualquer que seja a intimidade, a consciência ou o nível de "aderência" àquilo que é... isso basta!

Não devemos nos apressar em responder à sua questão, pois isso seria ter a pretensão de sabermos o que é ser "cristão"! O que não é o meu caso. Hoje em dia, eu posso simplesmente lhe dizer e, sem dúvida, isso lhe parecerá banal: "Se eu sou cristão, é simplesmente por causa do Cristo!"

Você me dirá novamente: e por que não Abraão, Moisés, Maomé, Lao-Tsé ou o Buda?

Porque para mim, é Ele...

Para você, talvez seja um outro ou talvez seja ninguém.

Para mim, é Ele, é Ele quem recapitula as verdades ensinadas pelos outros, vivendo-as e encarnando-as.

Eu não me sinto distante da atitude (muito subjetiva, reconheço) de um Dostoievski, quando este diz: "Mostre-me algo mais belo, mais verdadeiro, mais amoroso do que o Cristo e estarei pronto a segui-lo [...] e a deixar o Cristo".

Você conhece algo mais belo, mais vivo, mais livre, mais inteligente e mais amoroso do que Ele?

Quando fico à Sua escuta e quando O sigo, não tenho a impressão de estar renunciando àquilo que é belo, verdadeiro, vivo, livre e amoroso em todas as outras tradições. "Ele não veio para abolir, mas para cumprir..."

Você se lembra que após a minha experiência de morte clínica e da minha abertura a "Eu Sou", ainda em Istambul, eu ia onde conduziam meus passos; naquela noite eles me conduziram à Mesquita Azul. Como não possuía sandálias, eu quis entrar diretamente. Impediram minha entrada para que, antes, eu fosse lavar os pés.

Por fim, entrei. O contato com os tapetes era delicioso, aqui a terra estava vestida de lãs e sedas; levantei meus olhos para o espaço livre da cúpula: a luz azul... O pássaro em mim reencontrou o espaço do seu voo, eu me senti novamente feliz e disse para mim mesmo: "Essa aqui é realmente a casa de Deus..."

Alguns homens se lavavam e se prosternavam. Sem maiores dificuldades, agi como eles, depois passei um longo tempo sentado sobre meus calcanhares, em um banho de adoração e de luz azul.

Ao sair da mesquita, vi uma outra cúpula quase igual. Dirigi-me até ela: Santa Sofia, a basílica construída pelo Imperador Justiniano.

O espaço interno pareceu-me muito menos vasto do que o da mesquita, as letras do Corão escritas sobre grandes painéis não me pareceram estar no seu lugar e quebravam as perspectivas. Senti-me decepcionado e estava preparando-me para sair quando percebi um mosaico, certamente antigo, que representava o Cristo.

Era uma visão? Era a realidade? Nos Seus olhos, todo o espaço da cúpula agrupava-se... Ali também o pássaro podia levantar voo, eu me senti livre.

Querendo saber um pouco mais sobre esses mosaicos e a pessoa ali representada, pedi ao guarda que me indicasse alguém que pudesse satisfazer minha curiosidade. Ele me deu o endereço do Phanar sobre o Corno de Ouro[13], onde fica o patriarcado de Constantinopla, ou melhor, o que resta dele.

Um homem idoso encontrava-se no pátio, ele recitava seu rosário de maneira serena, as bolinhas de lã corriam entre seus dedos[14] – um belo idoso. Tive uma vontade louca de me jogar nos seus braços como uma criança que volta para casa após uma longa viagem. Tive a impressão de que ele me esperava. Ele dirigiu-se diretamente a mim, falando em inglês: "O que você está buscando?" Contei-lhe em poucas palavras o que acabara de viver no hospital, o pássaro, a mesquita, seu espaço azul e este mesmo espaço nos olhos do mosaico. O ancião fitou-me com ternura.

"Venha", disse ele, e conduziu-me ao interior da igreja, diante de um ícone do Cristo que se assemelhava ao mosaico.

Escrito em letras gregas, envolvendo o semblante do Cristo, havia essas palavras: *o hon*.

"O que isso quer dizer?", perguntei. "Aquele que É", respondeu o ancião. "Aquele que é o próprio Ser, Aquele que diz a Moisés: 'Eu sou'. É o Nome de Deus. Jesus retomou esse Nome santo, inefável. Ele disse: 'Antes de Abraão ser, Eu Sou'."

Ao ouvir a última frase, eu caí com o rosto voltado para o chão, desmaiado. "Eu Sou" tocara-me novamente, direto no

---

13. O Corno de Ouro ou Chifre de Ouro é um estuário que divide o lado europeu da cidade de Istambul. (Istambul é a única cidade do mundo que se estende por dois continentes: Europa e Ásia. O Estreito de Bósforo separa o lado asiático, predominantemente residencial, do lado europeu de Istambul.) Com o Mar de Mármara, o Corno de Ouro forma uma península com um profundo porto natural. Este lugar foi originalmente colonizado por gregos na cidade de Bizâncio. O Império Bizantino teve seu quartel-general naval ali [N.T.].

14. O rosário ao qual o autor se refere é um rosário ortodoxo, de estrutura diferente da do rosário ocidental. O rosário ortodoxo é quase sempre feito de lã que, diferentemente do cordão de esferas, não faz barulho [N.T.].

meu coração. Conduziram-me a um quartinho e, após terem me reanimado e me consolado com um pouco de café, *loukoum* e uma aguardente[15] com um leve sabor de erva-doce, deixaram-me a sós com o ancião.

"Tudo isso é verdade", eu disse, meio rindo, meio chorando. "Eu Sou" realmente existe. Ele é este Espaço, este "Eu Sou" que não existe, mas que envolve toda existência, que faz ser tudo aquilo que é, é a verdade – *o hon*, Aquele que É."

"Aquele que É", continuou o ancião, "pode tomar um corpo, ele pode ter um rosto... o ilimitado pode se manifestar em uma forma. O Infinito e o finito, o Incriado e o criado, Deus e o homem não estão separados, você pode acreditar, isso está escrito."

E ele me mostrou um outro ícone do Cristo com as letras gregas que emolduravam o seu rosto.

Percebi, então, que os olhos eram diferentes: um olho parecia severo e o outro era terno.

"É o olho da Justiça e o olho da Misericórdia", disse ele. "Difícil, não é, simbolizar esta união do Amor e da Verdade? Nós geralmente conhecemos um ou outro, a Justiça sem a Misericórdia ou o Amor sem a Verdade. Jesus é a encarnação dos dois juntos, Ele é o Semblante "d'Aquele que É", "*o hon*", o Amor e a Verdade...

"Não podemos hospedá-lo aqui no Phanar", prosseguiu ele. "Caso você queira saber mais, vá ao Monte Athos; ali você será batizado e compreenderá. Enquanto espera, ore, invoque o Nome de Jesus" – e ele me deu um rosário semelhante ao seu[16].

---

15. Em francês, "aguardente" se diz *eau-de-vie*, literalmente "água de vida" [N.T.].

16. Cf. LELOUP, J.-Y. *O absurdo e a graça*. Op. cit. [N.T.].

Eu já era sensível a este aspecto da "síntese" encarnada pelo Cristo. A visita que fiz ao museu de Tessalônica, pouco antes de partir para o Monte Athos, iria fortalecer esta abordagem.

Em uma sala do museu encontravam-se uma estátua de Apolo e algumas de Afrodite. A beleza dos corpos, sua perfeição e elegância me fascinavam, bela e fria nudez. Tudo expressava a exterioridade, o ser humano estava inteiramente do lado de fora, superfície lisa ou puro relevo: mármores com rosto de homem, matérias realizadas, sublimes, mas parecendo enclausuradas nesta matéria. Os rostos eram belos, mas os olhos eram surpreendentemente vazios.

Entrei, então, em uma sala onde encontravam-se três budas, impecavelmente sentados. Essas estátuas também me impressionaram. Que contraste! Não havia detalhes, músculos, sexo, nádegas – um corpo estilizado, quase abstrato, envolto por vestes drapeadas douradas. Os olhos estavam semifechados, voltados para o interior. Mas o que mais me surpreendeu nesses rostos, além da harmonia e da serenidade dos traços (essa lua cheia resplandecente), foi o sorriso... Dois traços de espuma para lembrar ao homem que ele é habitado por um oceano de beatitude; esse oceano está no interior, não há nada a ser buscado do lado de fora, o externo só pode levar à dispersão, introduzir a desarmonia, uma farpa nessa esfera, nessa redondeza, nessa suficiência. Suficiência humilde, que não ostenta; plenitude do homem que sabe que é habitado pela luz.

"Por um lado, 'tudo está no exterior', eu pensei, 'apenas o mundo, os corpos e a vontade existem'; por outro lado, 'tudo está no interior', suavidade, paz, acolhimento, só o Absoluto existe, o mundo é um sonho ruim, ou um longo sono de onde os budas despertaram."

Ensinaram-me na escola e na universidade que apenas a matéria existe, o espírito é o resultado de uma complexificação progressiva do nosso cérebro. Deus é uma ideia vinda do acaso dos jogos das nossas sinapses – o drogado sabe que, ao traficar a química do seu cérebro, ele pode produzir todo tipo de imagens, visitar todos os céus e infernos das nossas antigas mitologias. Deus não existe, Ele pode ser um conceito útil para selar a unidade de um povo, como foi o caso de Moisés, mas este conceito não tem nenhuma outra realidade além dessa utilidade psicossociológica, funcional em uma determinada época da nossa história, mas, hoje em dia, ultrapassada e ineficaz...

Quando viajei para a Índia, eu tinha lido e acreditado experimentar exatamente o contrário: que apenas Deus existe, o homem, o mundo, a matéria não têm existência. "Tudo aquilo que é composto, será decomposto", era e ainda é um dos meus axiomas favoritos. Quanto mais buscamos compreender a realidade da matéria, mais ela nos escapa, mais ela nos aparece como uma energia, um espírito ou um pensamento um pouco desfocados no qual reconhecemos a presença da inteligência relativa que a observa.

No ponto em que estava, não tinha mais vontade de negar ou de afirmar o que quer que fosse. Negar a existência de Deus para afirmar a existência da matéria (Sartre não tinha dito: "Se Deus existe, então o homem não existe"?), negar a existência do mundo para afirmar a existência de Deus...

Minha questão era, antes: como manter os dois unidos?

Por que negar meu corpo? Ele tinha-me feito sofrer o suficiente para que eu não duvidasse da sua existência e, não era em um corpo que eu dizia que o corpo era uma ilusão? Não era um ser finito que dizia que apenas o Infinito existe? Não é o homem relativo que sabe tudo aquilo que sabemos sobre Deus ou o Absoluto?

Por que negar este Espaço que me aparecera no momento da morte, este "Eu Sou" que É quando eu não sou mais? Por que negar que no olhar de uma criança há "mais" do que a interação não óbvia das moléculas que o constituem? Será realmente o acaso e a necessidade que produzem a arte dos grandes gênios e a bondade dos santos?

Havia no rosto deste ancião encontrado em Istambul algo que continha a matéria e que não lhe era submissa; ele tinha aceito o acaso e a necessidade e havia feito deles uma obra, uma fé, um destino, assim como ele aceitara suas rugas e as grandes olheiras sob seus olhos. Mas, através de suas rugas, algo ria do tempo; através dos seus olhos, uma luz "não feita, não criada" misturava-se à claridade do dia.

Deus existe. O mundo existe. Eu não tinha mais vontade de escolher um ou outro, eu queria escolher os dois, mas os dois ainda não me pareciam conciliáveis, assim como me parecia impossível o encontro do rosto de Apolo, com seus grandes olhos vazios, voltados para um mundo que, como ele, devia estar repleto de mármore, e o rosto dos budas com seus olhos semifechados voltados para o interior, para um espaço que adivinhávamos ser infinito, sem limites.

Entrei, então, na parte principal do museu onde ficam expostas algumas obras-primas da arte bizantina. Senti-me particularmente atraído pela sala onde estavam reunidos cerca de vinte ícones do Cristo, da Virgem, dos santos... Não me senti realmente seduzido por toda esta "imagética". Os cristos bizantinos pareceram-me terrivelmente frios na claridade dos projetores; eu não percebera essa frieza na igreja do patriarcado onde o ícone do Cristo surgia suavemente iluminado por uma lâmpada a óleo. Mais uma vez, encontrei as palavras "*o hon*", "Aquele que É", "Eu Sou".

Um museu não é um lugar tão ruim assim para filosofar. Eu me interrogava da seguinte maneira: este "Eu" do "Eu Sou" é um epifenômeno do Ente, a soma dos agregados que o compõem, ele não vai se dissolver junto com eles? Ou será o Ente que é o conteúdo deste Eu, será ele quem faz esses agregados manterem-se unidos e nada impede que no momento em que eles se dissolvem, Ele subsiste? Essas questões me assombram ainda hoje em dia. Meu jargão tornou-se um pouco mais denso: o ultrapassar da ontoteologia não estaria na interrogação suscitada por este Eu, que diz "Eu Sou"? O que nos interessa de agora em diante não é apenas o Ser, mas "Aquele" que É. Já foram feitos muitos comentários sobre a "não entidade" do Ente, mas nada ainda foi dito sobre a "sujeitade"[17] do Ente.

Em resumo, após meus quinze minutos de filosofia onde, sentado em um banco do museu, eu me assemelhava mais ao pensador de Rodin do que ao rosto sem preocupações dos budas, eu voltei à sala dos ícones. Um ícone russo tinha escapado ao meu olhar. Permaneci um longo tempo diante dele: o rosto do Cristo tinha a serenidade dos budas, os traços eram suaves, mas precisos e sem languidez, os olhos estavam abertos e eles não estavam vazios.

---

17. Expressão criada pelo autor para referir-se à ipseidade (*ipsum esse*), ou seja, o sujeito em si mesmo, anterior à sua manifestação enquanto sujeito [N.T.].

Para mim, aquilo foi o que eu passei a chamar de o "choque da síntese". Dentro e fora não estavam mais separados, a interioridade não se opunha à exterioridade. Era realmente o rosto de um homem, mas transparente a uma outra Vida. A expressão do rosto não era psíquica como é o caso de certas imagens pias, mas ontológica; não era a expressão de uma emoção ou de um sentimento qualquer, mas a expressão de um "estado de Ser", um "Eu" que é Amor... As palavras do patriarca me vieram à mente: "Nele, Deus e o homem não estão nem separados nem embaralhados".

Não era o rosto de um homem separado, do indivíduo fechado na densidade do seu mármore e das suas moléculas, não era o rosto de um homem sem ego, sem traços particulares, dissolvido no oceano de um Todo de beatitude; no entanto, havia algo de ambos, uma interioridade que não deixava nada a desejar à dos budas e uma presença carnal que não deixava nada a desejar à dos Apolos.

Será que eu não estava projetando no semblante do Cristo a síntese difícil que meu espírito procurava elaborar? Sem dúvida, mas o ícone estava ali, com o seu rosto sem sorriso que, no entanto, era todo acolhimento, com seus olhos abertos que me fitavam e que, no entanto, olhavam para o interior, "para o Pai". Mas isso eu aprenderia em seguida... Naquele momento preciso, eu apenas recebia o "choque da síntese". Essa síntese não era uma soma de pensamentos, uma nova ideologia, mas "Alguém", uma "verdade em pessoa". Não uma verdade científica, nem filosófica, sequer teológica: uma verdade em presença, um "Eu sou a Verdade", um "Eu sou verdadeiro", verdadeiramente Deus, verdadeiramente homem, no interior e no exterior, no início, no fim; eu sou o alfa e o ômega[18].

O Ser sem forma tomou uma forma, mas não permaneceu fechado nela, pois esta forma tinha um rosto e o rosto estava voltado para mim, para *tudo* e todos... e o rosto que era o seu era também o de todos os homens...

Existe um único semblante humano ao qual o rosto do Cristo seja estranho? Ele é o homem transfigurado. Ele é o homem crucificado. Ele é o homem reluzente da Presença de Deus. Ele é também o homem só, abandonado por todos e por aquele que Ele chamava de Pai.

No Cristo, tudo parece ser recapitulado. É isso que chamamos de *teandrismo*, de *theos* – deus – e *andros* – homem. Deus e o homem estão indissociavelmente ligados; e este teandrismo nos introduz a um outro tipo de verdade. Não é um sistema, uma acumulação de conceitos recolhidos em toda espécie de ciência e religião. Trata-se de Alguém, de uma Verdade em Pessoa.

À razão sempre poderemos opor outras razões; a sistemas, outros sistemas; mas o que podemos opor à vida? Ao dom da vida?[19]

Ser de tal maneira fascinado pelo Cristo ainda não é ser cristão, é isso que o Padre Basílio, do mosteiro de Stravonikita, tentará fazer com que eu compreenda no Monte Athos. Como bom pedagogo, ele me convidou a ler os evangelhos, particularmente o de João, e a nele contemplar Jesus, ao mesmo tempo voltado para o homem e para Deus. Ele me indicou que a prática dos mandamentos, "amar o Pai, amar os irmãos", nos torna semelhantes a Ele; Ele, "o Uno da Trindade".

---

18. Cf. LELOUP, J.-Y. *O absurdo e a graça*. Op. cit.

19. Cf. LELOUP, J.-Y. *Enraizamento e abertura*. Petrópolis: Vozes, 2003.

Pela primeira vez eu ouvia falar da "Trindade". O Padre Basílio observou que no Ocidente muitos cristãos eram "jesuístas" (algumas vezes jesuítas), mas ser cristão não é apenas seguir Jesus como se Ele fosse um mestre ou guru, é participar da Sua vida, voltada para o Pai, no Espírito. Ele me explicou que a palavra "cristo" englobava ao mesmo tempo aquele que é "ungido" (é o sentido da palavra *christos* em grego, tradução do hebraico *messiah*), aquele que unge e a unção: o Pai – o Filho – o Espírito.

Ser cristão é tornar-se "cristo" e dessa maneira viver a vida trinitária. Eu fiquei surpreso ao ouvir, na igreja, a repetição incessante da doxologia: "Glória ao Pai, ao Filho, ao Espírito Santo". Para mim, isso ainda não era claro; a Trindade soava como "três deuses" e isso quebrava a Unidade que é tão cara aos judeus e aos muçulmanos. O Padre Basílio me lembrou que o Credo começa com as seguintes palavras: "Creio no Deus único". Deus é Um, os cristãos são monoteístas. Seria mais acertado falar de Uni-Trindade ou de Tri-Unidade. Dizer que Deus é Trindade é dizer, em linguagem teológica, aquilo que São João disse em linguagem evangélica: "Deus é Amor". A Trindade é a interioridade do Deus Um. Deus não é Um como um "sublime celibatário" (Chateaubriand). Deus é Um como o Amor, o Amante e a Amada são Um.

Era um pouco cedo para eu compreender todas essas sutilezas sobre o pai não engendrado, sobre o Espírito que procede do Pai: "Sobretudo não diga como os latinos: 'do Pai e do Filho' (*filioque*[20]), como se o Espírito Santo fosse 'o beijo do Pai e do Filho'. Como chegaram ao ponto de fazer apologia de tal incesto? O Espírito é uma Pessoa, uma Presença, uma Energia

20. Cf. nota n. 3, p. 7 [N.T.].

divina inteira, é Ele quem o conduzirá ao Filho, assim como o Filho o conduzirá ao Pai".

Naquele momento, só o Filho me interessava: Sua vida, Seus atos, Seu comportamento em nosso espaço-tempo. Eu estava maravilhado com o Evangelho. O Padre Basílio estava um pouco chocado por eu ler o Evangelho no primeiro nível, sem suspeitar a riqueza simbólica que estava oculta por trás de cada frase. No entanto, eu era sensível à revelação da sua divino-humanidade: Ele chora seu amigo Lázaro como um homem, Ele o ressuscita através do Seu poder divino; Ele está cansado do caminho e Ele caminha sobre as águas; Ele pede água e promete a água viva; Ele baixa seus olhos diante da mulher adúltera, Ele não a condena e a perdoa como um Deus... "pois quem pode perdoar os pecados se não Deus"?

Ele repele os fariseus, os trata de "sepulcros caiados": "Eles dizem, mas eles não fazem" e Ele é cheio de paciência para com os pobres, os pecadores, os estropiados. Ele se deixa acariciar por Maria Madalena, ela seca os Seus pés com seus cabelos e Ele lhe diz, após Sua ressurreição: "Não me toques, não me retenhas, vá falar com meus irmãos".

Como Ele é belo, o Amor encarnado que apega e liberta ao mesmo tempo; um amor forte, viril, que repele, que derruba as bancas dos mercadores quando esses tomam o lugar daqueles que oram; um amor terno, paciente... e o cego vê e o manco caminha. Jamais vira algo tão divino, tão humano. Como Maria Madalena, eu podia chamá-lo de meu *rabuni*, meu doce mestre e, como Tomé, "meu Senhor e meu Deus".

Como é belo o Evangelho!

Já se passaram mais de quarenta anos, mas eu continuo a lê-lo pela primeira vez. Deus sabe como eu amava os poetas!

Quando era adolescente, eu adormecia recitando os versos de Baudelaire; mas, de tanto recitá-los e relê-los, algo se cansou e cheguei rápido ao término da sua melodia e do seu sentido. No Evangelho há sempre algo novo, pérolas preciosas cuja claridade não cansa e que, a cada vez, é alimento para a alma[21].

Eu ainda não sabia que, para ser bem lido, o Evangelho deve ser lido no espírito da tradição que o compôs e que ser cristão é não apenas ligar-se ao Cristo e aos Seus ensinamentos, mas também compartilhar o Seu conhecimento, Sua vida, Seu amor "com" os outros "na Igreja", mas essa é uma outra questão! Por hoje, eu espero ter dito o suficiente e espero que você compreenda um pouco que me sinto feliz por ser, ou melhor, por tentar me tornar "cristão".

Mas, contrariamente àquilo que você pode achar, para mim "não é preferível" ser cristão a... guarani, por exemplo. Eu sou guarani! Vivo entre o céu e a terra, respiro no sopro do Grande Sopro (o Grande Espírito). Como dizia Francisco de Assis, a água, o vento, a árvore, os cavalos, a águia e o chacal são nossos irmãos e irmãs. Nós todos pertencemos à mesma família de viventes e o Cristo é o grande Vivente, aquele que recapitula em si todos os reinos, todos os planos da criação...

Para mim, "não é preferível" ser cristão a muçulmano. Eu sou muçulmano! Eu reconheço que existe uma única Realidade na origem de todas as realidades, "não há outro senão Ele", é isso que diz o prólogo de São João: "Tudo foi feito por Ele, sem Ele: nada", nada pode ser sem o Ser. É uma evidência e a minha inteligência "submete-se" (*muslim*) com alegria a esta evidência e minha vontade tem apenas um desejo: fazer apenas Um – uma Vida, um Sopro – com "Aquele que É". Também

21. Cf. LELOUP, J.-Y. *O absurdo e a graça*. Op. cit.

reconheço que Maomé é um profeta, que ele dá testemunho da Realidade do Ser uno "em tudo e em todos" e que ele pertence à linhagem dos profetas que o precederam.

Eu acredito, como diz Ibn Arabi[22], que Maomé seja "o selo da profecia", assim como Jesus é "o selo da santidade", aquele que manifesta ou encarna as qualidades divinas, aquele que vive em conformidade com os maiores e mais belos nomes divinos.

Para mim, "não é preferível" ser cristão a ser judeu. Eu sou judeu! Eu me uno à Torá de Moisés assim como Jesus a viveu e praticou em sua integralidade. E reconheço no Cristo o Espírito de Elias, de Isaías, de Ezequiel quando a Torá é esquecida, vilipendiada e se torna uma lei sem graça, sem força libertadora para os humanos, "feitos à imagem e à semelhança" do Ser que É, o Um, o Único, ou seja, capazes de viver, de compreender e de amar na consciência de ser "Eu Sou".

Para mim, "não é preferível" ser cristão a budista. Eu sou budista! Nesta vida de sofrimento e impermanência, reconheço certas práticas de meditação como sendo capazes de apaziguar o meu mental, de libertar a minha afetividade, de tornar leve o meu corpo e suas pulsões que, desta maneira, permitem que eu me torne cada vez mais receptivo, desperto à "pura consciência do Ser", ou seja, que eu viva como Yeshoua e como Sidarta Gautama em uma infinita luz, uma compaixão incondicional.

É preciso continuar?

Para mim, "não é preferível" ser cristão a ateu. Assim como os ateus, eu não acredito nas ilusões que as sociedades e, algu-

22. Mohyiiddin Ibn Arabi (1165-1240). Místico ardente, Ibn Arabi é considerado como o maior dos mestres da espiritualidade islâmica, além de ser autor de uma obra literária colossal (mais de 400 obras). Sua doutrina revivificou a espiritualidade sufi [N.T.].

mas vezes, as religiões nos apresentam como "absolutos, deuses que poderíamos ter".

Os primeiros cristãos eram considerados "ateus", eles não acreditavam nos deuses da cidade, nos césares e outras representações de um poder e de uma economia considerados como absolutos.

Deus, como a Verdade, como a Vida, como o Amor, como eu já disse, não podemos possuir, pois não é da ordem do "ter", mas da ordem do "ser com", do "estar com"; da mesma maneira com relação ao Cristo: ser cristão não é possuí-lo, mas caminhar com Ele.

O Amor é o único Deus que não é um ídolo, só o possuímos quando o damos. Ninguém pode se "apropriar" ou fazer a guerra em seu nome. O Amor não é o Deus de Jesus Cristo?

O Amor, inseparável da luz e da vida?

Não tenho certeza se o que escrevo aqui agrade a todos aqui no Monte Athos, ou que isso seja compreensível àqueles que consideram sua religião ou seu "ismo" como superior aos outros (cristianismo, judaísmo, islamismo, budismo, mas também ateísmo, racionalismo etc.).

Para mim, ser cristão não é ser superior aos outros. É simplesmente reconhecer a presença do Cristo, muito humano e muito divino, visível e invisivelmente presente em todos os outros.

"Existe no meio de vós 'Alguém' que vós não reconheceis", dizia João Batista. Existe no meio de nós uma "consciência de ser" que diz: "Eu Sou" e ainda mais profundamente: "Eu amo vocês". Como as palavras parecem débeis e piegas para dizer "Aquilo que É", Vida da nossa vida, Consciência da nossa consciência, Sopro do nosso sopro, claro Amor que nos liga...

Deveríamos ter uma voz de trombone, como a do Apóstolo Paulo para cantarmos:

> Bendito seja Deus, Pai do nosso Senhor Jesus Cristo, Ele nos abençoou com todo tipo de bênçãos espirituais (*en pneumati*: no Sopro), do alto do céu (no Espaço) e em Cristo (em uma humanidade unida e "submissa" ao divino). Ele nos elegeu n'Ele, antes da criação do mundo, para sermos santos e irrepreensíveis em sua Presença; no amor nos predestinou desde o início que seríamos para Ele como filhos adotivos através de Jesus Cristo. Tal foi o prazer da Sua vontade em louvor à glória da Sua graça que nos foi concedida por Ele no Bem-Amado[23].

N'Ele, ninguém é "mal-amado".

Dia e noite, a Vida, a Consciência, o Amor não param de encarnar-se e de nos convidar ao Retorno. Deus está conosco, Emanuel; para nós basta "Ser com Deus". Este é o Espírito Santo e é também a Igreja.

---

23. Ef 1,1-6.

Carta III
Ser ortodoxo

Meu caro A,

Você disse "não compartilhar das minhas opiniões por não compartilhar das minhas experiências". É verdade, só podemos dar testemunho daquilo que vivemos. Também podemos aceitar o testemunho de outra pessoa, apesar daquilo que ele diz ser completamente estranho ou estrangeiro. Assim, você aceita a experiência de Deus, "o Ser que É o que ele é", e a experiência da consciência de Ser "Eu Sou" como algo possível.

Talvez os monges do Monte Athos, como todos os verdadeiros cientistas, explorem as profundezas da matéria que, quanto mais tentamos compreender, tanto mais nos escapa. Ela é uma energia? Alguns chegarão a dizer que ela é um pensamento ou uma luz imperceptível! Eles também exploram as profundezas do ser humano. Além da vida consciente e inconsciente que o anima, eles descobrem a "Vida", pura e simplesmente. Através da morte, ou melhor, antes da morte, por meio da meditação, nós paramos de identificar essa Vida aos limites nos quais nós a apreendemos de maneira ordinária ou mais ou menos errônea.

Você também aceita que esta Vida não seja somente a "Natureza" da qual falam os filósofos e, particularmente, o seu querido Spinoza. Existe algo no azul de um olhar que não encontramos no azul do céu. Há algo "diferente", "outro", a menos que você insista em "ver apenas o azul", mas, como você sabe, o rosto de uma criança que morre não é o rosto de uma nuvem que se dissipa...

Existem "agregados" de átomos que nos interrogam; através do rosto de um ser humano, a Vida "nos olha". A Vida não é apenas objetiva, ela é também subjetiva. "Eu Sou", diz ela, e é isto que ela diz em todos os seres humanos, não apenas nos místicos do Monte Athos. Existe um Eu no Ser, um Eu que não é apenas a expressão da natureza, mas que a contém, a orienta, dá-lhe um Sentido, talvez. Se você aceita que a Realidade que tem um rosto no ser humano possa estar em ressonância com a Realidade que se expressa no semblante particular de Yeshoua de Nazaré, você não estará longe de aceitar que este rosto que reúne em si tantos rostos seja aquele que, aqui no Monte Athos, nós chamamos de o "Arquétipo da Síntese", aquele que mantém unidos, na sua forma frágil, "o finito e o Infinito", "o tempo e o Eterno", o mais humano e o mais divino do Real único, pois nisso estamos de acordo: não existe outra realidade além da Realidade". O relativo dá testemunho do Absoluto; ele é, evidentemente, distinto do Absoluto, mas não está separado... "não há Outro além d'Ele".

A teologia de Gregório Palamas, o grande santo e defensor dos hesicastas do Monte Athos, diz isso de maneira maravilhosa: "Assim como o coração do sol e o brilho do sol não estão separados, o mesmo ocorre com Deus. A essência inacessível e a Energia participativa não estão separadas". Não há melhor maneira de falar sobre a Transcendência do infinito Real e sua imanência em tudo aquilo que vive e respira...

Você pode compreender melhor o que eu lhe disse na minha última carta e que o deixou chocado: como posso conciliar o Sentido da Transcendência dos monoteísmos muçulmano e judeu e a Sua Presença imanente sobre a qual nos falam alguns filósofos e sábios orientais? Simplesmente sendo cristão ortodoxo!

A Essência do Real sempre permanecerá inacessível, desconhecida, inconcebível; ela é o coração do sol, mas a manifestação desta Essência, sua "Energia", para utilizar a mesma expressão de Palamas e dos primeiros Padres do cristianismo, pode ser conhecida, sentida ou pressentida; ela não é apenas o brilho do sol sensível sobre nossa pele, mas o brilho da luz incriada em todos os componentes da nossa humanidade, carnal, psíquica e espiritual.

Você escreve dizendo que "poderia me escutar até aí", mas você não consegue mais me acompanhar quando falo da Igreja. Por que a Igreja? E por que a Igreja Ortodoxa? Mais uma vez: não estaria eu, dessa forma, separando-me dos outros?

Você sabe que, durante mais de quinze anos, eu fui religioso e padre dominicano na Igreja Católica Romana e várias vezes afirmei que esses quinze anos foram os mais felizes da minha vida. Então, por que entrar para a Igreja Ortodoxa? Por que ser ortodoxo e não católico romano, protestante ou evangélico...?

De que servem todas essas divisões entre os cristãos? Pertencer a uma Igreja não é acrescentar mais uma divisão entre os homens? E, além disso, essas instituições não estão em desuso, ultrapassadas? "Olhe à sua volta, em Roma ou no Monte Athos: um não é melhor do que o outro, todas essas vestimentas, esses chapéus exóticos. Os caciques indígenas não são menos engraçados quando vestem suas penas. Mas, afinal de contas, faz parte do homem gostar do carnaval e das fantasias..." Você me diz não ter nada contra o folclore, mas o que você não suporta "é o espírito pesado e sério daqueles que se identificam com suas mitras, seus colarinhos ou suas plumas. Mas, pior ainda, são os dogmas, a afirmação peremptória que 'devemos' acreditar nisto ou naquilo e que, fora da Igreja, não há salvação possível..."

E você acrescenta: "Eu achei que não encontraria a palavra "Igreja" nas suas cartas, ela parece me dizer o contrário de tudo aquilo que você escreveu antes, como se você renunciasse a esta bela liberdade que diz ter encontrado em Deus e no Cristo. A consciência de ser "Eu Sou", o arquétipo da síntese... talvez, mas a Igreja, não! A Igreja Ortodoxa, não e não..."

Obrigado por ser claro! Obrigado igualmente por ter me poupado do discurso habitual sobre as Cruzadas, a Inquisição etc. Você me parece mais preocupado com o vestuário dos eclesiásticos e o lado "mundano, terrivelmente mundano" em todas essas instituições...

Realmente, eu terminei minha última carta dizendo que Emanuel é "Deus conosco", é o rosto do Ser voltado para os homens e que revela, desta maneira, o Ser como sujeito... mas existe também o rosto do homem "voltado para Deus". Este movimento de consciência e de retorno para a Fonte e o Princípio daquilo que (nos) faz existir, na tradição cristã, nós chamaremos de Espírito Santo, ou seja, literalmente, o Espírito "Outro": outro que aquele do mundo (a palavra "santo", *qadosh* em hebraico, evoca o não mesmo, o não semelhante, o incomparável). Esse "Espírito-Outro" ou esse Espírito Santo, quando Ele nos habita faz de nós sujeitos, consciências de sermos "Eu Sou", voltados para Yeshoua, para o Pai, para a consciência de ser "Eu sou", Um com a Fonte "de tudo aquilo que vive e respira".

Eu lhe dizia em uma carta anterior que a vida cristã é uma vida trinitária, ou seja, uma vida de relação. O fundo do ser é relação, inter-relação. Isso é verdadeiro para o ser humano e isso também é verdadeiro para os átomos. Nada existe "em si", tudo existe em relação com aquilo que o cerca.

A unicidade do Ser não é a de uma mônada[24] fechada sobre ela mesma, o "sublime celibatário" do qual falava Chateaubriand, mas a da unidade na diversidade. Deus é Um como o amante, o amor e a(o) amada(o) são Um.

O ícone da Trindade é um exemplo a este respeito. De longe, diríamos que é uma única chama; ao nos aproximarmos, descobrimos suas cores diferenciadas. A Trindade é o segredo do Um, assim como o amor é o segredo do Ser.

Fazer a experiência de Deus como Trindade é fazer a experiência do nosso ser como relação, relação com o Outro e com o outro; aliás, esse é o exercício (*mitsvah*) proposto por Yeshoua: "Tu amarás o Senhor teu Deus, de todo teu coração, de todas as tuas forças, de todo teu espírito e tu amarás teu próximo como a ti mesmo". Entrar na Igreja é entrar nesta dupla relação, nesta dupla intimidade. A Igreja é o lugar onde o homem se diviniza e onde ele fraterniza. Ali, ele acolhe e entra em relação com o Outro; ele acolhe e entra em relação com o outro.

Mais uma vez, trata-se de mantermos unidas a relação com a transcendência e a relação com a imanência; se um desses aspectos faltar, não existirá Igreja, mas uma sociedade secreta de

---

24. Do latim *monas*, *-adis*, unidade; do grego *monas, -ados*, solitário, sozinho. Segundo a teoria de Pitágoras: união perfeita do espírito e da matéria, constitutiva de Deus.
Segundo a teoria de Leibniz: [Filosofia] Substância simples, criada desde o princípio, inacessível a quanto existe e incorruptível, mas sujeita a evoluções e desenvolvimento até alcançar o intelectual [N.T.].

indivíduos separados que tentam comunicar com o Absoluto, ou uma sociedade fusional, unidimensional, que compartilha interesses econômicos ou mundanos.

A Igreja supõe a comunhão das pessoas entre elas e a comunhão com aquilo que as transcende.

Quando o ser humano, através da consciência de si mesmo, para de se apropriar, ou seja, de fragmentar a Vida, ele descobre sua unidade com todos os outros. Não se trata de uma simples similaridade de condições, mas de uma unidade ontológica de todos os homens, nós somos "consubstanciais uns com os outros".

O ser humano que tem consciência de si mesmo não se apega à sua própria vontade, ao seu bem particular, ele tem tendência a fazer apenas um com a Vida que se dá. Dessa maneira, ele não existe mais apenas para si mesmo, ele concretiza tanto a unidade com o outro quanto a sua perfeita diferença.

A consciência de ser "Eu Sou" não é apenas "consciência do Self", mas consciência da comunhão, consciência de ser "Eu sou com".

Essa consciência de ser em comunhão com o Outro e com os outros, unidos e diferenciados, é o que chamamos de "Igreja".

A ausência desta consciência de ser em comunhão, unidos a tudo e a todos, é o que chamamos de "mundo": o mundo totalitário, que em nome do Um ou do único, abole as diferenças e as liberdades; o mundo individualista que, em nome da diferença, fecha-se em seus particularismos e nega a união e a interdependência entre todos.

Infelizmente, esses dois mundos, como sabemos, são "inviváveis". A Igreja é o mundo que tenta, através da consciência e do amor, ser "vivável".

Essa consciência e este amor não são atos da vontade humana, mas atos de participação à consciência de ser "Eu sou com"... ou seja, atos abertos à própria Presença do Espírito (*Ruah, Pneuma*, o Sopro) que habitava o Cristo.

Na origem, a Igreja era uma união (*ecclesia* – *qahol* em hebraico – aqueles que responderam ao chamado, o chamado do Ser para ser "Eu Sou"); homens e mulheres sensíveis ao ensinamento de Yeshoua de Nazaré.

Ao compartilharem do seu corpo, ou seja, ao colocarem em prática aquilo que Ele disse e, ao "beber o seu sangue", ou seja, ao compartilhar sua contemplação, a relação que Ele tinha com o seu Pai, eles tornam-se "aquilo que ele é", eles participam da sua Vida, eles compartilham o seu Espírito.

Não é mais Babel, mas o Pentecostes: a chama do Um desceu sobre cada um a quem ele deu de falar e compreender a língua do outro – é a chama do "coração inteligente".

Mais uma vez, se essa "inteligência do coração" faltar, não teremos mais Igreja, mas o mundo: cada um vai impor sua palavra ou seu pensamento aos outros ou a palavra e o pensamento do outro lhe serão completamente indiferentes. Em ambos os casos, é o oposto da relação e da comunhão.

O que lhe digo aqui é algo comum a todas as comunidades e confissões cristãs, quer elas sejam ortodoxas, católicas ou protestantes, já que todas se inspiram e se iluminam na energia e na claridade do grande símbolo da Uni-Trindade.

A tradição cristã ortodoxa me parece ter melhor preservado essa herança dos primeiros cristãos. Na origem, a Igreja era uma comunhão de igrejas, cada uma tinha sua identidade, sua liturgia, seus ritos e seus textos de referência.

O cristianismo inscreve-se em uma cultura particular, sem destruí-la, quer seja a de Bizâncio, do Egito (os coptas), da Etiópia, da Síria e, mais tarde, dos eslavos. A Unidade não é a uniformidade (que será a tentação da Igreja de Roma ao querer impor a todos os povos por ela colonizados, seus ritos, sua língua, seus hábitos) e a diversidade não é a justaposição de povos heterogêneos. Todos interpretam e celebram a mesma Realidade, a mesma consciência de ser "Eu Sou" com os outros, mas na forma que lhes é própria.

É desta maneira que a Igreja Ortodoxa é uma comunhão de igrejas locais, onde cada uma é encabeçada por um sucessor dos apóstolos, como na origem. A Igreja de Jerusalém (Tiago), a Igreja de Éfeso (João), a Igreja de Antioquia (Paulo), a Igreja do Egito (Marcos), a Igreja de Roma (Pedro), formam uma única Igreja na fé e na Eucaristia. É a comunidade de todos aqueles que, através do mundo, receberam "em sua língua" o chamado do Ser a ser "Eu sou", a fazer apenas um com o Cristo na sua relação com a origem (o Pai) e o mundo manifestado (os irmãos).

O que faz a unidade entre as igrejas não é uma pessoa, um sucessor de um apóstolo em particular; é o Espírito do Cristo e sua Presença na comunhão eucarística e fraterna (ali onde dois ou três estão reunidos, "Eu Sou" está entre eles).

O Apóstolo Paulo e seus sucessores receberam como missão "afirmar" e "dar força" aos seus irmãos e confirmá-los na fé (e não dominá-los). Essa missão não lhes dá nenhum poder jurídico ou administrativo, mas o poder de "servir". Os papas mais recentes compreenderam isto e é desta forma que, de bom grado, eles se apresentam: como "servidores dos servidores". No entanto, no mundo concreto e na relação entre as diferentes igrejas, isso ainda não acontece...

Hoje em dia, o desafio dos cristãos é o de restabelecer a unidade na diversidade, a diferença sem divergência, a evolução não centrífuga das legítimas particularidades.

No Monte Athos nós já estamos vivendo esse desafio. Apesar de sermos todos ortodoxos, às vezes é difícil os monastérios sérvios, gregos, romenos, russos se ouvirem e escutarem mutuamente... Imagine se houvesse um monastério latino, como aconteceu no século XIII?

Antes de falarmos de unidade, talvez devêssemos falar de "diversidades reconciliadas", mas em nenhum caso isso poderia significar uma unidade imposta do exterior em torno de algum "poder central". O instinto da ortodoxia carrega em si um agudo sentido da Pessoa, quer ela seja individual ou coletiva. Negar a personalidade de um indivíduo ou de um povo, ou seja, negar a possibilidade de fazer suas particularidades entrar em comunhão, sem perder a identidade que lhes é própria, é negar o Amor, o segredo do Ser que a pessoa de Yeshoua veio desvelar e compartilhar.

Enfim, para responder mais diretamente à sua questão, para mim, ser ortodoxo, é pertencer a esta Igreja, comunhão de igrejas, que é a comunhão do primeiro milênio, comunhão interrompida desde 1054, data em que a Igreja de Roma separou-se da comunhão com suas igrejas irmãs para desenvolver um outro conceito de Igreja...

Mas, hoje em dia, após a retirada dos anátemas em 1965, a Igreja de Constantinopla e a Igreja de Roma não podem mais considerar-se mutuamente como heréticas e excomungadas. Talvez estejamos caminhando rumo a esta "diversidade reconciliada" que poderá testemunhar a realidade da "Uni-Trindade" entre os homens.

"É através do amor que sentires uns pelos outros, que reconhecereis meus discípulos."

Será que é preciso confessar a você que o que estou dizendo aqui não é, de maneira alguma, compartilhado pela maioria dos monges do Monte Athos: nós nos consideramos como guardiões e defensores da verdade e do único e autêntico cristianismo. Aqui, o "ecumenismo" é considerado uma heresia e as carícias trocadas entre o patriarca de Constantinopla e o papa também são consideradas blasfêmias e caricaturas da "divina caridade"...

Entre a ignorância de pessoas de boa vontade, que acreditam que tudo está resolvido, que não há mais obstáculos à unidade, e o orgulho dos "puros", que recusam toda espécie de compromisso com a ignorância e as forças de dissolução da identidade eclesiástica, nem sempre é fácil abrir um caminho. Este meio não é um estado intermediário entre dois extremos, mas um caminho rumo ao cume, de onde poderemos contemplar as duas faces da única montanha...

Como não pensar nas palavras do Patriarca Atenágoras, o "santo idoso", que me conduziu diante do ícone do Cristo, no Phanar de Istambul:

> Aquilo que mais falta aos homens da Igreja é o Espírito do Cristo, a humildade, a despossessão de si mesmo, a acolhida desinteressada, a capacidade de ver o melhor do outro. Nós temos medo; nós queremos manter, por hábito, aquilo que está desgas-

> tado; nós queremos ter razão contra os outros; nós dissimulamos o espírito do orgulho e do poder utilizando o vocabulário de uma humildade estereotipada. Nós nos distanciamos da Vida.
> Fizemos da Igreja uma organização como as outras. Todas nossas forças foram utilizadas para colocá-la de pé, agora elas são usadas para fazê-la funcionar. E isso funciona mais ou menos; na verdade, funciona menos do que mais, mas funciona. No entanto, funciona como uma máquina e não como a Vida.

Você compreende que o importante para mim é a Vida, nosso pertencimento à Vida; e a nossa vida está, como dizia São João, na nossa comunhão uns com os outros, ela está na nossa comunhão com o Pai, o Filho e o Espírito Santo.

Para mim, é ali que está a Igreja Ortodoxa.

Você me lembrou a frase: "Fora da Igreja não há salvação". Mas de qual Igreja estamos falando? E o que sabemos "dali, onde ela começa" e "dali, onde ela acaba"?

Existem muitos, dizia Santo Agostinho, que acreditam estar fora da Igreja, mas que, através do seu comportamento, encontram-se no coração da Igreja; seu coração é o do Cristo e das ações e palavras que Ele nos inspira.

"Ali onde está o Espírito do Cristo, lá está a Igreja", ali onde está a comunhão, a unidade na diversidade, o respeito pela nossa natureza e nosso universo comuns, o respeito pela pessoa, pela forma única e particular na qual se manifesta esta natureza comum, ali onde está o Amor vivo e compartilhado, ali está a Igreja.

Fora disso, está a máquina, a fábrica ininterrupta de infelicidade, o mundo mundano, egoísta e violento, o mundo desertado da graça, da Presença, da consciência de Ser "Eu sou com" todos...

Carta IV
Manter o espírito no Aberto

Meu caro A,

Você diz que na minha última carta eu me deixei levar por voos um pouco místicos demais para o seu gosto. Você acha que faltam precisões e referências históricas. Por exemplo, em que momento a Igreja de Roma separou-se das suas igrejas irmãs ortodoxas?

Sobretudo, você me critica por nada ter falado sobre o dogma e os dogmas e, você acrescenta, não sem alguma malícia que, se você não duvida que eu seja cristão, você duvida, e muito, que eu seja "ortodoxo", você me vê mais como um "paradoxo":

Ser crente e mesmo assim defender o ateísmo como um apofatismo?

Ser cristão sem nada recusar do essencial do judaísmo, do Islã, do budismo e do paganismo (xamanismo)?

Ser ortodoxo e reconhecer no catolicismo romano e no protestantismo o *status* de "igrejas do Cristo"?

Tudo isso não é um paradoxo?

"Eu compreendo que você, que quer pertencer a todos os lugares, não seja recebido em lugar algum. Você será obrigado a fundar uma nova Igreja, mas não a chame de Igreja 'dos verdadeiros cristãos', como aquela na qual você foi batizado, mas a Igreja dos verdadeiros cristãos 'paradoxais' [...]"

Suas palavras ao mesmo tempo me fazem rir e chorar, pois ao mesmo tempo elas são, infeliz e felizmente, verdadeiras ("sic e não" diria Abelardo[25]).

Para mim, isso não é nem oportunismo nem relativismo – é da ordem da adesão ao Real (*pistis* e *gnosis*) que me aparecem na totalidade como paradoxal; não como "ou – ou", mas como "e – e".

Tenho minhas dúvidas de que o Cristo tenha sido muito "ortodoxo"; Ele chegou a ser considerado pelos guardiões da ortodoxia da sua época como um "heterodoxo", um falso messias.

Ele era (não quero me comparar a Ele) um verdadeiro "paradoxo":

• Um messias sofredor e vitorioso através do sofrimento,

• Um messias fraco e mais forte do que os poderosos, revelação do todo-poderoso Amor e do dom.

As imagens que tentam falar dele não passam de paradoxos:

• o sacerdote e a vítima;

• o Cordeiro degolado e de pé;

• sem dinheiro, ele frequenta os amigos do dinheiro;

• casto, ele frequenta as prostitutas;

• sóbrio, ele é considerado um glutão e um bebedor;

• rebaixado, ele é elevado;

• morto, ele está ressuscitado;

• homem, ele é Deus:

---

25. Referência a Pierre Abélard (1079-1142), ou simplesmente Abélard (em português: Abelardo). Teólogo, filósofo e compositor francês. Seus trabalhos em teologia fizeram com que ele fosse condenado por heresia. Ficou célebre devido à sua relação com Heloísa e pelas cartas trocadas pelo casal [N.T.].

"Sem confusão e sem separação"... e vamos chegar lá; não são todos os dogmas, paradoxos?! Querer manter unidas, como dizíamos a respeito da Uni-Trindade e da Igreja, a Unidade e a diversidade, não é algo paradoxal?

Mas antes de refletirmos sobre os dogmas, eu lhe passo algumas informações para responder à sua questão: "Em qual momento a Igreja de Roma se separou das suas igrejas irmãs, ortodoxas?"

Os imperadores do Ocidente, carolíngios e mais tarde germânicos, para afirmar sua legitimidade diante daquilo que até então era o único "império cristão", o de Bizâncio-Constantinopla, acusaram os gregos de ter amputado o *filioque*[26] *do Credo*:

> Dizer que o Santo Espírito procede do Pai "e" do Filho, como de um único princípio, diminui, às custas da unidade da essência (o único princípio), a misteriosa antinomia Trinitária da unidade e da diversidade – revelação e raiz do mistério da pessoa e do amor – e faz triunfar na Igreja a instituição sacramental e a monarquia de um "vicário" do Cristo sobre a liberdade no Santo Espírito e o sacerdócio universal[27] [...] (donde a reação das igrejas protestantes e evangélicas. A Igreja do Oriente [ortodoxa] mantém o equilíbrio entre instituição [encarnação – Filho] e inspiração [o Santo Espírito].)

Os papas resistiram a esta pressão e mantiveram com vigor o texto tradicional do Credo. Infelizmente, no período de ex-

---

26. Filioque: o Santo Espírito procederia do Pai "e" do Filho (sentido da palavra filioque), ao passo que o credo de Niceia sempre afirmou, segundo o que dizia São João, que "o Santo Espírito procede do Pai" (Jo 15,26), dessa maneira fazendo do Santo Espírito uma "hipóstase" igual à do Filho na manifestação do "Deus oculto" que é o Pai. O Filho e o Espírito são as "duas mãos do Pai" ou os dois raios de um mesmo sol cujo coração permanecerá sempre desconhecido [N.A.].

27. CLÉMENT, O. *L'Église Orthodoxe* [A Igreja Ortodoxa]. Paris: PUF, 1961.

trema decadência do papado no século X e no início do século XI, os imperadores germânicos acabaram vencendo: em 1014, Henrique II, durante sua coroação em Roma, impôs ao papa uma missa com o *filioque*.

No dia 15 de julho de 1054 o legado do Papa Leão IX, o Cardeal Humberto, depositou sobre o altar da Igreja de Santa Sofia uma sentença de excomunhão acusando os gregos de ter retirado do Credo o *filioque* e de terem permitido o casamento dos padres (apesar deste ser o costume desde os tempos apostólicos).

1054 é, portanto, a data oficial do cisma, mas foi apenas em 1204 que o irreparável foi consumado: a quarta cruzada abateu-se sobre Constantinopla; a cidade foi saqueada, as igrejas profanadas, os ícones destruídos, as relíquias se misturaram ao lixo, uma prostituta entoou cantos obscenos sobre o trono do patriarca... A memória dessas infâmias permaneceu viva no mundo ortodoxo e, durante longo tempo, os cristãos do Oriente preferiram o comportamento dos invasores muçulmanos ao dos seus "irmãos" cristãos de Roma.

Eu lhe dizia que este não é mais o caso hoje em dia: após a retirada dos anátemas pelo Patriarca Atenágoras e o Papa Paulo VI, e após o pedido de perdão oficial do Papa João Paulo II às igrejas ortodoxas (em Atenas, no ano 2000), podemos esperar a reconciliação próxima de todas as igrejas do Cristo, pois "é através do amor que eles sentem uns pelos outros, que os reconhecereis como meus discípulos"...

Agora, segure-se, pois você assim pediu: O que é um dogma?

Da mesma maneira como temos tendência a confundir gnose e gnosticismo, confundimos dogma e dogmatismo.

O dogma jamais teve como função obrigar a acreditar em uma opinião particular, mas, pelo contrário, ele nos convida a irmos além das opiniões e das tomadas de partido, das "escolhas" (*haeresis*, em grego) de um homem ou de uma comunidade em particular. O dogma se reduziria, então, a ser apenas dogmatismo; obrigação no lugar de proposição, definição no lugar de paradoxo.

De fato, o dogma é um paradoxo cuja função é a de conduzir a inteligência e o coração humanos além dos limites estreitos da razão[28]; além daquilo que os antigos filósofos chamavam de "princípio da não contradição"; além daquilo que hoje em dia chamamos de funcionamento "binário" do cérebro...

- O dogma é *coincidentia oppositorum*, passagem além dos contrários, ele convida a um processo de integração que é passagem do terceiro excluso ao terceiro incluso ou, mais exatamente, "inclusivo".
- Ele é a elaboração de um sentido que excede toda explicação e cuja compreensão supõe a experiência ou o conhecimento participativo (*gnosis* ou *theosis*).
- O dogma, para ser compreendido, deve ser vivido, ele nos convida a ultrapassarmos o mental ordinário (*meta-noia*) e à transformação de todo o ser (*meta-morphosis*).
- O dogma convida o ser humano a não se considerar "completo", mas "em vias de ser". "O homem ultrapassa infinitamente o homem": é através desta capacidade de se ultrapassar que ele se torna propriamente humano, essa abertura a algo maior do que ele, eis o seu fundamento, sua vocação e sua graça...

---

28. Os japoneses chamam isso de *koan* [N.A.].

Tomemos como exemplo os dogmas originados dos sete primeiros concílios (os únicos considerados "ecumênicos", expressão da comunhão indivisa das igrejas).

Como podemos perceber, o dogma é sempre originário de um "concílio", ou seja, de um enfrentamento ou de uma confrontação de pensamentos contrários. Ele visa integrar as contradições e ultrapassá-las através de um paradoxo propício a alimentar a contemplação, livre das polêmicas da *ratio ratiocinante*...

I concílio: Primeiro Concílio de Niceia (325)

"O Filho é *homo ousios* consubstancial ao Pai."

Isso significa que existe algo de divino no homem ou que a essência do homem é Deus. Este primeiro paradoxo é o esboço de todos aqueles que se seguirão: Considerar Yeshoua é considerar o homem como sendo ao mesmo tempo mortal e eterno, finito e infinito, criado e incriado, reconhecível e sempre desconhecido...

II concílio: Primeiro Concílio de Constantinopla (381)

"Em Deus, a unidade absoluta (*ousia*) é inseparável de uma diversidade não menos absoluta (as hipóstases)."

Este paradoxo nos convida a mantermos unidos o um e o múltiplo, a unidade e a diversidade, os Três são Um, o Um é Três... Aquilo que ultrapassa as filosofias que reduzem o múltiplo ao um (monismo) ou que reconhecem apenas a existência da multiplicidade (atomismo, dualismo etc.).

"Uma única natureza em três hipóstases." Este dogma da Trindade é o próprio paradoxo do Amor, que unifica e, no mesmo movimento, diferencia.

O Amor não é a redução do Outro ao "mesmo", ele é o respeito pela diferença. Ele também não é o fechamento na diferença, mas a unidade de natureza e aliança da alteridade.

Sem diferença, não há aliança, não há "relação" possível, mas mistura, indiferenciação... Sem natureza "semelhante" a ser compartilhada, também não haveria união possível. Assim o Ser não é uma mônada, um "sublime celibatário", ele é comunhão, relação (*hypostasis*).

Dizer que o Um é Trindade é dizer que o Ser do Um é Amor (relação), é passar da unidade indiferenciada (o um-mistura) à unidade diferenciada (aliança). É passar além dos monismos reducionistas ou regressivos e dos dualismos que despedaçam ou separam.

Para ser Um, é preciso ser Três: o Amante, o Amor e o Amado.

O esquecimento do terceiro é o esquecimento do paradoxo que habita as profundezas do ser – o dogma do I Concílio de Constantinopla nos lembra isso.

III concílio: Concílio de Éfeso (431)

"Maria é Mãe de Deus (*Theotokos*)."

A matéria é matriz da luz, a matéria é luz.

É na forma que temos a conhecer o "sem forma".

É na nossa humanidade (Maria) que o Incriado se manifestou (Deus).

IV concílio: Concílio de Calcedônia (451)

"Jesus Cristo é verdadeiramente Deus e verdadeiramente homem, sem confusão, sem separação."

É o paradoxo, o *koan*, por excelência.

Contra os "ou isso ou aquilo": ou "ele é Deus" ou "ele é homem".

É a afirmação paradoxal do "e, e": ele é "e Deus e homem".

Nós somos divinos e nós somos humanos; não temos que negar um para nos tornarmos o outro.

Nem negar o homem para nos tornarmos Deus, nem negarmos Deus para nos tornarmos homem, somos convidados a ser este paradoxo encarnado, sem "confusão" (mistura) e sem "separação": eu não sou Deus e eu não sou sem Deus, eu não sou o Ser (eu sou mortal) e eu não sou sem o Ser (sem Ser, eu não serei).

V e VI concílios: Segundo Concílio de Constantinopla (553), Terceiro Concílio de Constantinopla (680)

Não existem duas pessoas em Yeshoua (como fora proclamado por Nestório e o nestorianismo[29]), mas uma única que integra em si não apenas duas naturezas – a humana e a divina –, mas também duas energias e duas vontades.

A energia divina não aniquila a energia humana (monofisismo – monoenergismo), a vontade divina não destrói a vontade humana (monotelismo).

Assim como a sarça ardente queima sem se consumir, a presença da divindade não destrói nossa humanidade, mas a ilumina e a santifica a partir do interior.

O Self não destrói o ego, mas o abre e ilumina do interior. Não se trata de destruir o ego, de renunciar ao corpo, ao mundo

---

29. Nestorianismo: heresia promovida por nestório, patriarca de Constantinopla, do século V, referente à relação entre a divindade e a humanidade de Jesus Cristo. Contrariamente ao pensamento teológico que atribuía à única pessoa do Verbo Encarnado as duas naturezas, divina e humana, Nestor ensinava que em Jesus Cristo havia duas pessoas separadas; a divina (o logos), e a humana (Jesus) [N.T.].

ou à matéria, mas de abrir toda realidade relativa à Realidade absoluta a qual ela participa e sem a qual ela não existiria.

VII concílio: Segundo Concílio de Niceia (784)

Contra a destruição dos ícones (iconoclasmo[30]), o dogma nos convida a meditar as consequências da encarnação: a matéria é santa e propícia a evocar o imaterial, o visível é o caminho para o invisível, o palpável para o impalpável, os sentidos, assim como as emoções, os pensamentos e os sentimentos, não são obstáculos, mas caminhos para Deus: se não pararmos neste ponto, se não tomarmos as apreensões relativas do real pelo Real (essa "apreensão" ou "percepção" seria, então, um "ídolo": a idolatria é, de fato, tomar o relativo pelo absoluto). Nós somos convidados pelo VII Concílio a viver o paradoxo do ícone: "visível" e "invisível" e da palavra: "compreensível" e "incompreensível", "audível" e "silenciosa".

O dogma nos introduz à ética do olhar, da inteligência, do coração "não obstruídos", "não parados", ou seja, não idólatras. Como todos os outros dogmas, ele é um convite a "permanecermos no Aberto", a não nos cristalizarmos em uma apreensão particular do Real (definição – imagem – conceito – ideia – sentimento – emoção – sensação – experiência etc.).

Por que o dogma, cuja função é a de abrir a inteligência e o coração, tornou-se um instrumento de clausura, fechamento e "detenção" ou "prisão" do pensamento?

30. Iconoclasmo: doutrina que prega a recusa e a destruição das imagens santas como recusa à "materialização" do sagrado [N.T.].

Como esta formulação paradoxal (nem... nem – e... e...): "nem apenas isso, nem apenas aquilo" – "e isso e aquilo", formulação excitante e vivificadora para o pensamento, tornou-se torpor, embotamento, repetição, embrutecimento e, por vezes, pior ainda, instrumento de tortura e de inquisição? Terá sido um defeito de "transmissão"? O que transmitimos? Palavras que alienam e matam a vida? Ou palavras que liberam e estimulam a vida? "Obrigação" a nos submeter a uma opinião em particular? Ou "proposta" de verificar esta opinião através da experiência?

O dogma, como proposta ou convite, a mantermos o espírito no aberto é exatamente o oposto do dogmatismo...

Esquecer a finalidade do dogma, que é *theosis* e transfiguração, é esquecer a própria finalidade do cristianismo. É por esta razão que os dogmas foram promulgados: não para impor um ponto de vista ou uma tomada de partido (*haeresis*), mas exatamente para o contrário: evitar que o cristianismo se feche em explicações "apropriadoras" de um pensador ou de um grupo de pensadores em particular.

Por esta razão, as igrejas ortodoxas permanecem fiéis ao cristianismo do primeiro milênio (o dos sete concílios ecumênicos) e não reconhecem os dogmas e concílios promulgados após 784 (segundo concílio de Niceia), já que estes não expressam mais os paradoxos provenientes da confrontação inteligente e cordial de todas as igrejas; eles nada mais são do que a expressão de uma Igreja em particular e suas diferentes dioceses espalhadas pelo mundo.

As opiniões da Igreja de Roma não estabelecem mais o dogma, mas o dogmatismo, e serão até mesmo consideradas pelas igrejas que permaneceram "ortodoxas", *haeresis* (escolha, tomada de partido). O *filioque*, a infalibilidade pontifical, a Imaculada Conceição, a Assunção... não podem ser considerados dogmas "católicos", pertencentes à Igreja universal, já que a Igreja de Roma rompeu em 1054 a comunhão com suas igrejas irmãs que sempre confessaram em sua integridade o Credo de Niceia – Constantinopla sem o *filioque* e seus acréscimos dogmáticos julgados inúteis, mais inspirados em contingências mundanas e políticas do que em necessidades da fé.

É um "ortodoxo" quem lhe diz isso; um católico romano, sem dúvida, não estaria de acordo. Seria preciso, então, proclamar uma nova guerra, entrar em conflitos, em discursos infindáveis, até que um dos dois "partidos" confesse ter sido vencido e que o outro se alegre por ter razão?

O problema é que ambos têm "razão" (por exemplo, o *filioque*: os teólogos inteligentes podem muito bem compreender, se os situarmos em seu contexto, os argumentos tanto dos latinos quanto dos gregos).

Ambos têm razão: "eles não têm apenas razão"... Ora, a verdade, como acabamos de falar quando abordamos os dogmas, é da ordem do paradoxo; o paradoxo que, ao mesmo tempo, realiza a razão e a ultrapassa. A verdade está além da razão, ela não é contra.

O amor entre os homens e entre as igrejas supõe defender suas razões e renunciar a ter razão "sobre" o outro, para ter razão "com" ele, no respeito das razões e das explicações que lhe são próprias. Isso chama-se, simplesmente, diálogo. É bom que haja pontos de vista diferentes na Igreja; se todos pensássemos a mesma coisa, não estaríamos mais pensando.

Não seriam nossas divergências dogmáticas ocasiões para colocarmos em prática o amor mais difícil: o amor da inteligência e da verdade? É ali que temos necessidade de uma nova "epiclese"[31], de uma nova "descida do Espírito Santo" que transforma a Babel e a tagarelice[32] dos teólogos em palavras fortes e sábias, posteriormente em louvor que todos podem compreender.

Reencontrar a teologia da inteligência do coração ou do coração inteligente, sobre a qual eu falei quando mencionei o Pentecostes. A teologia daqueles que oram: "o teólogo é aquele que ora; aquele que ora, apenas ele, é teólogo".

Daí a importância da oração do coração e do hesicasmo que poderia ser o cadinho dos novos teólogos.

"É enlouquecedor ver como nossas ideias mudam quando oramos..."

"Como nossos dogmas mudam quando oramos..."

E esta é a experiência paradoxal dos santos hesicastas que encontrei no Monte Athos. Eles eram homens o mais enraizados possível na tradição ortodoxa e, ao mesmo tempo, mais abertos ao pensamento do outro, mesmo o mais heterodoxo, pois em todo erro eles descobriram uma sombra da verdade que eles não pretendiam possuir, mas que eles buscavam de todo coração.

---

31. A epiclese ou epíclese é uma invocação do Santo Espírito nas liturgias cristãs, é a oração de invocação que pede a descida do Espírito Santo nos sacramentos. Etimologicamente, a palavra é formada por duas palavras gregas: *epi* (sobre) e *kaleo* (invocar). Trata-se, portanto, de invocar alguém ou alguma coisa sobre um ser [N.T.].

32. Jogo de palavras intraduzível para o português entre as palavras "Babel" e "babil", "tagarelice" em francês [N.T.].

Paradoxo do enraizamento e da abertura.

Uma tradição sem abertura corre o risco de ficar cristalizada, de impor sua esclerose e, caso não mate, impede o movimento da Vida que se dá... Enquanto uma abertura sem raízes só pode conduzir à superficialidade, à dispersão e a todas as formas de sincretismo, que são o oposto da síntese.

Nem sectarismo, nem sincretismo.

Esta poderia ser a Igreja Ortodoxa voltada para o seu enraizamento bimilenar na tradição e na sua abertura sem maquiagem e sem medo ao mundo contemporâneo.

É uma via do meio, uma via paradoxal como a do Cristo, o mais humano de todos os deuses, o mais divino de todos os homens. Nenhum teísmo pode fabricar o seu deus, nenhum humanismo pode fabricar o seu homem. Ele não pertence a nenhum "ismo", nem mesmo ao cristianismo quando este se cristaliza em autoridade pretensiosa e autoritária sem graça e sem misericórdia, ou em fraqueza incoerente, laxismo emotivo ou afetivo, sem fé ou lei...

O Cristo é a Vida!

Não é esta Vida que buscam os monges do Monte Athos, os hesicastas, para poder dizer junto com São Paulo: "Não sou mais eu quem vivo, é o Cristo quem vive em mim?" Mas estaria esta Vida reservada a apenas alguns? Não somos todos nós chamados a nos tornarmos "viventes"?

"A glória de Deus é o homem vivo, vivente. A vida do homem é a visão de Deus", dizia Santo Irineu.

Carta V
A transfiguração

Meu caro A,

Apesar das minhas considerações sobre a Trindade, a Igreja e a sociedade lhe parecerem interessantes e, segundo você, merecedoras de serem aprofundadas – "nosso programa social é a Trindade": eis um assunto que ainda não foi suficientemente desenvolvido – acharíamos nós aí uma saída à história das nossas sociedades, entre o totalitarismo que nega as liberdades e a anarquia que as exalta, chegando ao exagero? Entre o individualismo e o comunitarismo, entre o socialismo de superfície e a democracia dirigida?

Você prefere voltar a questões mais concretas: particularmente às questões relativas ao lugar que é dado ao corpo e à sexualidade dentro da tradição ortodoxa e mais precisamente no Monte Athos. O que você ouviu a esse respeito lhe parece de mau augúrio: "Através da sua recusa da mulher e do sexo, através das asceses que têm o objetivo de 'mortificar' seu corpo, os monges não são uns doentes, antes vítimas da sua pulsão de morte do que do seu amor por Deus, esse Deus que você me diz ser a Vida, a Vida em plenitude, a Vida que se dá?"

É preciso que eu responda primeiro que a ascese não tem nada de "mortificação", é um trabalho bem ordenado sobre si mesmo: *askesis*, em grego, quer simplesmente dizer "exercício", colocar ordem em si mesmo e exercitar-se o melhor possível.

Como bom conhecedor não apenas dos grandes vinhos, mas também do vinhedo, você sabe que podar uma árvore significa cortar os galhos nocivos ou inúteis para que a seiva circule da melhor maneira possível; a poda só é negativa na aparência. O objetivo é permitir que a vinha dê o seu maior desenvolvimento. Se tomarmos a precaução de escolher a época onde a seiva está suspensa e o momento onde a vegetação não vai mais demorar a voltar a brotar, permitiremos que a seiva se espalhe, ajudaremos a Vida a desabrochar.

Você sabe que a chaga do mundo contemporâneo é a atomização, a dispersão. A ascese é reunir-se, recentrar-se sobre aquilo que consideramos ser o essencial. Hoje em dia, a ignorância não é a falta de informação, mas o excesso. Nós pretendemos saber tudo sobre tudo e, na realidade, não sabemos mais nada "de verdade", não nos damos mais o tempo para aprofundar nossos conhecimentos ou enraizar nossas experiências. A poda, o recuo ou a ascese são necessários.

Podemos morrer sem jamais termos nascido, correr e passar ao largo de nós mesmos. Penso frequentemente naquele homem que acompanhei em seus últimos instantes: "Eu aprendi tantas coisas, acumulei tantos saberes, mas eu não me conheço [...] Não conheço o instrumento através do qual eu conheci todas as coisas. Realizei obras que muitos consideraram 'notáveis' e meu nome permanecerá, sem dúvida, na memória de muitos, mas eu não realizei quem 'Eu Sou'. 'Eu' permaneceu um 'outro', um estrangeiro. Eu poderia morrer sem jamais tê-lo encontrado [...]".

Mas com você, hoje, eu entrei na consciência de Ser "Eu Sou", eu sou, eu estou presente à Presença que era, que estava aqui desde sempre e que eu ignorava; era isso "o único necessário" que me faltava conhecer... "Tarde, eu te amei", dizia Santo Agostinho, mas, felizmente, não era tarde demais... Meu único arrependimento é não ter vivido e agido nesta consciência de ser "Eu Sou", mas os arrependimentos nada mudam; o que muda alguma coisa é este poder que nos é dado de estarmos presentes aqui, neste corpo que vai morrer, de sermos presentes à Vida que continua, à Presença que não passa...

Ele morreu de uma maneira muito bela, simples e soberana, como se ele voltasse ao interior, à sua casa, ao país que na realidade ele jamais deixara, este espaço íntimo e vasto, o claro silêncio, que aqui no Monte Athos chamamos de *hesychia*[33] e que tudo contém.

Essa *hesychia* ou "invencível tranquilidade do coração" é o que todos nós buscamos, e a ascese, assim como a liturgia e outras formas de exercício e de oração, não são apenas "meios hábeis" para chegar a este objetivo. Mas você tem razão em me lembrar que esta *hesychia* deve ser vivida no nosso corpo presente.

"O hesicasta é aquele que aspira a circunscrever o incorporal em uma morada de carne", dizia São João Clímaco[34].

---

33. A palavra grega *Hesychia* significa "calma, paz, serenidade, silêncio, recolhimento, serenidade, quietude, o sinal de um interior unificado. As palavras "hesicasmo" e "hesicasta" têm sua origem na palavra *hesychia*. Esses termos estão relacionados a uma corrente meditativa do cristianismo que se desenvolveu com os primeiros monges e eremitas desde a criação do monasticismo no século IV. Para mergulhar em suas raízes orientais, alguns homens e mulheres decidiram voltar ao deserto do Oriente Médio, para lá encontrar um lugar de calma e silêncio propício à meditação [N.T.].

34. São João Clímaco (580-650), santo comemorado no dia 30 de março. Também conhecido como João da Escada, João Escolástico e João Sinaíta. O nome de São João Clímaco é uma alusão à palavra *klímax*, que em grego significa "escada". São João decidiu adotar este nome em virtude do livro escrito por ele mesmo, intitulado *Escada para o*

Contudo, eu devo confessar que a atitude dos monges do Monte Athos que, aliás, é a da maioria dos cristãos, parece-me longe de ser simples. Nós somos, de fato, herdeiros de duas culturas frequentemente opostas: a helena e a semita, Atenas e Jerusalém e, entre as duas, não devemos nos esquecer do Egito. Os textos e os evangelhos de Nag Hammadi, recentemente descobertos, poderiam talvez nos ajudar a sair dessa antinomia, mas ainda hoje em dia nós oscilamos entre um e outro, particularmente no Monte Athos.

Existem aqueles que pregam um grande desprezo pelo corpo: o corpo é um instrumento do diabo, ele é basicamente ruim e, entre os mais instruídos, mesmo não sendo considerado um obstáculo, não é por esta razão que ele deixa de ser uma ilusão. É o corpo túmulo (*soma – soma*), o mundo caverna, segundo o "platonismo de pobre" denunciado por Nietzsche.

Há alguns dias atrás eu encontrei um velho monge, em plena luz do sol, juntando pedras para erguer paredes. Eu lhe perguntei: "O que está fazendo, padre, na sua idade, matando seu corpo sob tal calor?" Ele me respondeu utilizando as próprias palavras de Doroteia, o monge mencionado por Pallade na sua história lausíaca: "Ele me mata, eu o mato".

É realmente uma tradição que persiste: "o corpo é ruim"; se ele não matar a alma, ela a impedirá de viver, o monge deve viver apenas através da sua "alma solitária"...

---

paraíso. Segundo ele, a escada é um resumo da vida espiritual, concebida para os solitários e contemplativos. Nesta obra ele explica que existem 30 degraus a serem galgados para que possamos atingir a perfeição moral. Este livro foi um grande sucesso na época e chegou até mesmo a influenciar monges e outros religiosos em sua conduta particular, tanto no Ocidente como no Oriente. A importância desta obra literária para a época pode ser notada na utilização do símbolo "escada" na arte bizantina, como será mencionado pelo autor ao longo da presente obra [N.T.].

A esta antropologia dualista, que enquanto gregos eles são os herdeiros, deveríamos opor a antropologia bíblica ou antropologia de São Paulo para quem o corpo não é o "túmulo da alma", mas o templo do Santo Espírito. "Seu corpo é um templo do Santo Espírito [...] Glorificai Deus no seu corpo", diz ele (1Cor 6,19-20).

É na continuidade desta antropologia que São Gregório Palamas pôde escrever: "A alegria espiritual que passa da alma ao corpo permanece uma realidade espiritual, mesmo que ela seja ativa no corpo [...] Ela não é de maneira alguma corrompida pela sua comunhão com o corpo, mas ela transforma o corpo e o torna espiritual"[35].

Terei sem dúvida ocasião de citar muitos outros textos que afirmam a não oposição do corpo, da alma e do espírito, chamados a entrar juntos na Vida.

O *Pneuma*, o Sopro que vem do Pai, faz de nós filhos e filhas de Deus e nos voltam para Ele. Contudo – por que negar? – a ambivalência com relação ao corpo permanece uma questão sensível no Monte Athos; como diz muito bem o autor da santa escada[36], essa escada frequentemente representada nos afrescos do Monte Athos, particularmente nas paredes da *Trapeza* (refeitório) do monastério de Dionysiou:

> O corpo – ele é meu aliado e meu inimigo, minha ajuda e meu adversário, um protetor e um traidor [...] Como posso odiá-lo quando minha natureza se dispõe a amá-lo? Como posso me desapegar dele se estou ligado a ele para sempre? Como posso escapar dele se ele vai ressuscitar comigo?

---

35. Triades II, II, 9.

36. Referência à obra de São João Clímaco, *Escada para o paraíso*, que em francês recebeu o nome de *L'échelle sainte* ou *Santa escada* [N.T.].

Além das querelas antropológicas e teológicas, essas palavras do velho abade do Monte Sinai do século VII[37] expressam bem a atitude de muitos monges no Monte Athos hoje em dia: "esse corpo, meu aliado e meu inimigo".

Creio que podemos sair desta ambivalência lembrando-nos que o corpo participa, como pressentido por João Clímaco, a "este mistério da Vida em mim"[38]. O corpo é uma manifestação visível da Vida invisível, uma epifania ou uma teofania, como lembrará o corpo transfigurado do Cristo sobre o Monte Thabor. O corpo humano, para a tradição ortodoxa, existe apenas para essa *metamorphosis* (transfiguração) ou *anastasis* (ressurreição).

O cristianismo não é uma via de renúncia, mas de transfiguração. Não se trata de renunciar ao mundo, ao corpo, à sexualidade, à beleza, ao mal, ao sofrimento, à morte, já que essas realidades existem... Negá-las seria negar o Ser que as faz existir; renunciar a elas seria renunciar ao Vivente e à Consciência que nos permite vivê-las; no entanto, a questão permanece: Como viver essas realidades que existem? Como vivê-las bem? De maneira bem-aventurada?

A via da transfiguração não é apenas uma via de sublimação, mas uma via de aceitação daquilo que é, não de complacência ou de satisfação naquilo que é; trata-se de aderirmos àquilo que é para podermos metamorfoseá-lo.

---

37. Referência a São João Clímaco que foi muito famoso como homem santo em toda a Palestina e Arábia e morreu em 650 no Monte Sinai. Conta-se que ele era palestino e na adolescência ingressou em um mosteiro no Monte Sinai, onde passou a dedicar sua vida às orações e à meditação. Até os 35 anos viveu desta forma, mas quando seu mestre faleceu resolveu encerrar-se em uma cela e viver à moda dos monges do deserto: jejuando, orando e estudando a Bíblia. Já com 70 anos foi eleito bispo do Monte Sinai. Os últimos quatro anos de sua vida foram dedicados a viver como ermitão. Neste período de total isolamento ele escreveu *Escada para o paraíso* [N.T.].

38. Cf. CLÍMACO, João. *Escada para o paraíso* (*L'échelle sainte*), XV, 88.

Tudo que não é aceito não é transformado; tudo que não é assumido não é "salvo" – estes são adágios que nos são familiares. Não é esmagando a lagarta que a ajudaremos a se tornar uma borboleta. Trata-se de acompanharmos a lagarta no seu trabalho de *metamorphosis*. Tudo pode ser transformado em Consciência e em Amor, ou seja, em Luz.

Qual Luz? É isso que, vivendo, por vezes, descobrimos.

Deveríamos nos situar aqui em um imaginário científico para o qual o homem e o mundo vêm da Luz para voltar à Luz através da experiência da matéria.

A experiência da matéria pode ser fatal, ou seja, fechamento no "ser para a morte", perda ou esquecimento da Consciência, do Amor e da Vida que animam esta matéria, esquecimento do princípio de onde viemos e do Fim para o qual estamos indo...

A experiência da matéria também pode ser "pascal": passagem através das formas, limites, dores ou alegrias do "Ser para a morte" para a "Vida essencial"...

A experiência de São Serafim de Sarov[39], particularmente venerado no monastério de São Panteleimon, atesta a possibilidade da transfiguração no mundo contemporâneo. Você conhece também a história do peregrino russo[40], que está "em marcha": o peregrino vê o mundo transfigurado, ou seja, a "chama

---

39. São Serafim de Sarov (1759-1833), monge russo, canonizado em 1903 pela Igreja Ortodoxa Russa, comemorado no dia 2 de janeiro. Estudioso, quando rapaz ele foi capaz de se candidatar a monge em Sarov com o nome de Seraphim, e passava os dias a estudar as Escrituras e outros escritos antigos da Igreja. Recebeu várias aparições da Virgem Maria em 1793. Viveu como eremita durante 16 anos em uma floresta perto do monastério de Sarov. Em 1832, ele recebeu uma visão da Virgem Maria que dizia a ele para retornar ao seu mundo e oferecer aos outros o benefício de sua sabedoria. Ele atraiu seguidores e estudantes e passou a ser chamado de "Starets" que em russo significa "mestre (pai) espiritual" [N.T.].

40. Referência ao livro *Relatos de um peregrino russo*. Petrópolis: Vozes, 2011.

das coisas" se revela a ele; o mundo não mudou, são seus olhos que, através da oração, abriram-se e tornaram-se capazes de ver a "glória de YHWH" no corpo do mundo.

A "glória de Deus" no pensamento judaico-cristão evoca uma experiência de peso, de densidade luminosa; para nós, frequentemente, a glória nada mais é do que fama, tradução, sem dúvida, da *dignitas* dos romanos, o poder de uma "aparência". No entanto, a glória de um ser, para um semita, é a realidade fundamental. "A terra e os céus contam a glória de Deus" (Sl 19,2). Isso quer dizer que o Incriado está presente no criado, o Deus inacessível está presente no mundo através das suas energias.

Perdemos a visão do "corpo energético" da terra, vemos apenas seu corpo material. O peregrino, através da vibração do seu coração despertado pela invocação, tem novamente acesso a esta visão, que foi a mesma de Moisés quando olhava a sarça ardente: ele viu a chama na sarça e na chama, a Voz que afirmava "Eu Sou".

A sarça, a chama, "Eu Sou", vistos em conjunto, não são a experiência, em um único olhar, da natureza, da energia e da essência transcendente à sua manifestação?

Não é essa também a experiência dos discípulos no dia da Transfiguração? A liturgia bizantina nos diz que seus olhos tornaram-se capazes de vê-lo "tal qual ele é": no seu corpo físico eles veem o corpo de luz, eles o contemplam na sua relação com o Ser que afirma: "eis o meu filho". Em linguagem metafísica, poderíamos traduzir: eis a manifestação, minha energia. Os apóstolos contemplam, então, "o visível do Invisível", eles ouvem o "nome do Inominável", eles tocam, ou melhor, são tocados por "Aquele que permanece e habita uma luz inacessível".

Ao seu jeito, o peregrino russo entra nesta experiência da transfiguração que é o objetivo da meditação hesicasta. Enfim, ele está feliz e algo da sua felicidade chega até nós: "Esta felicidade não ilumina apenas o interior da minha alma; o mundo externo também me aparecia sob um aspecto encantador, tudo me chamava a amar e louvar Deus; os homens, as árvores, as plantas, os animais, tudo me era familiar e por todo lado eu encontrava a imagem no Nome de Jesus Cristo. Às vezes, eu me sentia tão leve que acreditava não ter mais um corpo e tinha a impressão de estar flutuando suavemente no ar; por vezes, eu entrava inteiramente em mim mesmo, eu via claramente meu interior e admirava o admirável edifício do corpo humano".

Estamos aqui em presença de uma espiritualidade que não é desencarnada e cujo problema não é: "Como sair deste baixo mundo e deste corpo de podridão?", mas: "Como deixar descer a chama do Pentecostes em todos os elementos do nosso universo perecível?; Como acelerar a transfiguração do mundo?"[41]

De nossa atitude com relação ao corpo depende também nossa atitude com relação ao mundo e à natureza, não é apenas o corpo do homem que deve ser transfigurado e tornar-se "pneumatóforo" (portador do Espírito), mas toda a criação material.

Os movimentos atuais em prol da ecologia encontrariam na teologia da transfiguração os fundamentos necessários de uma política que não negligenciaria a dimensão cósmica e espiritual do ser humano.

"A criação aguarda ansiosamente a manifestação dos filhos de Deus" (Rm 8,19-22).

---

41. Cf. LELOUP, J.-Y. *Escritos sobre o hesicasmo*. Op. cit.

Carta VI
O lugar do corpo

Meu caro A,

Você diz ter ficado "surpreendido pela frase de Paulo na sua Epístola aos Coríntios: 'Vosso corpo é um templo do Espírito Santo [...] Glorificai Deus em vosso corpo'. Você tem algum exemplo de monges que realmente glorificam Deus em seus corpos? E você não disse nada ainda sobre sexo".

Poderíamos dizer que "você me procura"... No entanto, eu já citei Serafim de Sarov e o peregrino russo, mas entre os monges, é verdade, os exemplos não são numerosos.

De todo modo, encontrei um texto de Simeão o Novo Teólogo (949-1022)[42] que evoca, com o intuito de aprová-la, a atitude de seu mestre Simeão Estudita[43]:

---

42. São Simeão o Novo Teólogo: um dos maiores místicos da Igreja Grega. Apresentado aos 19 anos à corte imperial, ele logo entrou no Monastério de Stoudion. Após seis anos, ele foi ao Monastério de Mamede onde foi higumeno durante vinte e cinco anos. Simeão era um poeta que encarnava a tradição mística hesicasta e teve papel preponderante na formação do hesicasmo, "paz, quietude, silêncio do coração", outra expressão para designar a prática da oração de Jesus. Ele escreveu que os seres humanos podem e devem experimentar Deus diretamente (a chamada *theoria*). Simeão não foi educado em filosofia grega, mas estava bastante familiarizado com a vida da igreja. Ele falou muitas vezes da experiência pessoal direta e de vez em quando atacou alguns estudiosos que ele via como fingindo ter um conhecimento que não tinham. Após um conflito com o patriarcado, ele teve que deixar Constantinopla durante um período, mas foi reabilitado antes da sua morte. É o último dos três santos da Igreja Ortodoxa que teve o título de "Teólogo" (os outros dois são João o Apóstolo e Gregório de Nazianzo), embora o seu título de "Novo" tenha sido dado, provavelmente, para distingui-lo de Simeão Estudita, seu contemporâneo e futuro abade. Algumas das obras de Simeão incluem: *Discursos catequéticos, Hinos do amor divino* e *Três discursos teológicos* [N.T.].

43. Simeão Estudita, assim chamado por ser um monge do Mosteiro de Stoudios, em Constantinopla. Também conhecido por Simeão o Piedoso. Ele viveu no final do século X,

"Ele não ficava vermelho diante dos membros de ninguém, nem ao ver outros homens nus, nem ao se mostrar nu, pois ele possuía o Cristo todo inteiro e, todo inteiro, ele era o Cristo e todos seus membros e os membros de todos os outros, todos e cada um, eram sempre, aos seus olhos, como o Cristo."

Simeão o Teólogo continua dizendo: "Minha mão é o Cristo, meu pé é o Cristo, meu pênis é o Cristo" e àqueles que ficavam escandalizados com essas palavras, ele respondia: "Não me acuseis de blasfêmia, mas acolhe essa verdade e venera o Cristo que te faz ser tal qual tu és"[44].

Alguns monges do Monte Athos sem dúvida não aceitariam aquilo que um dos seus padres mais venerados lhes diz. E, no entanto, não é essa a própria lógica da encarnação? O Espírito e a Vida não se encarnam em todos os membros do corpo? Se um único membro for esquecido, ele estaria morto e não seria salvo.

Se o Cristo não tivesse assumido a sexualidade, ele não seria completamente encarnado, ele teria "fingido". Também não haveria mais possibilidade para a sexualidade ser transfigurada, divinizada, ou seja, habitada pela Consciência e o Amor de "Eu Sou". O testemunho de Simeão nos lembra que a transfiguração da sexualidade é possível – ele inscreve-se na linhagem de Clemente de Alexandria[45]:

---

mas pouco se sabe sobre sua vida; ele é mais conhecido por ter sido o mestre de Simeão o Novo Teólogo [N.T.].

44. Hinos XV, 141-211.

45. Tito Flávio Clemente (Atenas (?), ca. 150-Palestina, 215), conhecido como Clemente de Alexandria (para distingui-lo de Clemente de Roma) foi um escritor, teólogo, apologista e mitógrafo cristão grego nascido provavelmente em Atenas de pais pagãos. Foi profundamente instruído na filosofia neoplatônica; uniu as tradições filosóficas gregas com a doutrina cristã, desenvolvendo um "Platonismo cristão". Sua abertura a fontes familiares aos não cristãos ajudou a tornar o cristianismo mais aceitável para muitos deles.

O homem é feito à imagem de Deus pelo fato de que, completamente humanos que somos, nós cooperamos com Deus para o nascimento de outros seres humanos, a sexualidade é uma das expressões da nossa criatividade dada por Deus. Entre aqueles que são santificados, a semente é santa"[46].

Não estamos muito longe do Evangelho de Felipe, da antropologia bíblica e, mais tarde, da tradição judaica: "O prazer do enlace amoroso é um prazer religioso que traz igualmente alegria à Presença divina (*Shekinah*)"[47].

Mas, para ficarmos na tradição estritamente ortodoxa, teríamos que citar Santo Irineu[48]: "A carne deve ser compenetrada através do poder do Espírito, de modo que ela não seja simplesmente carnal, mas torne-se realmente espiritual através da sua comunhão com o Espírito [...] Assim como a carne está sujeita à corrupção, da mesma maneira, ela também pode alcançar a incorruptibilidade"[49].

Tudo depende da intenção e da orientação que habita este corpo que nós somos. Não é tão fácil assim ter uma atitude jus-

---

Clemente foi um erudito numa época em que os cristãos eram geralmente pouco letrados e abertamente hostis a intelectuais. Encabeçou a Escola de Catequese de Alexandria e foi mestre de Orígenes, que o sucedeu. O historiador Eusébio de Cesareia considerava Clemente um incomparável mestre da filosofia e, para São Jerônimo, Clemente foi o mais erudito dos Padres da Igreja [N.T.].

46. Stromata II, 6.

47. Cf. SCHOLEM, G. *O Zohar, o livro do esplendor*.

48. Santo Irineu de Lyon (ca. 130-ca. 202). Grego da Ásia Menor, discípulo do bispo de Esmirna, São Policarpo, que por sua vez foi aluno de São João o Teólogo. Missionário em Lyon, França, foi ordenado padre e posteriormente eleito bispo em 177. Tornou-se o primeiro grande teólogo do Ocidente. Sua obra monumental – *Adversus Haereses* – é uma refutação dos gnósticos. É a nossa principal fonte de conhecimento sobre essa corrente da gnose [N.T.].

49. IRINEU DE LYON. *Patrologia orientalis*, fragmento 6, t. XII, p. 738-739.

ta, de mais uma vez guardar a "via do meio": nem desprezo nem idolatria. Nem desprezar o corpo, pois desprezá-lo seria desprezar a criação de Deus, a manifestação sensível da Vida; nem idolatrar o corpo, pois idolatrá-lo seria fazer dele um absoluto, "um outro que Deus", seria separar a forma relativa e transitória que a Vida toma em nosso corpo do Absoluto que é a sua Fonte.

Da mesma maneira, não se trata nem de desprezar o mundo e a matéria, nem de idolatrá-los como se eles fossem divinos (isso seria tomar um nível de realidade pela Realidade). Trata-se de respeitá-los, sendo o respeito uma das formas mais elevadas de Amor.

Não me esqueço das palavras do Cristo: "há eunucos que a si mesmos se fizeram eunucos por amor do Reino dos Céus. Quem puder compreender, compreenda" (Mt 19,12).

A república do Monte Athos é uma república de eunucos, onde nenhuma mulher ou animal fêmea são tolerados. Você me pergunta, após ter ouvido o que acabei de dizer: "Como justificar isso? Isso não é uma falta de respeito ao nosso próprio corpo e à metade da humanidade? E não me diga que o Athos é o jardim da Virgem, que ela é a única mulher ali tolerada. Hoje em dia, sabemos muito bem que a patologia de muitos monges e padres é o fato de eles não conseguirem suportar outras mulheres em suas vidas além das suas mães... "Aliás, os monges do Monte Athos não se consideram como os eleitos mencionados pelo Apocalipse, eles são "os que não se contaminaram com mulheres, pois são virgens"? (Ap 14,4).

Temo que sua interpretação dos textos bíblicos seja um pouco superficial ou muito "psíquica". Você sabe: "A letra mata, o Espírito vivifica". Ser virgem não tem um sentido apenas físico. Entre os Padres do Deserto, trata-se da virgindade do coração e do espírito, ou seja, do silêncio do mental e do julgamento.

A imundície não está nas coisas que vemos, mas em nossa maneira de vê-las. Em nenhum lugar está escrito que as mulheres são imundícies, mas com os nossos olhares, nossos pensamentos, nossos julgamentos nós podemos maculá-las.

Adquirir a virgindade do coração é olhá-las "tais quais elas são". Como diz magnificamente Yeshoua: "Aquilo que é, é; aquilo que não, não é. Tudo aquilo que dizemos a mais vem do mal"[50]. Tudo aquilo que dizemos a mais são projeções que "sujam" as realidades criadas por Deus, não as vemos mais como Simeão o fazia: manifestações ou epifanias do seu Ser.

E por falar nisso, você conhece a história de *abba* Poemen, um Padre do Deserto da Síria? Dois monges caminhavam juntos. Ao chegarem a um riacho, eles viram uma mulher que estava com medo da correnteza. Um dos monges a tomou nos seus braços, a depositou na outra margem e eles retomaram o seu caminho.

Ao voltar ao monastério, não aguentando mais ficar calado, um dos monges dirigiu-se ao seu companheiro: "Você não sabe que no nosso regulamento nos é proibido tocar uma mulher? Devido a esta impureza você não pode mais entrar no monastério".

O outro lhe respondeu: "Eu carreguei essa mulher apenas o tempo suficiente para transportá-la até a outra margem, nada mais do que alguns minutos. Já você 'a carregou' durante horas por todo o caminho e ela ainda está com você no momento de entrar no monastério..."

50. Mt 5,36.

Você tem razão por me lembrar que o Monte Athos é o "jardim da Virgem". O objetivo de todos esses homens é o de tornarem-se virgens, de colocar um olhar virginal, silencioso, sobre tudo aquilo que existe, de nada macular com seus pensamentos, mas o domínio sobre os pensamentos é uma ascese difícil. A invocação do Nome de Jesus, uma respiração profunda e calma, nos ajudam muito.

Trata-se também de integrar o feminino em nós. Se não há mulheres no Monte Athos é porque, para nós, não se trata mais de projetar nosso feminino no lado externo, mas de reconhecê-lo e integrá-lo no interior e, dessa maneira, "desposá-lo"...

São "bodas internas". Difícil de compreender e, no entanto, os modernos deveriam ser sensíveis a isso, logo eles que descobrem que o cérebro possui dois hemisférios chamados a trabalhar juntos, o hemisfério racional e o intuitivo. Poderíamos chamar de masculino e feminino ou ainda de oriental e ocidental.

Assim hoje como ontem, nós somos convocados à "síntese". Seria interessante desenvolvermos a teologia de Máximo o Confessor[51] a este propósito: de fato, ele encara o ser humano como um microcosmo e um mediador. Cada um dentre nós é um "segundo cosmos" que reflete em si mesmo a complexidade do universo inteiro, "um laboratório que contém tudo de uma maneira completa".

Nossa vocação humana é a de sermos mediadores entre todos os polos que estão divididos na ordem criada. No interior de nós mesmos podemos levar todas as coisas à unidade, trans-

51. São Máximo o Confessor nasceu em Constantinopla próximo do ano 580. Depois de haver recebido uma esmerada educação civil e religiosa, ocupou um alto cargo estatal que abandonou no ano 630 para tornar-se monge. São Máximo escreveu numerosos escritos teológicos, exegéticos e éticos [N.T.].

por o divórcio entre a matéria e o espírito, entre a terra e o céu, entre o homem e a mulher, entre o ser humano e o Ser divino... É-nos impossível realizar esta tarefa de mediação se não aceitarmos, como uma parte integrante de nós mesmos, nossos hormônios e nossas características masculinas e femininas no corpo através do qual nós estamos em relação com o Absoluto e com todos os outros seres.

O que quer dizer "eunucos para o Reino"? Isso não pode querer dizer "castrado" ou impotente, pois isso seria contrário à natureza e à obra de Deus. Não seria este um convite a nos tornarmos *anthropos*[52], um ser humano inteiro que reconciliou em si suas diferentes polaridades para poder amar, enfim, não a partir de nossas carências, mas a partir da nossa plenitude?

Yeshoua indica com exatidão: a escolha de se retirar do mundo, de viver na solidão, neste trabalho de integração que é tornar-se humano, "filho de Deus" ou *anthropos*, é "para" o Reino de Deus, é para fazer reinar em nós a Presença do Espírito, a Energia divina em todos os componentes do nosso ser, físico, psíquico e espiritual.

Não vejo nisso tudo um desprezo do corpo nem desprezo da mulher e da sexualidade, mas a escolha de caminhar rumo a uma integração e uma síntese que têm necessidade de um certo recuo e de uma certa solidão para se realizar.

Esta escolha nem sempre é bem compreendida ou bem interpretada; não faltam hermenêuticas reducionistas da vida contemplativa.

Eu não idealizo os monges, conheço bem que tipo de misérias ou temores podem se ocultar por vezes sob o hábito monástico, mas não cabe a mim julgar e é sempre perigoso falar

52. Cf. *O Evangelho de Maria.*

do sabor de um fruto segundo a espessura das suas cascas. Existem muitos bons frutos aqui, frescos e generosos, para que eu perca o meu tempo com cascas que alimentam as revistas de fofoca e com elas se fartam. Para mim, o mais importante, "eunuco" ou não "eunuco", é o Amor com o qual vivemos, é a única coisa que importa. Não é o Amor que transfigura nossas relações e nossos corpos? Senão o que mais?

O importante é ter um coração. O Padre Serafim me dizia: "Tenha um coração e você estará salvo. Cada manhã, busca o lugar onde está o teu coração e vai para lá onde ele te leva".

É o coração que dá à libido e ao corpo seu sentido e sua luz. Um corpo sem coração é uma lâmpada apagada que só acrescenta sombra à escuridão do mundo. O coração é o cadinho e a síntese da qual eu lhe falava.

"Deus enviou o Espírito do seu Filho nos nossos corações" (Gl 4,6).

Estamos no Monte Athos apenas para viver no coração, mas, para viver no coração, não é necessário estar no Monte Athos.

Quando nossos pais se referem à "oração do coração", à "descoberta do lugar do coração", à "entrada no coração", eles evocam o centro vasto e silencioso no qual respira "Eu Sou".

A oração do coração não é simplesmente uma oração afetiva, mas uma oração da pessoa toda inteira. O coração é o cume da montanha, mas é também a gruta oculta, o templo interno, a câmara nupcial, ou seja, o centro secreto do encontro entre o corpo e a alma, a alma e o espírito, o consciente e o inconsciente, o criado e o incriado, o finito e o infinito, o Eterno e o tempo...

O lugar das núpcias onde se realiza o "Arquétipo da Síntese", ou seja, a Presença vivente do Cristo.

Temo falar demais ou ficar tartamudeando. Diante de tanto invisível esplendor, deixo a palavra a Macário o Grande[53]:

> O coração domina e reina sobre todo organismo corporal, e, desde que a graça tomou conta dos espaços do coração, ela reina sobre todos os membros e todos os pensamentos – de fato, é lá que se encontra o intelecto, todos os pensamentos da alma e daquilo que ela opera.
> Eis a razão pela qual a graça penetra em todos os membros do corpo [...] o coração recepta profundezas insondáveis [...] nosso coração é o palácio do Cristo [...] o Cristo que é rei aqui vem para repousar e aqui habitar, aqui passear e estabelecer seu Reino [...][54].

Parafraseando o velho asceta mexicano[55] que dizia: "Qualquer que seja o caminho que tomares, pergunta se esse caminho tem um coração", eu lhe digo: "Qualquer que seja teu corpo, corpo de homem, de mulher, de monge, de esposo, de esposa, corpo doente, enfermo ou reluzente, pergunte-se se este corpo tem um coração?"

---

53. São Macário nasceu no alto Egito, no ano 300, e passou sua juventude trabalhando como pastor, nos campos. Movido por uma intensa graça, afastou-se do mundo, ainda muito jovem, confinando-se em uma estreita cela onde dividia seu tempo entre oração, práticas penitenciais e a fabricação de esteiras. Macário foi chamado por Deus aos 90 anos, depois de haver passado 60 no Deserto de Esquita [N.T.].

54. MACÁRIO O GRANDE. *Homilias espirituais*, XV, 20, 32-33.

55. Referência a Carlos Castañeda [N.T.].

Carta VII
A oração do coração

Meu caro A,

Nós conversamos sobre "assuntos impossíveis" e nossa correspondência poderia ser sem fim, cada questão abordada chama uma outra. Nós partimos da "experiência de Deus", da sua manifestação no espaço e tempo sob a forma e o semblante do Cristo; em seguida veio a questão da Igreja, da ortodoxia, antes de nos interessarmos pelo corpo e pelo coração no qual tudo isso deve ser verificado e vivido. A propósito, você não me perguntou nada sobre a liturgia, que é, no entanto, um elemento essencial da vida da Igreja e ainda mais da vida monástica, particularmente desenvolvida aqui no Monte Athos. Você me falou sobre a sua repugnância pelos ornamentos, os círios e o incenso; por este "teatro ruim" que é para você a liturgia...

Mais uma vez, ninguém pode forçá-lo ou convencê-lo da sua beleza. Eu não escondo que, por preferir a meditação e a oração solitária, eu nem sempre fui sensível à liturgia. Todos esses rituais fazem sentido apenas se os vivermos do interior – então eles não têm mais nada de absurdo. Cito o Bispo Kallistos que expressa bem o que penso sobre esse assunto:

> Por que oferecer incenso ou queimar velas? Por que fazer genuflexões e sinais da cruz? Se tentarmos explicar através de palavras, nós sabemos muito bem que isso só expressará uma pequena parcela da verdade. E é ali certamente que se encontra a razão da ação sim-

> bólica. Se o poeta pudesse simplesmente expressar em prosa aquilo que ele diz através da poesia, se o artista ou o músico pudesse expressar em palavras o que eles dizem através da pintura ou do som, não haveria necessidade de poemas, quadros ou sinfonias. Cada uma dessas artes existe porque ela expressa algo que não pode ser expresso de outra maneira. O mesmo acontece com a liturgia. Se fosse possível dizer através de palavras o porquê de queimar velas e incenso, nós poderíamos nos contentar com a explicação verbal e renunciar completamente ao ato simbólico. Todo valor do símbolo na celebração reside no fato de que ele expressa algo que não pode ser dito unicamente através das palavras, que ele atinge uma parte do nosso ser que não pode ser tocada por argumentos racionais. De um lado, o símbolo é mais simples e mais imediatamente acessível do que uma explicação verbal; por outro, ele penetra mais profundamente no coração da realidade.

Toda a beleza e o simbolismo presente em nosso louvor são inúteis e sem objeto em um plano puramente pragmático. Podemos usar *sprays* desodorizantes no lugar do incenso, luzes *néon* no lugar dos círios, mas o ser humano não é simplesmente um animal pragmático e utilitário. Aqueles que investigam a natureza humana descobrem rápido o quanto temos necessidade dessa beleza "inútil". Como escreveu de maneira acertada o Arcebispo Alexandre Schmemann:

> A liturgia, antes de tudo, é a união alegre daqueles que vão encontrar o Senhor ressuscitado e entrar com Ele na câmara nupcial. E esta alegria da espera e a espera desta alegria que são expressadas nos cantos e nos rituais, nas decorações e nos incensos, no "esplendor" da liturgia que tão frequentemente denunciamos como desnecessária, até mesmo como pecadora.

Ela é de fato desnecessária, pois estamos muito além das categorias do "necessário", "funcional" ou "útil". E, quando, à espera de alguém que amamos, nós colocamos uma bela toalha sobre a mesa e a decoramos com flores e velas, nós fazemos tudo isso não por necessidade, mas por amor. E a Igreja é amor, espera e alegria, ela é o céu sobre a terra, segundo nossa tradição ortodoxa. Ela é a alegria da infância reencontrada, essa alegria livre, incondicional e desinteressada que é a única capaz de transformar o mundo. Em nossa piedade adulta e séria, nós pedimos definições e justificativas que estão enraizadas no temor. Temor da corrupção, dos desvios, das "influências pagãs" etc. Mas "No amor não há temor" (1Jo 4,18). Enquanto os cristãos amam o Reino de Deus e não se contentam em falar sobre ele, eles o "re-apresentam" e lhe dão um significado na arte e na beleza. E aquele que celebra o sacramento da alegria se apresenta revestido de um casulo esplêndido, pois a glória do Reino o envolve como uma auréola, pois, mesmo em uma forma humana, Deus aparece em glória, de pé na presença do Cristo e, como Moisés diante de Deus, nós estamos aqui para sermos cobertos pela sua glória[56].

"A beleza salvará o mundo", dizia Dostoievski. Tornar patente o poder salvador desta divina beleza é uma das funções primeiras da cultura. Quando os enviados do Príncipe Vladimir de Kiev foram convertidos à fé ortodoxa, não foram palavras ou argumentos lógicos que os converteram, mas a beleza da santa liturgia da qual eles participaram em Constantinopla: "Nós não podemos esquecer essa beleza", disseram eles ao voltarem para casa[57].

---

56. SCHMEMANN, A. *Pour la vie du monde* [Pela vida do mundo]. Paris: Desclée de Brouwer, 1969, p. 32-33.

57. WARE, K. *Tout ce qui vit est saint* [Tudo aquilo que vive é santo]. Paris: Du Cerf.

Mas você tem razão em dizer que não basta voltar para casa com um "belo souvenir"; como guardar em si a memória viva desta Presença que nos tocou em um momento numinoso? Como fazer deste instante não apenas um momento de graça, mas de revelação da nossa verdadeira natureza, sempre presente, qualquer que seja o lugar onde nós nos encontramos? E você me pergunta qual é o "meu" método?

Novamente, você me faz uma pergunta muito pessoal e não quer que eu responda enquanto teólogo profissional, mas como amigo que compartilha sua experiência. O problema é que a minha experiência não é apenas a "minha" experiência, e você está se privando da experiência infinitamente mais profunda e intensa que é a experiência da tradição. Mas, você me dirá: uma tradição só é transmitida através de pessoas particulares, de toda forma, foi assim que eu a recebi, não apenas através das Escrituras, das liturgias e dos ensinamentos dos Padres, mas através da iniciação que o Monge Serafim me fez viver.

Narrei em outra ocasião[58] esse encontro e a prática à qual ele me convidou. É inútil ficar me repetindo. Simplesmente tenho vontade de compartilhar com você aquilo que me parece, através deste tesouro que ele me confiou, uma verdadeira síntese das diferentes formas de meditação que existem no mundo; uma prática que nos torna capazes de acolher hoje a Presença d'Aquele que, assim como Máximo o Confessor e os padres, eu gosto de chamar de "Arquétipo da Síntese".

Eu resumiria da seguinte maneira a oração hesicasta:

1) A arte

2) de se despertar à

---

58. Cf. *Escritos sobre o hesicasmo*. Op. cit.

3) consciência de Ser

4) Eu Sou,

5) "com"

6) (o Outro e os outros)

7) em um corpo

8) que possui um coração.

1) A arte: trata-se realmente de uma arte, mais do que de uma técnica. A "arte das artes", dizem os antigos, ou seja, não se trata apenas de uma competência, mas de uma disposição do coração: uma abertura e uma atenção à Beleza, visível e invisível.

O cristianismo é uma filocalia tanto quanto uma filosofia: um amor pelo Belo, esplendor do Verdadeiro, sabor do Bem.

2) Despertar-se: "Desperta-te, ó tu, que dormes, e sobre ti brilhará a luz do Cristo". Sair do sono do esquecimento, da preguiça dos pseudossaberes e de todas as formas de ilusões. A arte da meditação e da oração é uma lucidez, uma verdadeira paixão por aquilo que é real e um verdadeiro desgosto por aquilo que é falso, ilusório ou mentiroso.

A experiência da "morte clínica" foi para mim um momento de despertar ao Real, àquilo que é, a este Espaço que não passa, a este Grande Dia, a esta Luz invisível na qual surgem todas as coisas visíveis e passageiras.

Cada um desperta de uma maneira particular e, como lhe disse, eu não desejo a ninguém de passar por onde eu tive que passar. Cada um terá um dia a oportunidade de se encontrar "ali onde ele está", como ele jamais tinha estado. Isso pode acontecer, como foi o meu caso, por meio de um coma profundo, mas isso também pode acontecer durante um passeio, escutando música, no coração de um enlace amoroso, observando o grande céu vazio e estrelado... De repente, entramos na "Consciência de estar aqui", de estar aqui desde sempre e para sempre.

É esta "consciência de Ser" que o Padre Serafim buscou primeiro enraizar em mim quando ele me pediu para meditar como uma montanha. Antes de querer orar como um homem, eu deveria saber como a montanha ora. Entrar na "Consciência de estar aqui" – "mineral" – não é uma simples metáfora que convida à estabilidade e à imobilidade do corpo.

Tente realmente estar aqui, como uma montanha, aberta a todos os ventos, a todos os tempos, com seu lado de sombra e o seu lado de luz e você verá que Presente se instalará em você, que tranquilidade e também que comunhão com a terra e com tudo aquilo que nela germina e floresce.

Eu não sabia a que ponto a matéria era viva: "Se eles se calarem, as pedras gritarão", dizia Yeshoua sobre os seus discípulos. Eu não as ouvi gritar, mas é preciso ser surdo para não ser sensível à sua vibração, vibração sonora no coração da noite. A montanha do Monte Athos, Agion Horas, canta uma estranha salmodia, um fino sorriso que é sua aquiescência ao Logos que informa e que faz do seu "caos" ou *tohu va bohu* uma ordem incessantemente renovada que nós chamamos de "cosmos".

Para desenvolver ainda melhor a "Consciência de estar aqui", o Padre Serafim me propôs um outro "mestre": uma papoula em seu jardim. Ele poderia ter escolhido uma árvore ou uma outra flor qualquer, mas aquele era o dia das papoulas. Foi por meio dela que eu deveria aprofundar minha consciência de estar aqui, de maneira "vegetal".

Mais uma vez, tente... Não é um pensamento, um devaneio. Coloque-se a florescer, deixe que o movimento da seiva o eleve para o mais alto, para o Belo; mantenha-se reto no Espaço que o alimenta de ar e de raios de luz.

Os Padres frequentemente compararam os monges a heliotrópios, "voltados para o sol". Meditar não é correr atrás do sol, é deixar que o sol brilhe sobre nós. Para uma planta, este é um ato totalmente passivo, ele não pode agir de outra maneira. Para nós, é um pouco mais difícil. Manter-se sentado, flexível e imóvel, demanda, no início, uma energia considerável; eu só pensava em fugir, eu tinha coisa melhor a fazer do que ficar "vegetando" em um vaso, pouco importava se esse "vaso" era um maravilhoso jardim ou uma sublime montanha.

Aqui, mais uma vez, verifique... Nesta postura, a calma das árvores, das plantas, comunica-se a nós e entra em ressonância com a tranquilidade que é a sua verdadeira natureza, uma tranquilidade viva, bem orientada, reta na luz.

Estar aqui, como uma montanha, como uma papoula, Presença imensa, Presença frágil, peso do Eterno e vivacidade do instante neste simples "gesto" de estar aqui.

Mas este "Estar, Ser, aqui" é movimento e Ele é também Sopro; é isso que o Monge Serafim me fez querer compreender e sentir quando ele me pediu para "meditar como um oceano": "Escute o fluxo e o refluxo das ondas, escute o inspirar e o expirar, escute o seu Sopro..."

Para estar presente à Presença, para permanecer no Real, não há nada como a atenção à respiração. Se você estiver atento ao seu sopro, você não poderá estar em nenhum outro lugar além do lugar onde você está. É um elemento importante da meditação hesicasta, não é apenas um exercício psicossomático que tem como função acalmar o mental (mas só isso já seria uma profunda terapia, e que não custa caro), é também um exercício "pneumático", espiritual no sentido primeiro do termo.

Segundo a antropologia bíblica, um "espiritual" não é apenas alguém que tem um espírito (*noús*), mas alguém que tem um Sopro (*pneuma*), alguém que respira profundamente; um profeta é um "inspirado"; sua profecia ou seu poema é a sua "expiração".

Compreendemos melhor, então, que Yeshoua tenha transmitido à samaritana o segredo da sua própria oração dizendo que é a adoração – *en pneumati kai aletheia* – que deveríamos traduzir: "no Sopro e na Vigilância" ao invés de "em espírito e verdade".

Essa última tradução faz da adoração, da meditação ou da oração um ato "intelectual", quando se trata, na verdade, de fazer apenas um com o Sopro da Vida, o santo *Pneuma*, e devemos fazer isso com *a-letheia*, ou seja, literalmente, "fora da letargia", na vigilância...

A verdade não é, como eu já disse, "uma verdade que temos", um corpo de ideias e doutrinas que evocam ou "representam" mais ou menos bem o Real, mas um estado de despertar e de vigilância.

Então compreendo melhor quando o Cristo diz: "A verdade vos libertará". Sim: a "vigilância" nos libertará... Quando somos vigilantes, não podemos mais ser "objetos" dos acontecimentos e das circunstâncias, permanecemos Sujeito... A consciência de estar aqui, em um sopro vigilante, nos conduz a ser "Sujeito", a nos tornarmos "Eu Sou".

Jamais poderei agradecer o suficiente à Vida que me fez encontrar o Padre Serafim que, através do seu ensinamento, manteve-me mais próximo da letra e do espírito do Evangelho. Ele frequentemente me dizia: "Orar é respirar"; quando você está com alguém, você não pensa mais nesta pessoa, você está, você é com ela... Quando você está com Deus (e onde mais poderíamos estar? Se você é vivente, você não pode estar em outro lugar a não ser na Vida), não pense nele, esteja com Ele, seja com Ele, respire com Ele; respire a Vida, a Luz, seja no movimento do Presente que se dá.

"O Sopro santo nos conduzirá à Verdade toda inteira" – não esqueça de verificar! Respire conscientemente, permita-se ser conduzido pelo Sopro santo a um estado de total vigilância: "aquilo que é tal qual isso é", "aquele que é como Ele é" não deixarão de lhe aparecer.

O que eu não percebi, na época, foi que o Padre Serafim me pedira para integrar na minha prática vários elementos das práticas de meditação orientais.

A postura "como uma montanha" não é a pura postura, "o ser aqui", "o estar aqui", sem "busca de objetivo ou ganho", da tradição zen e das formas de yoga mais avançadas que guardam uma única postura (*asana*), a da meditação (*padmasana*)?

A orientação do corpo, do coração e do espírito para o Belo e a Luz, que nós chamamos aqui de "filocalia", não é a orientação, a forte motivação ou a fé necessárias a toda forma de meditação?

Enfim, não é através do apaziguamento do Sopro que o Buda chegou ao Despertar? As palavras do Evangelho que já foram citadas: "O *Pneuma* vos conduzirá à *Aletheia*", não deveriam ser literalmente traduzidas por "O Sopro vos conduzirá ao Despertar"? Yeshoua jamais disse: "Eu tenho a verdade", mas: "*Ego eimi aletheia*", literalmente: "Eu estou, Eu sou Desperto..."

Não é o Despertar, a consciência de ser "Eu Sou" que os yogis buscam através do domínio da respiração (*pranayama*)? O método da oração hesicasta não pertence apenas aos cristãos, mesmo se isso for mais plenamente vivido dentro da tradição ortodoxa e em relação com a liturgia. Existe nela elementos que pertencem a toda humanidade e que encontramos no hinduísmo, no budismo, mas, é claro, também no judaísmo (*Cabala*) e no Islã (sufismo).

Melhor assim, não é? Se o que é verdadeiro fosse verdadeiro apenas para os "verdadeiros cristãos ortodoxos", que verdade pequena e pobre ela seria! Se o cristianismo nos revela algo de verdadeiro, então isso deve ser verdadeiro para todos. A Luz não é propriedade de uma Igreja, ela pertence a todos que abrirem seus olhos. O Amor não é propriedade de uma elite. Ele pertence a todos que têm um coração; a Vida não é o apanágio de uma raça ou de um estado de saúde em particular, ela se dá a todos aqueles que são e que desejam permanecer "viventes".

Após a postura, a consciência de ser e de estar aqui como uma montanha, como uma flor. Após o Sopro – a consciência de ser e de estar aqui como um oceano, como participante da grande onda da Vida que inspira e expira – o Padre Serafim me ensinou um outro elemento importante da meditação hesicasta, elemento que encontramos igualmente em outras tradições. Quando, apesar da nossa postura, nossa orientação e nossa atenção ao Sopro, o mental permanecer disperso, indo e vindo de um pensamento a outro, sem fim, impedindo o acesso ao claro Silêncio que nossa intuição pressente como algo que está "sempre aqui", o que é preciso fazer?

Na Índia, um mantra é utilizado; literalmente um instrumento (*tra*) de pensamento (*man*) para nos conduzir além do pensamento. Um som, um nome que repetimos incessantemente. Da mesma maneira no Islã, com a invocação do Nome de Deus (*dhikr*) ou mais exatamente a rememoração da sua Presença através do Nome.

No budismo, fala-se do Nembutsu, invocação do Buda da Misericórdia através do qual obtemos a libertação.

A tradição hesicasta faz alarde dos benefícios da oração "monológica". Menciono um dos textos mais citados da filocalia:

> Que a sua oração ignore toda multiplicidade: uma única palavra bastou ao publicano e à criança pródiga para obter o perdão de Deus [...] Nada de busca nas palavras da sua oração: às vezes os balbucios simples e monótonos das crianças dobram seu pai! Não vos lanceis em longos discursos para não dissipar vosso espírito na busca pelas palavras. Uma única palavra do publicano tocou a misericórdia de Deus: uma única palavra plena de fé salvou o ladrão. A prolixidade na oração frequentemente enche o espírito de imagens e o dissipa enquanto que uma única palavra (*monologos*) tem por efeito uni-las.

> O primeiro degrau da oração consiste em expulsar através do pensamento (ou da palavra) simples e fixa (monologicamente) as sugestões no próprio instante em que elas aparecem. O segundo, a manter nosso pensamento apenas naquilo que dizemos e pensamos. O terceiro é o rapto da alma no Senhor.

> Não aprendemos a ver, esse é um efeito da natureza. Também não se aprende a beleza da oração através de um outro. Ela tem em si seu próprio mestre, Deus, "que ensina aos homens a ciência" (Sl 94,10), dá a oração àquele que ora[59].

Sim, é orando que nos tornamos "oradores".

Um grama de prática é mais precioso que uma tonelada de teorias.

Repito: tudo aquilo que lhe digo é para ser vivido e experimentado – aquilo que você não quiser ou não puder verificar por si mesmo, esqueça! E não atravanque teu espírito, pois o objetivo é a "desobstrução".

Com relação à oração "monológica" com o objetivo de expulsar os "pensamentos" (*logismoi*), o Padre Serafim me propôs, em um primeiro momento, o *Kyrie Eleison*, que é a oração comum ao Monte Athos: repeti-la incessantemente cria em nós uma espécie de "zumbido", como o das abelhas quando se aproximam da flor.

Como eu não gostava da tradução do *Kyrie Eleison*[60], ele me disse: "*Kyrie Eleison* quer dizer: "Tu que és Aquele que É", a Realidade presente e eterna, próxima e sempre inacessível, envia sobre nós teu *Pneuma* (teu Santo Espírito), renova-nos pelo Teu Sopro, desperta-nos ao verdadeiro conhecimento e ao amor sem os quais o homem não pode viver".

Kyrie Eleison...

> Sufoco: no coração do meu sufocamento, eu invoco o Sopro, o Ar, o Espaço...

---

59. Cf. *Petite Philocalie de la Prière du cœur* [Pequena filocalia da oração do coração]. Paris: Le Seuil, 1979 [Tradução e apresentação de Jean Gouillard].

60. O *Kyrie Eleison* pode ser traduzido por: "Senhor, tende piedade de nós" [N.T.].

> *Kyrie Eleison* é invocar o ar, você se abre a um Sopro mais vasto que o teu, a um Espaço mais vasto que aquele que te contém, você entra no Aberto. Mas, primeiro, acalma o teu mental; se pensamentos loucos o submergirem, se maus humores o angustiarem, volte para a consciência de estar e de ser aqui, ou seja, volte ao seu corpo presente, ao seu corpo que respira, mas também ao seu corpo que pensa distraidamente. Se a consciência do sopro não for suficiente para acalmar seus pensamentos, dê aos seus pensamentos um pensamento mais elevado, um pensamento orientado para o silêncio ou para uma mais pura Presença.

Ele comparava o *Kyrie Eleison* ao arrulho da pomba e ele me pediu para escutar as pombas que estavam em seu jardim, cujo efeito foi o de me enervar ainda mais ao invés de ajudar a me concentrar...

Mas é verdade que o *Kyrie Eleison*, ou a invocação tradicional, "Senhor Jesus Cristo, filho de Deus, tenha piedade de mim, pecador", pode ter um efeito poderoso e nos levar à presença essencial que nos habita, nos cura e nos liberta (ou nos "salva". Em grego, a palavra *soteria* quer dizer ao mesmo tempo "saúde", "libertação" e "salvação"; nos evangelhos Jesus diz indiferentemente "tua fé te curou" ou "tua fé te salvou").

Mais tarde, o Padre Serafim pediu-me para invocar apenas o nome "Yeshoua": *Yesh* ao inspirar, *shoua* ao expirar. Ele me dizia: "No Nome de Yeshoua, o tetragrama Sagrado está presente, Y H W H... Yah-hou. O Nome, que é também um Sopro, é um Nome divino e é também um nome humano.

Não o invoque em vão; da mesma maneira que nos tornamos aquilo que amamos, nos tornamos aquilo que conhecemos e também aquilo que invocamos... Não esqueça que Ele está aqui, o Vivente que você invoca...

Se você não acredita nisso, ou seja, se você não se une a isso com todo seu sopro, toda sua afetividade e inteligência, sua invocação corre o risco de se tornar um pensamento como os outros, entre os outros; a unidade não se fará em você, a unidade entre o homem e Deus, que o Nome de Yeshoua conclama.

Mais tarde, ele me ajudará a passar da oração "a Jesus" para a oração "de Jesus" que é *abba*.

Mas creio que isso basta por hoje, preciso fazer uma pequena pausa antes de "dar um passo adiante na densidade"...

Só podemos transmitir o que recebemos, mas aquilo que recebemos nem sempre equivale àquilo que nos foi dado, é isso que sinto ao te escrever. Eu falo pouco e mal sobre aquilo que o Padre Serafim quis me transmitir na sua grande paciência.

Talvez tudo isso seja pessoal demais, íntimo demais, talvez eu devesse me contentar, como a maior parte dos monges do Monte Athos, de repetir aquilo que desde sempre disseram nossos Pais sem amontoá-lo com a "minha experiência":

> A oração "Senhor Jesus Cristo, Filho de Deus, tenha piedade de mim" é uma oração vocal como todas as outras. Em si, ela não possui nada de particular; todo seu poder reside no espírito com o qual ela é pronunciada. Os diferentes métodos descritos pelos Padres [...] não convêm a todos: eles são até mesmo perigosos se não tivermos o benefício de possuir uma direção pessoal. É melhor não tentar utilizá-los. O único método indispensável para todos, é o de permanecer com a atenção no coração. Todo o resto é acessório [...] Todo o esforço que fizeres na oração deve ser dirigido para este lado.

> Rezem para que o Senhor vos conceda esta graça: é o tesouro oculto, a pérola sem preço[61].

Sim, permanecer com a atenção voltada para o coração, permanecer na consciência de estar aqui, com o Ser que está aqui, respirar e amar... "estar aqui", "ser aqui" com "Eu Sou" que está aqui, Presente.

61. CHARIITON, H. L'Art de la prière [A arte da oração]. Abadia de Bellefontaine. Coleção "Spiritualité Orientale", 1976, p. 131, 271. In: WARE, K. *Tout ce qui vie est saint* [Tudo aquilo que vive é santo]. Op. cit.

Carta VIII
Meditar

Meu caro A,

Você me critica por "passar muito tempo nessa "instauração da atenção", essa "Consciência de estar aqui" que sem dúvida nos enraíza, como se fôssemos montanhas ou velhos troncos, mas que não faz de nós homens, ou seja, seres em relação "com" os outros e particularmente com aqueles que sofrem. Eu ainda nada disse sobre o sofrimento, como se no Monte Athos a glória e a luz jorrassem de todo lugar; no Monte Thabor os discípulos, delirantes diante das belezas da Transfiguração, não acabaram se esquecendo da cruz?

Não, eu não esqueço. O Padre Serafim também não esquecera. Após ter me pedido para orar e meditar como uma montanha, como uma papoula, como um oceano, como uma pomba, ele me pediu para meditar e orar "como um homem", e que homem! "Como Abraão", "como Jesus"... Trata-se de, primeiro, despertar para a consciência de estar aqui e neste campo, a montanha, a papoula, o oceano, a pomba têm muito a nos ensinar, mas também se trata de estar aqui, "com"...

Não apenas com YHWH, o Desconhecido que está na fonte da Vida da Consciência e do Amor, que Yeshoua chamava seu "Pai" e "nosso Pai", mas trata-se também "de estar com" os outros homens.

Abraão é um bom exemplo a este propósito; exemplo de uma "espiritualidade que possui um coração", pois é próprio do coração ter intimidade com todas as coisas, chamá-las de "tu"[62] e nos fazer passar do mundo dos objetos ao mundo das presenças...

O homem é o lugar onde o universo toma consciência de si mesmo e é também o lugar onde o universo "ora", ou seja, entra em relação consciente e amorosa com a Fonte ou o Princípio da sua existência. E este lugar onde o universo ora é o coração...

Você me diz que atualmente na França a "espiritualidade sem Deus" está na moda, mas o que é uma espiritualidade sem Deus? É uma omelete sem ovos, um exercício intelectual vão e sem substância. A vida espiritual não é a Vida do Espírito?

O que é o Espírito? É o "meu" ou o "seu" espírito (*noús*) ou é o Espírito (*Pneuma*), o grande Sopro de vida que anima nossos espíritos, nossos psiquismos (*psyché*) e nossos corpos (*soma*)?

O que você chama de "vida espiritual" é a vida do seu espírito, da sua bela e fina inteligência, não é a vida do Espírito, que eu chamo a consciência de ser "Eu Sou" com o Outro (O-o) em um corpo que tem um coração.

Uma omelete é uma determinada maneira de lidar com os ovos (os ovos reais). Uma religião é uma determinada maneira de lidar com os deuses (se por deus entendermos a experiência estruturante que o homem pode fazer sobre aquilo que ele considera como o último e o Íntimo e esta experiência se projeta em uma imagem que ele chama de "seu deus". Uma espiritualidade é uma certa maneira de acolher a Vida do Espírito (*Pneuma*) no intelecto (*noús*) e no coração.

---

62. No original em francês: *tutoyer toutes choses*, ou seja, usar o pronome "tu", mais íntimo do que o "vós". Em francês, o "tu" só é usado entre familiares e amigos [N.T.].

Uma omelete sem ovos (uma omelete virtual) jamais alimentou alguém.

Uma religião sem deuses (uma religião virtual, sem experiência), jamais deu sentido a alguém.

Uma espiritualidade sem Espírito e sem Vida (uma espiritualidade virtual, conceitual), jamais iluminou, esclareceu, despertou, fez viver alguém.

Mais profundamente, acredito que uma espiritualidade sem Deus, é uma espiritualidade sem Outro (O-o), ou seja, uma espiritualidade sem coração.

O Espírito pode ser acolhido no espírito e no intelecto e posso permanecer na "consciência de ser e estar aqui", mas não estou na "consciência de ser e estar aqui com o Outro (O-o)", ou seja, na consciência de Ser e estar aqui com o coração, já que é o coração que "sente" o Outro, já que é o coração que "sente" Deus...

Encontramos aqui a experiência de Abraão; ele contempla o universo, faz apenas um com a montanha, o deserto, o pássaro e eis que, de repente, "você é alguém". O que aconteceu? Nada mudou. Aquilo que é, é. É o coração que se abriu e que sente, além do mundo das coisas, o mundo da Presença, o Espaço que lhe permite existir.

Além do mundo da natureza, do "objeto cósmico", Abraão pressente o mundo da Consciência ou do Sujeito que o contém...

No azul do céu, ele descobre o azul de um olhar. Não apenas ele vê, mas ele é visto. Ele vê que ele é visto. Ele não está só. Ele vê o Ser que o faz ser e esta visão se passa no coração. Não é uma conclusão do intelecto, apesar desta conclusão ser também a contemplação mais elevada que possa existir, é o sentimento de que o "além de tudo" está bem próximo de nós.

Meditar como Abraão é pressentir que por trás do frêmito das estrelas há algo "mais" do que as estrelas, uma Presença difícil, por vezes impossível de ser nomeada, "ela tem todos os nomes e nenhum nome pode nomeá-la".

Eu dizia que o Padre Serafim me propôs, junto com Abraão, de meditar em um corpo, um "universo que possui um coração"... Uma vez tendo despertado o coração, ele permanece nesta sensibilidade por vezes extrema ao Outro e aos outros (responsável de tudo e por todos, dizia Dostoievski).

Uma espiritualidade sem Deus e uma espiritualidade sem mim, nem você; sem "Eu" e sem "tu", como dizia Martin Buber[63].

Uma espiritualidade sem coração, ou seja, que não possui o sentido, o sabor do Outro (O-o); uma espiritualidade sem transcendência, ou seja, que não possui o sentido da alteridade do Outro já que é através do Outro e do rosto humano "que nos olha" que "Deus" nos vem à mente.

Teus pequenos filósofos franceses ignoram talvez a filosofia de Emmanuel Lévinas[64]: o drama do homem contemporâneo não é apenas o "esquecimento do Ser", como pensava Martin Heidegger[65], é o esquecimento do Ser que tem um rosto, é o es-

---

63. Martin Buber (1878-1965), filósofo e pedagogo. Sua obra-prima foi o livro *Ich und Du* (*Eu e tu*), publicado em 1923. O conteúdo do livro é tanto filosófico quanto teológico, pois o "Tu" eterno e absoluto é Deus. O livro insiste sobre a alteridade – o sentido do outro como "pessoa" (não existe "eu" sem "tu") – dimensão absolutamente essencial a toda vida humana [N.T.].

64. Emmanuel Lévinas (1906-1995), filósofo francês. O pensamento de Lévinas parte da ideia de que a Ética, e não a Ontologia, é a Filosofia primeira. É no face a face humano que se irrompe todo sentido. Diante do rosto do Outro, o sujeito se descobre responsável e lhe vem à ideia o Infinito. Foi um dos primeiros filósofos a introduzir na França o pensamento de Heidegger [N.T.].

65. Martin Heidegger (1889-1976), filósofo alemão, um dos pensadores fundamentais do século XX, quer pela recolocação do problema do ser e pela refundação da Ontologia, quer pela importância que atribui ao conhecimento da tradição filosófica e cultural. Autor de *Sein und Zeit* [Ser e tempo] [N.T.].

quecimento do Outro... e para sair deste esquecimento não basta ter um intelecto, é preciso ter um coração. Esse coração que devemos encontrar e despertar cada manhã mergulhando-o no movimento da Vida que se dá, a vida do Espírito (*Pneuma*).

Haveria muito a ser dito sobre esta etapa onde a meditação torna-se "humana": o Livro do Gênesis nos mostra Abraão "sentado na entrada da tenda na hora mais quente do dia". Ali ele acolhe três estrangeiros que reconhece como sendo a Presença do Único que vem visitá-lo e fecundar Sarah, ela que acreditava ser velha demais para "ainda conhecer o prazer".

Jamais é tarde demais para se abrir ao Desconhecido, para oferecer hospitalidade ao Outro (O-o) e conhecer a alegria que é o dom de toda verdadeira relação.

Meditar como Abraão, dizia-me ainda o Padre Serafim, é "praticar a hospitalidade" no sentido mais concreto, o copo d'água que você dá a alguém que tem sede. Não se afaste do silêncio, ele o aproxima da fonte.

Meditar como Abraão, meditar como um homem que tem consciência de ser e estar aqui, em um corpo que possui um coração. Isso não apenas desperta a paz e a luz em ti, mas também o amor por todos os homens, por toda a criação.

Você se lembra deste momento onde Abraão se manteve na presença do Ser que é aquilo que ele é (YHWH) e ele teve o pressentimento de que a destruição de Sodoma estava próxima.

A violência só poderia atrair e atiçar a violência, só podemos colher o que semeamos, é a lei da causa e do efeito, a justiça imanente (o *karma*, dizem os orientais). Sodoma só poderia colher as consequências dos seus atos.

Podemos ter o mesmo pressentimento que Abraão quando olhamos o estado do mundo hoje em dia: "Se continuarmos dessa maneira", e não são apenas os homens de oração que o dizem, mas a maior parte dos cientistas, "nós estaremos caminhando segura e inevitavelmente em direção ao nosso fim..."

Abraão não se alegra diante das manifestações imanentes da justiça, diante do Apocalipse que está próximo, consequências de nossos atos insensatos. Ele não julga, ele não pensa: "Bem feito! Eles procuraram – não é possível explorar os pobres sem que, mais cedo ou mais tarde, eles se revoltem; não exploramos a terra sem que um dia ela se revolte e nos engula nos desabamentos que nós mesmos provocamos".

Não, Abraão sente-se ferido no coração, ele intercede e ele ora.

É isso que vivem alguns monges aqui, no Monte Athos. Como eu dizia, nós não estamos fora do mundo, mas no coração do mundo. Nós não estamos aqui para julgar o mundo, mas para orar para que lhe seja feito misericórdia.

O que seria a meditação hesicasta sem essa abertura do coração, esta compaixão, essa intercessão? Uma ilusão, sem dúvida, ou pior, uma forma sutil de idolatria, idolatria de um estado de consciência particular e particularmente pacífico que tomaríamos por Deus.

Assim como a Verdade sem Amor não passa de um ídolo, a *hesychia* sem ágape, a quietude sem amor, não passa de um ídolo.

Você me falava a respeito do seu medo de que "os monges não passem de imensos narcisos afogados nos reflexos luminosos das suas imagens que eles tomam pela imagem de Deus"... É verdade para aqueles cujo intelecto não chegou até o coração, mas para aqueles que têm o coração iluminado, isso é impossível: o Outro existe e Ele não existe apenas "em mim" e enquanto um ser sentir-se infeliz sobre a terra, não posso ser "totalmente" feliz.

"Um único membro sofre e todo o corpo sofre."

Mas se os monges desenvolvem através da oração uma sensibilidade atenta ao sofrimento do mundo, eles nada acrescentam ao sofrimento. Já há o bastante! Chega! Não é acrescentando culpa, pensamentos piedosos ou masoquistas ao mundo que o ajudaremos a sair da culpa. Pelo contrário, é vivendo na alegria e na paz que podemos ajudar.

"Encontra a paz interior e uma multidão será salva junto a ti."

Ser feliz deveria ser um dever, não apenas para si, mas para os outros. Se eu sou feliz e se estou em paz, existe ao menos um lugar onde há felicidade e paz (real e não virtual) no mundo.

Mas você me pergunta: "E quando o sofrimento está presente"? É claro, primeiro é preciso fazer todo possível para aliviá-lo e cuidar dele. "Tudo que é possível, se for possível". "Afasta de mim este cálice", mas quando isso não é mais possível, trata-se "de ser um com aquilo que está aqui".

O que nos faz sofrer, aliás, assim como aquilo que nos dá prazer, não são as coisas nem os acontecimentos, é a "relação" que nós temos com as coisas e os acontecimentos. Como ter uma "relação justa" com o objeto do meu sofrimento ou o objeto do meu prazer, eis a questão, eis o exercício para o qual nos prepara a oração, a consciência do Sopro e a invocação do Nome.

Uma relação justa é uma relação "ajustada" no presente, tanto com relação ao sofrimento quanto ao prazer. São Paulo tem a este respeito uma frase magnífica: "Nós temos exatamente a graça ou a energia necessárias para fazer face à provação do momento presente". Nós não temos a energia e a graça para fazer face aos momentos passados ou aos momentos que estão por vir, isso seria demais...

Quando o mental projeta sobre o momento presente as provações passadas ou futuras nós corremos o risco de sermos submergidos.

Não é este um dos objetivos da oração e da meditação permanentes: desenvolver em nós esta atenção do coração ao momento presente, quer seja um momento de prazer ou de dor? Através desta atenção ao coração nós pressentimos um "além do prazer e da dor" que nos permite não nos identificarmos a eles e permanecermos livres. "Eu Sou" no coração daquilo que nos acontece.

Você me pergunta: "Como o Cristo, Ele, o Grande Vivente, sofreu?"

Não acredito que Ele tenha sofrido como um "sábio" que estaria "acima" do seu sofrimento; que o olharia "do alto", como o "self" olha o "eu", como o Espírito olha o corpo.

Eu acredito que Ele tenha recebido o sofrimento "de peito aberto", que Ele tenha permanecido firme, dentro do sofrimento, no coração... Ele era a Vida que sofre e que morre de verdade, que não finge. Ele não desencarnou, desincorporou, desassociado desta humanidade, dos seus limites, da sua finitude, que Ele veio "provar" em plenitude.

Penso frequentemente nesta criança de Auschwitz que era conduzida ao crematório. A um velho homem que gritava: "Mas onde está Deus?", seu amigo lhe respondeu: "Ele está ali" e apontou para a criança...

"Deus está aqui" – onde mais Ele poderia estar?

É a resposta de Yeshoua ao mistério do mal e do sofrimento: eu também sofro, eu sinto angústia, eu suo sangue...

Yeshoua sofre como uma criança,

Como um animal,

Como um inocente...

E como um inocente Ele toma em pleno corpo as violências e as veleidades do mundo que o cerca...

Estava escrito que Ele sofre e morre "por nós".

E é verdade: "para nos mostrar o caminho". Como permanecer Sujeito, como permanecer "Eu Sou" no coração do sofrimento?

"Minha vida, ninguém a toma, sou eu quem a dou" – talvez esteja aqui o segredo. Palavras de Senhor e não palavras de vítima.

São palavras de alguém que não se faz objeto do seu sofrimento, mas que permanece Sujeito até o final, palavras de Senhor que chega a perdoar seus algozes: "Eles não sabem o que fazem".

E ainda está escrito: Ele sofreu, Ele morreu "para nos salvar", "para nos curar".

Para nos salvar ou para nos curar de quê?

Exatamente do sofrimento e da morte, ou seja, da nossa identificação com o sofrimento e com a morte. Mas como?

"Minha vida, eu não a preservo, eu não a guardo, eu a dou." Seu sofrimento e sua morte, Ele não os guarda para si. Ele os dá, os oferece.

Sua morte torna-se então Amor, Vida que se dá até o fim, até o fundo, e no fundo existe o "sem fundo".

É ali sem dúvida que o inocente que sofre descobre que Ele não pode morrer, só se pode tomar dele aquilo que Ele não deu. Mas Ele deu tudo, seu corpo está vazio, nada sobra dele, o túmulo está vazio.

"Por que procurais entre os mortos Aquele que está vivo?"

Dizer: "Não sou mais eu quem sofro, é Ele, o Vivente, que sofre em mim", isso não tira nada do nosso sofrimento, mas isso o coloca no seu lugar, na corrente de Vida que se dá, aquilo que alguns chamam de Ágape ou Amor, o único Deus que não é um ídolo, aquele que só possuímos quando o damos, a Vida eterna que é a nossa vida mortal quando ela foi totalmente doada.

O que dizer após isto?

Quando eu perguntei ao Padre Serafim como Yeshoua orava e meditava, ou seja, como na "Sua consciência de ser 'Eu Sou' com o Outro (O-o), em um corpo que tem um coração", como vivia Ele o instante? Ele foi então muito discreto, tinha um ar até um pouco constrangido, como se eu lhe perguntasse algo indecente, como se fosse necessário revelar o seu próprio segredo. Quanto maior for a revelação que recebermos, tanto maior deve ser a humildade para transmiti-la.

"Isso, apenas o Espírito Santo pode lhe ensinar. Ninguém conhece quem é o Filho senão o Pai, nem quem é o Pai senão o Filho, e aquele a quem o Filho o quiser revelar" (Lc 10,22).

Novamente, Ele me situou no coração da vida trinitária, a vida que é relação. Relação com a Fonte de Vida que se dá e relação com o espaço e o tempo presente onde ela corre.

O Padre Serafim dizia ainda:

> Meditar com Jesus é uma recapitulação de todas as formas de meditação que eu te transmiti até agora. Jesus é o homem cósmico. Ele sabia meditar como a montanha, como a papoula, como o oceano, como a pomba. Ele sabia meditar também como Abraão. O coração sem limites, que amava até seus inimigos, seus algozes: "Pai, perdoa-os, eles não sabem o que fazem". Praticando a hospitalidade com relação àqueles que eram chamados de doentes e pecadores, paralíticos, prostitutas e colaboradores [...] À noite Ele se retirava para orar

> em segredo, e ali murmurava como uma criança – *abba* – palavra que quer dizer "papai". Isso pode lhe parecer tão derrisório, chamar de "papai" o Deus transcendente, Infinito, Inominável, além de tudo! É quase ridículo e, no entanto, essa era a oração de Jesus e nesta simples palavra tudo era dito. O céu e a terra tornavam-se terrivelmente próximos. Deus e o homem faziam apenas um. Talvez seja preciso ter sido chamado de "papai" durante a noite para compreender isso [...] Mas hoje em dia essas relações íntimas de um pai e de uma mãe com seu filho talvez não queiram dizer mais nada. Talvez seja uma imagem inapropriada?
> É por esta razão que eu preferiria nada dizer, não utilizar nenhuma imagem, aguardar que o Espírito Santo coloque em você os sentimentos e o conhecimento que estavam no Cristo Jesus e que esse *abba* não venha dos teus lábios, mas do fundo do teu coração. Neste dia você começará a compreender o que é a oração e a meditação dos hesicastas[66].

O que eu ainda não compreendia era que "aguardar" o Espírito Santo queria dizer "estar atento" ao Espírito Santo. Estar atento, instante após instante, ao movimento da Vida que se dá, não é aguardar uma Presença ou uma manifestação externa, é fazer apenas um com a consciência de estar aqui, "no interior e no exterior".

Só se pode viver a Presença no presente.

"O primeiro passo que damos em direção a Deus é o primeiro passo que nos afasta d'Ele."

---

66. Cf. LELOUP, J.-Y. *Escritos sobre o hesicasmo*. Op. cit.

Pare de procurar a Verdade, seja verdadeiro.

Pare de procurar o Amor, ame.

Pare de procurar a Consciência, seja consciente.

Pare de procurar o Despertar, desperta, seja vigilante.

Pare de procurar a Vida, seja vivente.

Pare de procurar a Luz, abra seus olhos.

Pare de procurar Deus, abra seu coração.

Aquilo que buscamos, nós já o somos.

Você me diz que teme a apologia, o encadeamento lógico demais dos meus argumentos e até mesmo dos meus poemas que nunca lhe pareceram totalmente "gratuitos".

"Você não está me demonstrando que o cristianismo é aquilo que existe de melhor, que o hesicasmo é o ápice dos métodos de meditação e que eu encontraria na ortodoxia a mais elevada das teologias e a mais contemporânea das antropologias?"

Nossas cartas não são um diálogo?

Também cabe a você me dizer e me mostrar o que existe de melhor para você. Mas não tenho nenhuma intenção de me submeter a isso, assim como não tenho nenhuma intenção de "submetê-lo". Não se trata de jogar esse joguinho; qual importância de ter razão? Nós teríamos "apenas" razão...

O importante é dar testemunho daquilo que nos ajuda a viver, a morrer, a amar, a compreender...

Como eu poderia me esquecer daquele que eu encontrei no Monte Athos, no dia 24 de junho de 1969, perto de Kapsokalivià?:

> Sol alto. Deve ser meio-dia. O caminho não para de subir [...] apesar da fome e da fatiga, eu continuo, aliás, onde eu poderia me sentar? De um lado havia uma falésia ardente, do outro, o precipício. Kapsokalivià é um dos lugares mais abruptos e áridos

do Monte Athos. Tinham-me dito: "Para aqueles lados você deve encontrar alguns eremitas; a maior parte são loucos ou rudes, mas vale a pena". A estas palavras eu respondi que não tinha vindo ao Monte Athos como se estivesse indo ao zoológico para contemplar os últimos espécimes de uma raça em vias de extinção [...] No entanto, naquela hora, eu me perguntava o que estava fazendo ali, sobre esse caminho cheio de pedregulhos que parecia não levar a lugar algum [...] Simples curiosidade? Desejo de ver Deus bem encarnado na carne do homem mais do que no papel dos livros? [...] Vislumbrei então um tipo de cabana com um pequeno terraço e um monge que estava ali, de pé, um rosário feito com bolinhas de lã na mão [...] Como eu me aproximava, eu esperava um movimento de recuo ou pelo menos de surpresa [...] Mas, não. O monge se contentou em me dar um sorriso. Muito simplesmente ele colocou um dedo diante da boca, fazendo com que eu compreendesse que deveria ficar em silêncio. Seu olhar era estranho. Não conseguia discernir a cor dos seus olhos, olhos sem fundo [...] Como eu começasse a sentir uma ligeira vertigem no coração, ele fez um gesto para que eu me sentasse. Então, colocando-se a caminhar com um passo rápido pela trilha, ele me deixou só face ao mar, face aos meus pensamentos, perplexo [...]

Após uma hora e meia, irritado pela espera e pela inquietude, eu o vi voltar; ele segurava na mão uma lata de conservas com água [...] Compreendi então que ele acabara de caminhar todo esse tempo sob um sol abrasador apenas para estancar a minha sede! Quando ele me ofereceu a lata de conservas enferrujada, pude ver melhor seus olhos – dois estranhos abismos de água e luz: Amor não é a palavra e, no entanto, não encontro outra [...].

Comecei a beber e por um instante eu acreditei que nunca mais teria sede [...].

> O menor ato de puro amor é maior do que a maior das catedrais [...] Naquele dia eu entrei no cristianismo pela grande porta: uma lata de conservas enferrujada, o Infinito de um gesto quotidiano [...]. Há anos que este desconhecido sempre silencioso não para de me sorrir: existe esse fragmento de água e de luz na carne queimada da minha história[67].

Minha história... que agora é um pouco sua...

A história da Vida que se dá através dos nossos encontros e nossos silêncios. A consciência de Ser, de Estar aqui, juntos, em um corpo que possui um coração.

A consciência de Ser "Eu Sou" que ama e que vai.

Bom vento às tuas velas, amigo...

---

67. Cf. Ibid.

Palavras do Monte Athos

Introdução

É difícil falar do Monte Athos. É preciso resistir a duas tentações: a de fazer do Athos um ícone, de ver brotar por todo o lado a luz divina e de canonizar, sob o pretexto da tradição, as atitudes mais supersticiosas e mais aberrantes. A segunda tentação é a de fazer do Monte Athos uma caricatura e falar desse lugar como o fazem os jornais que veem apenas sua simonia[1], sua homossexualidade, e "a safadeza com a qual os bem-aventurados se cercam". Talvez seja preciso encontrar, entre a arte do ícone e a da caricatura, a arte do retrato.

Essas "palavras" dos monges são um ensaio de síntese das diversas conversas que pude ter com eles sobre a Santa Montanha, particularmente com os higumenos de Stavronikita, Simonos Petros e Pantéleimon, o Monge Crisóstomo da *skite* de Xénophontos e um "Ancião" cujo nome desconheço – ele vivia nas redondezas de Santa Anna.

As palavras não estão apenas na boca daqueles que falam, mas também na orelha daquela que escuta, e minha memória não é a de um gravador. Portanto, não encontraremos aqui a transcrição literal das nossas conversas, mas o fruto amadurecido que essas palavras conseguiram despertar em mim.

Minhas questões sempre foram as mesmas:

---

1. Tráfico das coisas sagradas, venda dos bens espirituais [N.T.].

• O que é um monge? Qual é o objetivo da vida monástica? Quais são os meios para chegarmos a este fim? O jejum? As vigílias? A obediência? O silêncio? A pobreza?

• O que é a *hesychia*, a *apatheia*?

• O que é a experiência da graça? Como adquirir o Santo Espírito?

• O que é a oração? A oração do coração? Como orar incessantemente?

• Como conhecer a vontade de Deus? Como discernir seus pensamentos? Qual é o papel do pai espiritual?

• Como orar por todos os homens? O que é o amor pelos inimigos?

Após ter relatado uma conversa com o Padre Dionysios, responsável pelos hóspedes em Simonos Petra, eu reuni em pequenos capítulos as diferentes respostas que me foram dadas sobre cada um desses temas.

As referências implícitas ou explícitas à Escritura, aos apotegmas[2] e aos Padres da Igreja, fazem dessas "palavras" um eco vivo da Tradição. Os monges que encontrei pareciam, de fato, mais preocupados em "transmitir aquilo que eles próprios tinham recebido" dos seus Pais do que em compartilhar uma experiência pessoal. Existe um risco nisso: o de receber respostas formais que descrevem uma vida monástica ideal, sem grande relação com aquilo que é realmente vivido. Essas palavras sucumbiriam então àquilo que eu chamo de "tentação do ícone". Mas o ícone orienta o retrato, assim como o Bem e o Belo orientam nossa liberdade. Ele é o verdadeiro semblante do homem, mas este verdadeiro semblante ainda está por nascer.

2. Dito breve e memorável de pessoa ilustre [N.T.].

Nessas palavras, existe um eco do homem recém-nascido, do homem transformado pelo Espírito de Deus e existe um eco das dores do parto, um eco do homem dilacerado entre suas boas e más vontades.

É preciso escutar o sorriso e é preciso escutar o grito. Este é o canto e o ruído do nosso próprio coração.

Parte I

Padre Dionysios

Monastério de Simonos Petra

O que é um monge?

É alguém que quer seguir o Cristo até o fim. A cada dia ele se deixa conduzir pelo Santo Espírito e sua obediência faz com que ele se torne conforme ao Cristo obediente. Ele é um recém-nascido, uma criança voltada para o Pai, um homem na Trindade.

Como tornar-se monge?

Renunciando a si mesmo. É preciso que o grão seja enfiado na terra para que ele dê fruto. É preciso jejuar, velar, manter-se puro, adquirir humildade, orar sem cessar.

Como orar sem cessar?

É um dom de Deus, é preciso pedi-lo a Deus. "Se vós, que sois maus, sabeis dar boas coisas aos vossos filhos, mais o Pai celeste dará o Espírito àqueles que lhe pedem." É preciso pedir à Mãe de Deus e aos santos que intercedam por nós.

O que acontece quando oramos incessantemente?

"Não sou mais eu quem vivo, é o Cristo quem vive em mim." A respiração de Jesus em nós é o Espírito Santo que diz: "Abba", e que ora por todos os homens.

Como orar por todos os homens?

Orar por todos os homens, mesmo pelos inimigos, é o próprio amor de Deus em nosso coração, é o fruto da oração. É preciso cantar os ofícios, ler os salmos, meditar os evangelhos, dizer incessantemente: "Senhor, tenha piedade". O coração se purifica, torna-se humilde e pode, então, orar por todos os homens, pelos pecadores. Ele pode derramar as lágrimas e dar o seu sangue.

Como amar seus inimigos?

Primeiro, quem são os inimigos? O monge não tem outros inimigos além dos demônios. Orar pelos demônios nos é impossível; devemos combatê-los através do amor. Isso é ser crucificado com Jesus. Nós descemos com Ele aos infernos. Apenas um coração puro, um coração de criança, pode vencer os poderes das trevas. É preciso que Ele não sinta mais ódio, que não carregue mais mentiras no coração; Ele deve ser o trono da luz e do amor. Eis o que somos: o trono de Deus, os templos do Santo Espírito. Se somos isso, então amamos nossos inimigos. Mas frequentemente há algo além de Deus em nós. Nós não somos humildes e o Amor não pode viver em nós. E no lugar de orar, nós julgamos os outros, nós nos tornamos presas dos nossos pensamentos.

O que é a experiência do Santo Espírito?

É quando morremos para nós mesmos e o Cristo vive em nós. Então caminhamos na luz, somos deuses pela graça, novos homens.

O que é a *hesychia*?

É o silêncio em nosso coração, nosso espírito, nosso corpo. Aquele que jamais cumpre sua própria vontade permanece em silêncio diante de Deus. Ele se apaga em seu corpo, seu espírito e seu coração, diante de Deus. Esse homem pode, então, caminhar na cidade e viver no meio do barulho: ele está sempre diante de Deus. Mas isso é muito raro. É preciso começar pelo silêncio, longe do mundo, longe de todas as preocupações e, primeiro, saborear o quanto o Senhor é bom. Aquele que não sabe se calar diante de Deus na sua cela, como poderá ouvi-lo nas praças da cidade? Muitos monges não conhecem a *hesychia* sequer nas suas celas; eles falam demais, eles se afastam através das suas lembranças e sua imaginação; eles têm todo tipo de preocupação com relação ao amanhã, o que é o oposto do mandamento do Senhor: "Parai e conhecei que eu sou Deus".

É a *hesychia* que conduz à *apatheia*?

Sim. A *apatheia* é o objetivo. O homem será, então, como Deus. Não existem mais nele pensamentos ruins, ele não é mais escravo de nenhuma paixão, ele tornou-se amor, sem emoções, sem desejo: ele É. Sua oração é realmente eficaz, pois ele ora com o próprio coração de Deus que criou e salvou o mundo.

Mas quem conhece este estado?

Caso não houvesse o testemunho dos santos, nós estaríamos desesperados para conhecer este estado de bem-aventurança prometido pelo Cristo.

Os santos ocupam um grande lugar na sua vida?

Sim; a Mãe de Deus, todos os santos. Eles são mais próximos do que nossos vizinhos, do que nossos companheiros de trabalho; são verdadeiros *viventes*. Gregório Palamas está no coração do meu coração, ele é o dom que o Monte Athos fez a Deus.

Como discernir a vontade de Deus?

Se um pensamento vem de Deus, ele é uma luz no coração, ele nos torna mais humildes e nos faz progredir em direção ao amor. Se, pelo contrário, este pensamento nos torna autoindulgentes e nos faz julgar os outros, ele vem do inimigo.

Se houver em você uma grande paz e um amor por todos os homens, o Santo Espírito habita em você. O inimigo detesta a *hesychia*; não se surpreenda se essa paz chegar a você no meio das atribulações e das dificuldades. Mas é então que você compreenderá as palavras de São Paulo: "Quem nos separará do amor do Cristo?"

O Cristo disse que ele não tinha nem uma pedra onde repousar sua cabeça. O Monte Athos não pode se tornar um lugar onde o monge pode repousar sua cabeça?

Para mim, o Monte Athos é como um foguete, um elevador. Eu não fico dentro do elevador; estou aqui apenas para ir para o céu. Eu não durmo no elevador, eu me lembro daquele que me aguarda na porta.

Sobre o monge e o objetivo da vida monástica

> A partir do momento em que ressuscitaste com o Cristo, buscai as coisas do alto, ali onde se encontra o Cristo, sentado à direita de Deus. Sonhai com as coisas do alto, não com as da terra. Pois vós estais mortos e vossa vida, de agora em diante, está escondida com o Cristo em Deus: quando o Cristo se manifestar, Ele que é a vossa vida, então vós também sereis manifestado com Ele pleno de glória (Cl 3,1-4).

São Paulo descreve bem aqui o paradoxo da nossa condição. Estamos mortos, não existimos mais para o mundo, nosso velho homem foi crucificado, nós renunciamos às cobiças, ao orgulho, ao ódio e pouco a pouco passamos a participar da vida daquele que é ressuscitado. Vivemos com Ele voltados para o Pai no Espírito Santo. Esta é a vida do cristão e a vida do monge.

O monge é um cristão

O monge é um cristão que quer viver ao máximo as exigências e a vocação do seu batismo. Como todos os cristãos, ele deve tornar-se um outro Cristo, verdadeiramente Deus e verdadeiramente homem. É o Espírito Santo, o Reino de Deus que é o objeto de nosso desejo. Nós todos devemos nos deixar transformar por ele para sermos recriados à imagem e à semelhança de Deus. Somos todos pecadores chamados a nos tornarmos santos. Todos nós saímos do nada para participar da vida d'Aquele que É.

O monge, mais que os outros, tem consciência do caminho que o conduzirá das trevas à luz e este caminho é Jesus Cristo.

O monge tem um único desejo: renunciar a si mesmo e seguir Jesus Cristo para todo lugar para onde Ele vá... e Ele vai em direção ao Pai. Ele vai em direção à ressurreição através do sofrimento, da morte, do abandono da cruz. Mas nós não temos medo, pois o Espírito Santo, desde o dia de Pentecostes, está conosco. Ele nos dá a força e a humildade de Jesus, e o amor que Ele espalha em nossos corações nos enche de alegria, mesmo que às vezes tenhamos que sofrer muito e atravessar todo tipo de atribulações.

Se aprendemos carpintaria é porque queremos nos tornar carpinteiros. Se estudarmos o Evangelho e não o colocarmos em prática, de que serve o estudo?

Se aprendemos carpintaria não é para nos tornarmos ferreiros. Se você estuda o Evangelho, a Bíblia, a vida dos santos, não é para viver como todo mundo, mas para viver como o Cristo.

Nosso pai, São Basílio, utiliza uma outra imagem:

> Quando um ferreiro precisa fabricar um machado, ele pensa primeiro naquele que lhe confiou a execução do machado, e esta lembrança está viva em seu espírito. Em seguida, ele reflete sobre o tamanho e a forma do objeto e executa seu trabalho segundo a vontade daquele que fez o pedido, pois se ele perder tudo isto de vista, ele fará outra coisa que aquilo que lhe foi ordenado ou ele fará algo diferente.

O mesmo acontece com o cristão quando ele orienta toda sua atividade, qualquer que seja, para o cumprimento e a realização da vontade de Deus, para o nosso objetivo comum que é a divinização. Ao sempre trazer a perfeição para todos seus atos, ele permanece fiel ao pensamento daquele que dá as ordens; ele cumpre essas palavras: "Eu via sempre o Senhor diante de mim, pois Ele se mantém à minha direita para que eu não fique abalado" (Sl 16,8) e ele observa o preceito: "Quer comais, quer bebais, fazei tudo para a glória de Deus" (1Cor 10,31).

Nós seremos deificados

Nós somos hóspedes de passagem, "nossa vida está nos céus" (Fl 3,20), então como podes te preocupar com as coisas da terra e ter preocupações mundanas? Ali onde se encontra o teu tesouro, ali também está o teu coração. "Se alguém vem até mim e não odeia seu pai e sua mãe, sua mulher e seus filhos, seus irmãos e irmãs, sua própria vida, ele não pode ser meu discípulo" (Lc 14,26). O Cristo não quer que paremos sobre o caminho de passagem, ele não quer que nos tornemos escravos do que quer que seja e ele quer que estejamos livres das afeições mais profundas e mais legítimas para um amor maior.

O que pode ser maior do que sermos chamados a nos tornarmos Deus? A nos tornarmos, através da graça, aquilo que Ele é por natureza? O objetivo é a divinização do homem. "Deus se fez homem para que o homem se tornasse Deus."

O objetivo da vida monástica é o de encontrar um coração puro, dócil à vontade de Deus: ali está a liberdade dos filhos de Deus.

Enquanto estivermos no pecado, não seremos livres. É preciso renunciar a tudo aquilo que não é divino; assim nos tornaremos homens. Rejeitar a mentira, a hipocrisia, o orgulho, o ódio. Deixa viver em ti o Espírito de Jesus e encontrarás a tua verdadeira identidade.

É nesta realização dos mandamentos do Senhor que se encontra o objetivo da nossa vida. "Amar a Deus, amar o nosso próximo." Se vivermos isso de todo nosso coração, de toda nossa alma, de todo nosso espírito, nós seremos deificados, nós seremos semelhantes ao Cristo. Deus é Amor, Deus é Luz. O homem criado à sua imagem deve tornar-se inteiramente amor, inteiramente luz.

Os sacramentos nos comunicam a vida de Deus e as obras da vida monástica não têm outro objetivo a não ser o de nos tornar cada vez mais receptivos ao dom de Deus. O monge deve deixar tudo aquilo que não é amor, tudo aquilo que não é luz. Isso é renunciar ao mundo. Que não haja mais em nós lugar para a vaidade, a ambição, o ciúme, e satã não terá mais um trono, ele não terá mais lugar em nós onde ampliar o seu reino.

A regra do monge é o Sermão da Montanha. O Espírito Santo nos dispõe a vivermos as bem-aventuranças, Ele nos faz viver as beatitudes. Quando nos dispomos a viver essas bem-aventuranças, essas beatitudes, nós nos harmonizamos com o Espírito e, pouco a pouco, tomamos a forma de Deus e a forma do Servidor; tornamo-nos um outro semblante do Filho no qual o Pai colocou toda sua complacência.

Permanecei no meu amor

"Aprendam comigo que sou doce e humilde de coração." Adquirir a doçura e a humildade do coração é o nosso objetivo. A doçura e a humildade nos conduzem ao coração do Cristo na Trindade. Ali encontra-se a ciência divina que Ele veio nos ensinar. O monge esquece toda outra ciência para adquirir esta. É desta maneira que ele espera adquirir a sabedoria do seu Mestre.

Não importa o que fizeres, não te esqueça que estás na presença de Deus. Examina teus pensamentos, vela sobre tuas ações. É preciso pensar com Ele, caminhar com Ele, amar com Ele. O monge é aquele que jamais está sem Deus. Seu coração é habitado pelo Nome de Jesus e ele busca realizar o seguinte mandamento: "Permanecei no meu amor".

Tudo aquilo que se faz sem amor de nada serve. Tu podes jejuar, velar, vestir-te com estolas; se não tiveres em ti o amor de Deus, isso de nada servirá. Não é desta maneira que receberás a herança e te tornarás filho de Deus. Se não tiveres deixado o mundo e seus poderes por amor a Deus, deixastes tudo, mas nada encontrastes. Para quê? Era preciso primeiro dar o teu coração, abandonar-te e, desta maneira, terias recebido o Espírito Santo.

É fácil renunciar ao mundo de fora. Renunciar ao mundo de dentro é a obra difícil. Não mais aceitar pensamentos e preocupações mundanos só é possível com a ajuda do Espírito Santo que torna o coração do monge puro e livre para Deus.

Na fé

Todos os trabalhos da vida monástica não têm outro objetivo além do de nos divinizar.

Como adquirir a humildade e o amor do Cristo? Este é o problema que o jovem homem que vem até nós terá que resolver durante o resto da sua vida. O que nos diviniza, antes de tudo, é a fé, a esperança e a caridade.

A fé cura nossa inteligência; ela lhe revela o Ser que era buscado nas coisas fragmentárias. A fé é a visão do Criador; e eis que nos vemos livres do fascínio das criaturas. A fé nos ensina a pensar como Deus, a ver todas as coisas na sua luz. Ela realmente diviniza nossa inteligência.

"Aquele que acredita na vida eterna", diz o Senhor. Como seria possível àquele que acredita no amor de Deus não ter sua visão do mundo e de si mesmo mudadas? Na fé, tudo lhe aparece transfigurado, tudo é sinal da sua presença, tanto os acontecimentos dolorosos quanto os agradáveis. É apenas na fé que podemos perceber o sentido profundo das coisas, perceber o desígnio de Deus que, através da provação, nos diviniza.

A fé nos prepara para a feliz visão de Deus, mas, desde já, daqui embaixo, ela nos abre o céu e nela podemos louvar o Pai, o Filho e o Espírito Santo e confessar Jesus Cristo, verdadeiro Deus e verdadeiro homem.

"Lembra-te de Jesus Cristo ressuscitado". O monge não se lembra nem da sua família, nem do mundo, nem do seu passado. Ele só se lembra do seu Senhor. Ele estava morto. Ele ressuscitou. O monge não busca realizar um equilíbrio psicossomático segundo alguma sabedoria humana. Ele também não aprende a encarar a morte como o fizeram Sócrates e os filósofos. Não, ele quer participar da vida daquele que venceu a morte. Ele quer compartilhar a vida do Ressuscitado. O monge quer ser um ressuscitado com o Cristo e apenas o Espírito Santo pode fazê-lo participar desta maneira da vida do Ressuscitado. É por esta razão que ele suplica incessantemente ao Pai que seja concedido a Ele e a todos os homens aquilo que o Pai prometeu.

Encontrar a unidade

O monge não busca se especializar no que quer que seja. No monastério ele terá que frequentemente mudar de ofício.

Sua obra é a oração contínua. Não importa o que ele faça, ele terá que "temperar" tudo através da oração e tudo se tornará caminho rumo ao Pai, do serviço ao refeitório, assim como a leitura na sua cela.

O monge busca em tudo a unidade, com os outros e em si mesmo. Seu coração, sua alma, seu espírito, suas pulsões – tudo deve ser reunificado no amor de Deus. Aquele que cumpre os mandamentos – "Amarás o Senhor teu Deus de todo teu coração, de toda tua alma, de todas tuas forças" – está curado das divisões internas; ele encontra a unidade à imagem do Deus Uno. Ele pode, então, tornar-se um artesão da paz e pregar aos outros o desejo do Senhor: "Que todos sejam um".

Nós somos uma multidão de personagens, carregamos sobre nosso rosto uma multidão de máscaras. A vida monástica simplifica. Se ela não nos tornasse mais simples, seria preciso fugir dela, pois, neste caso, estaríamos nos consagrando mais à busca do que ao único necessário. Todo nosso ser não estaria unificado, simplificado por ele.

Se houver em ti outros desejos além do desejo de Deus e do desejo de seguir a sua vontade, tu perderás a paz. A vida monástica nos liberta dos desejos. "Sem desejo sobre a terra": desta forma chegaríamos à bem-aventurada *hesychia*.

Conhecemos o Evangelho e os Padres da Igreja de maneira predominantemente intelectual; no entanto, só podemos compreender através da vida, da experiência. É preciso viver aquilo que os apóstolos e os Padres viveram. Para compreender o cristianismo é preciso ser preenchido pelo Santo Espírito como eles o foram. A experiência cristã é seguir o Cristo, viver Sua morte e Sua ressurreição na nossa própria carne.

A humildade e a glória do Cristo são o mesmo mistério e são toda a vida do monge. Através da humildade, adquirir o Espírito Santo; através da cruz, entrar na Ressurreição. Isso é seguir o Cristo.

A verdadeira esperança

O monge deve tomar cuidado para não voltar ao Egito e ser como a porca da qual nos fala São Pedro: após ter se lavado, ela volta ao seu vômito.

É uma grande graça quando o Senhor purifica nossa memória e nós não nos lembramos mais da nossa vida passada, nem de nossos pais, nem de nossos amigos. Desde a mulher de Ló até essas palavras do Evangelho: "Infeliz aquele que se volta para trás", Deus nos mostra que ele caminha diante de nós. É preciso apenas se lembrar do nosso pecado e da sua misericórdia, ou seja, da sua cruz e da sua Ressurreição. Quantos monges, após vários anos de vida monástica, deleitam-se ainda nas lembranças de seus jovens anos.

Que Deus purifique nossa memória para que estejamos inteiramente voltados para Ele; assim conheceremos a verdadeira esperança. Ela não busca apoio nem sobre os conhecimentos do homem nem sobre suas amizades; a verdadeira esperança conta apenas com a misericórdia de Deus e, como tu sabes, é apenas pela misericórdia de Deus que seremos salvos.

A Igreja, lugar de amor e de fé

Não existe vida monástica fora da Igreja. A Igreja é o lugar da divinização do homem. Se quiseres fazer apenas um com Deus, não vá a nenhum outro lugar. Hoje em dia o equilíbrio psíquico é levado demais em conta como norma de saúde. A graça não contradiz a natureza, é verdade, mas conheço homens cujo equilíbrio psíquico era duvidoso e que tinham em si um real desejo de Deus, um autêntico amor pelo próximo.

A Igreja não é uma Igreja de perfeitos, mas de homens que aguardam sua salvação, não através dos seus próprios esforços ou de suas técnicas milagrosas, mas através da misericórdia de um Outro.

É o amor de Deus que nos salva e nos deifica. A Igreja é o lugar onde este amor nos é comunicado. Por que procurar em outro lugar?

Mas os orgulhosos não amam a Igreja. É preciso ser humilde, é preciso ser uma criança para aceitar que Deus passe pelos sacramentos, por esses pobres sinais sensíveis, e pelos homens, esses pobres homens que frequentemente não estão à altura dos mistérios que eles celebram e da Palavra que eles anunciam.

A Igreja é a carne de Jesus Cristo e os orgulhosos recusam a Encarnação. Apenas o bom ladrão reconheceu neste homem crucificado ao seu lado o Senhor da Glória.

É preciso olhar a Igreja com os olhos da fé para discernir nela a comunicação do Santo Espírito e o Reino que vem. Se o monge não tivesse os olhos da fé, ele seria como um ateu que vê nela apenas pompas inúteis, hipocrisia e escândalos.

A Igreja é também a Igreja dos santos. Os afrescos, a iconostase, existem para nos lembrar sua presença. A Igreja do céu e a Igreja da terra não estão separadas. Existe apenas uma Igreja. Quando o monge vê a sua mediocridade e sua impotência, ele se volta para os santos e, com sua ajuda, ele não cai em desespero.

Sobre a oração

Tu não precisas de nada para orar para Deus: onde quer que estejas, onde quer que o invoques, Ele o ouvirá. De fato, não há nenhuma ocupação, nenhum intermediário, nenhum servidor que venha se interpor entre nós.
"Dize: Tenha piedade de mim! E imediatamente Deus estará aqui.
Ele não aguarda o fim da tua oração: tu recebes o dom antes mesmo de ter terminado de orar."

São João Crisóstomo

O primeiro mandamento é: "Escuta, Israel", "O Senhor teu Deus é o Único Senhor", "Escuta". Deus nos pede de escutar.

A oração, antes de ser uma palavra que vem de nós, deve ser uma escuta. Um médico psiquiatra me disse um dia: "Quando um doente começa a me escutar ou a escutar realmente os outros, a recebê-los, a acolhê-los, então ele está curado". Se escutares Deus, se acolheres realmente sua Palavra, se desposares realmente sua Presença, então estás curado, estás salvo. Tu te tornarás uma Mãe de Deus. Como Maria que "meditava todas as coisas em seu coração".

"Ó Deus, dê-me um coração que escuta." A raiz do pecado, dizem também os Padres, é o esquecimento de Deus, é a falta de atenção. "Escuta, esteja atento", Deus está aqui. E tu? "Adão, onde estás?"

Orar com um coração puro

Perguntaram um dia ao Abade Agatão: "De todas as práticas, qual requer mais trabalho?" Ele respondeu: "Perdoem-me, penso que não há trabalho maior do que orar para Deus. Quando o homem quer orar, os demônios tentam impedi-lo; eles sabem que, de fato, nada é obstáculo maior do que a oração". Realmente, como podem a mentira e a vaidade penetrar em um coração que ora? O ódio não possui mais um caminho para entrar no mundo e semear a guerra e a discórdia.

Se vendemos todos nossos bens foi para comprar uma pérola preciosa. Se não nos casamos, se renunciamos a nossas riquezas e à nossa vontade própria, foi para adquirirmos a oração perpétua. Se nós nos libertamos de todas as preocupações do mundo foi para podermos orar para Deus com um coração puro. Dessa maneira, a oração deve ser a única ocupação do monge.

Orar sem cessar

Para reduzir a nada toda tentação não há nada melhor do que o mandamento do Senhor: "Orai sem cessar". Para encontrar nossa liberdade de filhos de Deus e nossa beleza primeira à sua imagem e sua semelhança, não há nada que se compare à invocação incessante do seu Nome.

Não importa o que fizeres na igreja, na tua cela ou no teu trabalho, faze tudo para a glória de Deus, ou seja, com um coração que ama e ora. "Fecha tua porta e ora para o Pai em segredo." Fecha a boca. Lembra-te de Jesus Cristo presente no teu coração, lembra-te do seu Espírito e que o amor te ensine a orar em verdade "Abba, Pai".

Se conhecesses o dom de Deus, que é aquele que quer orar em ti...

É preciso primeiro habituar teu corpo e teus lábios à oração. Podes permanecer de pé diante do ícone do Cristo e da Mãe de Deus, dizer litanias e repetir em voz alta o Nome de Jesus, a invocação do cego e do publicano. A oração do coração é um dom de Deus, ela te será concedida quando Deus quiser. Enquanto aguardas, podes te dispor a receber o dom de Deus, oferecer-lhe o teu corpo, teus lábios, teu pensamento e Ele fará de ti o templo do seu Espírito.

A qualidade da oração não depende de nós; é obra de Deus. Mas a quantidade depende de nós. Nós podemos repetir o Nome de Jesus sem nos cansar. Como a viúva importuna, é preciso dizer incessantemente "tende piedade" e Deus terá misericórdia de nós.

De que servem os grandes discursos sobre a oração se não nos colocarmos a orar a partir de agora? Só compreendemos a oração orando. Não te preocupes em saber o que é a oração, mas "orai sem cessar". Quaisquer que sejam as palavras da oração, a liturgia, os salmos, a invocação do Nome, que teu pensamento não se perca. Permanece colado às palavras; "Ele é Vivente, Aquele diante de quem tu estás de pé". Vai a um lugar tranquilo, senta-te, dirige tua inteligência para o coração, para aquilo que sentes ser o mais profundo de ti mesmo e planta ali o Nome de Jesus. É difícil, mas se perseverares, Jesus virá realmente habitar em ti e então poderás te voltar para o seu Pai e nosso Pai, sem pensamentos inúteis, e poderás ir até teus irmãos sem palavras vãs.

A oração, essa arte de amar

"Orar é dar o sangue do seu coração", dizia o stárets Siluane. Apenas aqueles que muito amaram compreendem essas palavras. É desta maneira que devemos orar, pois é desta maneira que Jesus orou para o Pai antes de entrar na sua Paixão.

Moisés amava seus irmãos a tal ponto que chegou até mesmo a suplicar para ser apagado do livro dos viventes no qual ele estava inscrito, caso o povo não recebesse o perdão pela sua falta (Ex 32,32). Paulo desejou ser anátema pelo Cristo pelos seus irmãos de raça. Olha os santos e vê que é no amor que estão as raízes da oração.

A arte da oração é a arte de amar da qual nos fala o Evangelho e ela demanda toda nossa atenção, todo nosso sopro. Aquele que não tiver totalmente renunciado a si mesmo e aos seus pequenos desejos não poderá chegar lá. Não é aprendendo datilografia que te tornarás um bom flautista. Se queres orar, não faze outra coisa: que teu coração esteja livre de toda preocupação.

A oração do coração "Senhor Jesus, Filho de Deus, tende piedade de mim", quer dizer: concede-me, concede a todos os homens a tua misericórdia. Senhor Jesus, envia sobre mim teu Espírito Santo. Isso também quer dizer: "Estás aqui. Eis-me aqui; que seja feita a tua vontade, eu me abandono a ti".

Silêncio do amor

A oração do coração nos conduz ao silêncio. É inútil falar sobre aquilo que acontece no silêncio, mas se não saíres com mais amor pelos teus irmãos e com mais reconhecimento para com Deus, este silêncio vem do diabo.

Se quiseres construir um templo é preciso começar aprofundando as fundações. Quem constrói o templo é Deus; cabe a ti cavar os alicerces ou, mais exatamente, deixar cavar em ti os alicerces. Oferece-lhe muito do teu tempo, dos teus lábios e do teu sopro. É com isto que ele cavará em ti o lugar de repouso.

A repetição do Nome de Jesus não é como a recitação contínua de um mantra hindu. Para ti, o objetivo não é apenas a suspensão de todo e qualquer pensamento, é o encontro com Alguém.

O silêncio do hesicasta não se une ao vazio que é a matriz do universo. O silêncio do hesicasta é o silêncio da Bem-Amada que contempla o Bem-Amado. Vais me dizer que estas são imagens e a realidade está além de todas as imagens. É verdade, mas esta é a linguagem da Bíblia; aqueles que a recusam normalmente recusam a Revelação.

O Ser infinito, Eterno, Incognoscível, para Além de tudo, revelou-se como Pessoal; a experiência mística não é mais fusão, mistura da onda com o oceano, mas amor incompreensível, união de liberdades. Deus não destrói o homem e o homem não se dissolve em Deus.

Os Padres utilizam frequentemente a imagem de uma lâmina de ferro mergulhada no fogo. Podemos dizer, então, que o ferro queima e o fogo corta. Eles fazem apenas um e, no entanto, não se confundem quanto à sua natureza. Da mesma maneira, a união do homem e de Deus.

Técnicas de oração

Hoje em dia falamos muito de técnicas de oração e situamos o hesicasmo ou a oração do coração entre elas. Existem várias técnicas para beijar alguém, mas a melhor é, sem dúvida, esquecer toda técnica e amar de verdade. Temos necessidade de técnicas nas nossas relações com Deus porque a fé e o amor nos faltam.

No hesicasmo, à medida que avançamos, temos tendência a nos esquecer da parte técnica. De que serve repetir o nome de alguém se nós não o conhecemos e não o amamos? O poder do Nome de Jesus só se tornará sensível ao nosso coração segundo a nossa fé e o nosso amor.

Da mesma maneira que não devemos esperar tudo de uma técnica de oração, também não devemos negar seu valor. Não somos puros espíritos e buscar os meios de nos unir a ele já é obra da misericórdia de Deus. Para levar os alimentos à tua boca tu podes utilizar um garfo ou os teus dedos, mas não comerás teus dedos. Assim como o garfo, eles são apenas instrumentos.

Assim, segundo o discernimento do teu pai espiritual, tu podes utilizar uma técnica de oração para levar o Nome de Jesus até o coração do teu ser, mas cuidado para não idolatrar essa técnica e para não acreditar que ela própria é eficaz. A eficiência de um pincel é a de ser perfeitamente dócil e flexível entre as mãos do artista, mas, por si mesmo, ele não é um gênio que desenhará o teu rosto.

A luta interior e o discernimento

Senhor da minha vida, não me abandona ao espírito da preguiça, do desencorajamento, da dominação ou das palavras vãs. Concede-me a graça, a mim, que sou teu servidor, do espírito de integridade e humildade, da paciência e do amor.
Sim, Senhor,
Concede-me ver minhas faltas e não julgar meu irmão,
Ó Tu que és bendito
pelos séculos dos séculos.

São Efraim

Aqui, no Monte Athos, nós temos, sem dúvida, menos ocasiões exteriores para pecar e, no entanto, estamos no coração de todas as tentações; tu não imaginas o combate que temos de sustentar. O deserto, como podes ver na vida de Santo Antão, é a arena onde o homem enfrenta os demônios e "os assaltos demoníacos deste mundo". Se ele sair vencedor, com a graça de Deus, o mundo inteiro será purificado; o monge deve ser um ponto de luz, primícias da nova criação.

Contra os pensamentos ruins

Devemos, sobretudo, lutar contra os pensamentos ruins; o pecado só começa se dermos consentimento. A oração nos ajuda a destruir o mal pela raiz a partir do momento em que ele se opõe, de maneira frequentemente imperceptível, à nossa liberdade. O Nome de Jesus é o rochedo sobre o qual é preciso esmagar a cabeça dos filhos de Babilônia, ou seja, os maus pensamentos tão logo estes surjam em nosso espírito.

Quando teu espírito e teu coração forem mordidos por alguns pensamentos ruins e sentires subir em ti a paixão – o medo ou o desejo –, foge como os israelitas mordidos no deserto. Observa a serpente de bronze que Moisés levantara sobre a montanha (Nm 21,8), observa Jesus Cristo sobre a cruz e "tu serás curado do veneno das serpentes espirituais injetadas no teu coração".

Escuta ainda o que diz um de nossos Pais a este respeito: "Quando riem de ti, fixa os olhos sobre ele. Ele também foi desonrado por ti, chegaram a tratá-lo de demônio. Se te desprezam, fixa teus olhos sobre teu Salvador quando cuspirem no teu rosto. Se fores mordido por um pensamento de glória vã, lembra-te das palavras: 'Assim também vós, quando fizerdes tudo o que vos for mandado, dizei: Somos servos inúteis, porque fizemos somente o que devíamos fazer'" (Lc 17,10).

Se, por outro lado, fores tentado a desprezar teu irmão por ele ser fraco e pecador, fixa os olhos sobre Aquele que manifestou mais solicitude pelos pecadores, pelos publicanos, pelas prostitutas do que pelos justos que não necessitam de conversão. Quando fores atormentado pelos desejos da carne ou estiveres desgostoso pelo nosso tipo de vida, fixa os olhos sobre Jesus, o autor e o consumador da nossa fé, Ele que, "no lugar da alegria que tinha, suportou a cruz e desprezou a infâmia e está sentado do lado direito do trono de Deus" (Hb 12,2). Olha incessantemente a cruz e a glória d'Aquele que habita teu coração e o veneno das serpentes não terá poder e a luz do teu Deus brilhará até nos recônditos da tua alma.

Nosso pensamento é algo extremamente móvel e difícil de dominar. Evágrio Pôntico[3] engloba os pensamentos ruins em oito categorias principais: a gula, a luxúria, o amor pelo dinheiro (a avareza), a tristeza, a cólera, a preguiça, a glória vã (a vaidade) e o orgulho. "Quer esses pensamentos perturbem ou não nossa alma, isso não depende de nós, mas que eles fiquem presentes durante longo tempo e coloquem em movimento a paixão, isso depende de nós", dizia ele. Examina-te com relação a esses oito pontos e vê como esses pensamentos nascem em ti e te fazem perder a paz e esquecer-se de Deus.

Nossos Padres iam mais longe no conhecimento do homem do que nossos psicólogos modernos. Eles enxergavam a raiz do mal e da doença na aquiescência da nossa liberdade aos pensamentos ruins. Sua arte consistia na educação da liberdade do homem. Eles desejavam que os homens tivessem em si "os sentimentos que estavam no Cristo Jesus"; eles não perdiam tempo na análise da sua tenra infância, e diziam: "Hoje tu és amado por Deus, tal qual tu és. Se quiseres, podes mudar de vida, tornar-te um homem novo, à imagem e semelhança do teu Criador. Entra na arena do teu coração e ali mantém-te firme, inabalável no combate, e conhecerás a paz. Deus está contigo, sede curado de todo mal, não peca mais, algo pior iria te acontecer.

"É do coração que provém os maus desígnios, os assassinatos, adultérios, devassidão, roubos, falsos testemunhos, difamações";

---

3. Evágrio Pôntico ou Evágrio do Ponto (ca. 346-ca. 399/400), escritor, asceta e monge cristão [N.T.].

eis aqui, segundo o Evangelho, o lugar onde se encontra a causa do mal. Não há serviço maior a ser feito pela humanidade do que esta purificação do coração. E a esperança daquele que trava o combate é a beatitude prometida por Jesus: "Bem-aventurados os corações puros, pois eles verão Deus".

Peça o discernimento

Hoje em dia acusamos muito os outros pelo mal que existe dentro de cada um de nós e no mundo. "É o meu passado, dizem alguns, os traumas da tenra infância." É a sociedade, é o ensino que é ruim etc.

O monge só acusa a si mesmo. Quando te tornas responsável por tudo, tu te tornas também realmente livre. Se souberes que há uma guerra acontecendo, dize: é culpa minha, e lute contra todo o orgulho e ódio do teu próprio coração. Se souberes que a fome grassa em algum lugar, olha no teu armário todo o pão que roubas daqueles que têm fome. Quando vires a divisão das igrejas, dize: é culpa minha enquanto restar em mim um único pensamento ruim contra o meu irmão.

O orgulho é a coisa mais temível; um único pensamento orgulhoso e todos os dons que Deus te deu, todos teus esforços para progredir na virtude de nada mais servirão. Entre tu e Deus, existe um eu que é um ídolo. O homem mais feliz é aquele que não é atormentado por mais nenhum pensamento de orgulho, não existe mais a tela do eu, "entre ele e Deus, entre ele e os outros. Ele vê".

Antes de tudo, peça a Deus o discernimento. É a origem de todos os bens. Lembra-te da oração de Salomão: ele não pediu nem riquezas, nem grandeza, mas a sabedoria, um coração inteligente para discernir o que é bom; todo o resto lhe foi dado por acréscimo.

Desde o dia de Pentecostes, a lei do Cristo não consiste mais em um código externo de preceitos. A nova lei é a presença interna do Espírito Santo que transforma nossos corações dando-lhes o gosto e a vontade para cumprir aquilo que agrada a Deus. Tu deves, então, ficar muito atento às inspirações, por vezes muito sutis, do Espírito Santo.

É preciso muito discernimento para reconhecer em uma inspiração aquilo que vem de ti e da tua natureza mais ou menos sã e aquilo que também pode vir de satã, que é hábil para se transformar em anjo de luz, e aquilo que realmente vem do Espírito Santo. É muito importante discernir o orgulho das inspirações que recebemos, daquilo que nos motiva profundamente. Um ato bom pode estar viciado por uma motivação impura. É preciso ser vigilante, mas sem se dedicar demais à introspecção. Confia em Deus, não busque aquilo que é elevado e pede conselho ao teu pai espiritual ao invés de ficar torturando o teu espírito.

O Senhor vem com calma

Se orares com uma atenção constante e se caminhares dessa maneira na presença de Deus, sentirás de maneira instintiva aquilo que está em harmonia ou em dissonância com o Espírito de Deus.

Tende sempre no coração esse desejo de realizar aquilo que é conforme ao seu amor e ele o iluminará. Porventura é da minha vontade a morte do ímpio, diz o Senhor Deus, e não quero antes que ele se retire dos seus maus caminhos e viva?" (Ez 18,23).

Meu pai espiritual frequentemente me dizia que todo pensamento no qual não predominem a calma e a humildade não é conforme a Deus, mas é manifestamente uma inspiração vinda dos maus espíritos. O Senhor vem com calma, mas tudo aquilo que vem do inimigo é acompanhado por perturbações e agitações e sempre estão presentes, como poderás observar, preocupações com a própria glória.

Às vezes, os lobos predadores aparecem revestidos por peles de cordeiro. Este ou aquele pensamento pode lhe parecer inofensivo e devoto; "O reconhecereis pelo seu fruto". O fruto do Espírito é a paz, a humildade, o amor, a confiança. O fruto do inimigo é a perturbação, a inflação, tu te sentes dividido em ti mesmo e então sobe em ti esse terrível desgosto pela vida que é o bafejar que vem do diabo.

Antes de realizar uma ação ou uma obra importante, segundo o conselho do Evangelho, senta-te e pede ao Senhor o seu Espírito e vê se isto está em harmonia com a sua vontade. Se essa obra não te fizer progredir no amor, renuncia a ela.

É preciso fazer tudo com discernimento. Os Padres dizem que as coisas que ultrapassam a medida vêm dos demônios.

Parte II

Sobre o pai espiritual e a obediência

Tu não vês nos teus próprios olhos; para te conhecer, precisas do olhar de um outro. Ninguém é um bom juiz em se tratando do seu próprio caso. Um pai espiritual é um espelho que Deus quer nos dar para que nós possamos nos conhecer, é um espelho cuja palavra é por vezes dura para que, ao ver nosso pecado, nós desejemos reencontrar nosso verdadeiro semblante. No dia em que o tiveres encontrado, teu espelho se calará e vós refletireis juntos o mesmo Sol.

Sem a ajuda de outra pessoa é muito difícil ter sobre nossa vida os discernimentos que se impõem; o discernimento dos espíritos é um carisma que normalmente só é dado àqueles cujo coração está profundamente em paz.

É difícil encontrar hoje em dia um homem de paz que não seja tentado nem pela ambição, nem pela vontade de poder, mas que queira apenas o bem daqueles que nele confiam. Mas ele existe, procura-o. E se achares nesse homem compreensão e exigência, dize a ti mesmo que este é um pai que Deus te dá para a divinização da tua alma.

Aquele que quer fazer a sua vontade própria se afasta. Seguir as inspirações do Espírito é praticamente impossível para quem não tem o coração purificado. Procura alguém que o ajudará a discernir em todas as coisas a vontade de Deus.

Não existe outro Pai além de Deus

O importante nas tuas relações com o teu pai espiritual é que tu possas abrir o teu coração a ele e não esconder nenhum dos teus pensamentos; é pagando este preço que obterás a libertação. Mas infeliz do homem que vier a enganar a tua confiança e a desvelar teus segredos.

Não há outro pai além de Deus; através da graça Deus concede a alguns participar da sua paternidade, ou seja, da sua inteligência e do seu amor. O pai espiritual é o cooperador de Deus, ele trabalha com o Espírito; ele ama, ele combate e ele sofre com o Espírito para que nasça em ti o homem novo, não o seu filho ou o seu discípulo, mas o filho daquele Único que é bom e o discípulo daquele que é o Caminho, a Verdade, a Vida.

Quanto maior for o seu apagamento, quanto maior for a sua humildade, tanto mais o Cristo poderá crescer em ti. "É preciso que Ele cresça e que eu diminua" – esta é a regra do teu pai espiritual.

Hoje em dia existem poucos pais espirituais que possam nos servir de modelo em tudo. Um velho monge nos deu este conselho: "Sede como a abelha que beija todos os tipos de flores; ela pega de cada uma o pólen necessário para fazer o seu mel. Vai até teus pais ou teus irmãos – pois nós somos teus irmãos – e aprende de um a doçura, do outro a força, daquele a inteligência, do outro a humildade e faze o teu mel com todas essas virtudes".

São Paulo dizia aos seus filhos espirituais e aos seus discípulos: "Mostrem-se meus imitadores como eu próprio imito o Cristo". Só imita o teu pai espiritual naquilo que ele imitar o Cristo.

É uma grande bênção quando encontras em teu caminho um homem que te ajuda a aplainar as trilhas do Senhor, a rebaixar tudo aquilo que é elevado em ti e a preencher tudo aquilo que está prostrado em ti; serás libertado dos dois demônios mais terríveis: o orgulho e o desespero. Agradece a Deus se encontrares alguém que se preocupa realmente com a tua alma, abre-lhe teu coração e confia-te à sua prece.

Um pensamento ruim produzido por dia perde todo seu veneno. Não esconde do teu pai espiritual nenhum dos teus pensamentos e as trevas não mais o habitarão.

A via da obediência e da humildade

Só adquirimos discernimento através da humildade e o início da humildade é deixar-se julgar, em tudo, por um outro.

O que nos impede de nos unirmos a Deus é a nossa própria vontade. A via da obediência é a via mais curta rumo à união. Ela retira o principal obstáculo à divinização: a confiança em nós mesmos.

Um pai espiritual não precisa de carismas extraordinários, mas é preciso que ele tenha uma paciência e um amor infinitos; é nisso que ele se assemelha a Deus. No coração do pai espiritual a dor e a alegria estão sempre estreitamente misturadas: a dor do parto (paciência, exortação, misericórdia); alegria também ao ver um filho nascer em Deus e vê-lo crescer em direção à sua plena estatura de homem em Cristo.

Nós nos separamos de Deus através da desobediência; só voltamos a Ele através da obediência. Tornar-se obediente é ser divinizado à imagem do Cristo que se fez obediente até a morte.

Dize a ti mesmo que a única preocupação do teu pai espiritual é a tua salvação e tua divinização. É por esta razão que ele ora ao Pai em segredo; que ele o exorta, que o repreende e o corrige. Quando ele te humilhar, dá graças a Deus; é desta maneira que ele espera tornar-te conforme com o Cristo e te fazer adquirir a humildade sem a qual tu não podes participar do Espírito Santo.

Às vezes, um pai espiritual pode pedir ao discípulo do Cristo algo absurdo: por exemplo, regar os tijolos para que eles floresçam. Ele faz isso para ajudar o discípulo a ultrapassar o estado da simples razão sensata e fazê-lo penetrar, por meio da humildade, na luz de Deus que está além de toda compreensão.

Os verdadeiros discípulos

Os mestres espirituais são raros; ainda mais raros do que os verdadeiros discípulos. Onde encontrar um homem humilde? Um homem que não faz a sua vontade, mas a vontade daquele que o enviou?

Deus não é um princípio, uma lei abstrata, uma ordem a ser decifrada. Ele é uma Pessoa. Também não é a uma lei, a uma regra que nós devemos obedecer, mas a uma pessoa. Nos nossos monastérios nós não obedecemos a uma regra particular, mas ao nosso higumeno. A obediência se situa no interior de uma relação e, quanto mais amamos, mais fácil se torna obedecer àquele que nos comanda; aliás, essa se torna nossa maior alegria. Aquele que ama Deus não pena para cumprir a lei de Deus, ele se lança com alegria sobre a via dos mandamentos.

Os fariseus só sonhavam com a letra dos mandamentos e eles se esqueciam de amar aquele que desejava seu amor mais do que seus sacrifícios. Aquele que ama com temor e respeita seu higumeno encontrará muita doçura no cumprimento daquilo que lhe é pedido e ele será libertado de toda preocupação.

Mais do que uma regra, o pai espiritual é a mediação que Deus escolheu nos dar para nos fazer conhecer sua vontade. Mas que aquele que tenha recebido o dom e a carga da paternidade espiritual não esqueça de ser um evangelho encarnado. Se faltar um único iota, Deus levará isso em conta no dia do julgamento e lhe pedirá a alma daqueles que lhe foram confiados.

Há muitos que se vangloriam da santidade do seu pai espiritual, mas que não o imitam. Há muitos que repetem incessantemente as palavras do seu pai espiritual, mas que não as colocam em prática; eles são como macacos e, com suas caretas, desfiguram a beleza de seu pai.

Nas relações com um pai espiritual existem dois perigos: o da idolatria e o do murmúrio. É apenas um homem e não deus, mas é um homem que Deus te concedeu para tua santificação. Se tu murmurares, ou pior ainda, se o julgares, como esperas ser salvo?

Existem aqueles que mudam frequentemente de pai espiritual para ter o prazer de falar de si novamente e para não ter que obedecer em profundeza. Não esgota através das tuas vãs palavras o teu pai espiritual, não lhe conta o teu passado ou teus projetos para o futuro. Conta-lhe o estado da tua alma agora, porque é agora que ele quer que sejas salvo, é agora que deves receber a graça do perdão e a força do Espírito. Se lhe falares daquilo que não é mais ou daquilo que ainda não é, em qual presente ele poderá desposar o dom de Deus?

Se não fores humilde, não conhecerás jamais a doçura da obediência e dirás: "Por que fazer isto ao invés daquilo?" e a perturbação se erguerá em ti. Aquele que obedece, não importa o que ele faça, está na paz.

Não obedece pela metade

Se uma carga te parecer pesada demais, fala com o teu higumeno, mas não confia nas tuas próprias iniciativas. Nossos pais eram intransigentes a respeito. Aquele que quer ser monge não deve absolutamente ter vontade própria no que quer que seja. A liberdade deve ser curada de toda vaidade e assemelhar-se à liberdade do Cristo que jamais cumpriu sua própria vontade, mas apenas a vontade do seu Pai. Sua obediência e sua cruz são a epifania do seu amor pelo Pai. Que a tua obediência e tua renúncia em tudo sejam a epifania do teu amor pelo Pai, a manifestação da tua filiação divina outrora perdida e agora reencontrada.

Não obedece pela metade, terias o coração despedaçado. Tem confiança, dá-te por inteiro, Deus não pode permanecer insensível à confiança e à humildade, Ele te fará transbordar de alegria no meio das atribulações.

Se teu higumeno estiver ausente e não houver no mosteiro ninguém que tenha recebido a tarefa de comandar, sê obediente a todos, considera todos como superiores. Pensa naquele que se fez escravo de todos e que veio ao mundo não para ser servido, mas para servir. Sê à imagem do divino Servidor, busca os últimos lugares. "Aquele que se eleva, será rebaixado, aquele que se rebaixa, será elevado." Inclina-te diante da vontade do teu irmão e encontrarás a liberdade dos filhos de Deus.

Sem o Espírito Santo não encontraremos nenhuma alegria na obediência; também é preciso orar-lhe sem cessar para que

Ele nos dê seu amor a fim de que seja estabelecida em nós a obediência filial.

Eva caiu por ter duvidado da bondade do mandamento de Deus. Quando Ele te pedir para fazer algo, dize que é para teu bem, para tua salvação e cumpre teu dever com paz e amor.

Sobre o silêncio

> Maus como sois, como podeis dizer coisas boas? Porque a boca fala do que lhe transborda do coração. O homem de bem tira boas coisas de seu bom tesouro. O mau, porém, tira coisas más de seu mau tesouro. Eu vos digo: no dia do juízo os homens prestarão contas de toda palavra vã que tiverem proferido. É por tuas palavras que serás justificado ou condenado (Mt 12,34-36).

Essa advertência do Salvador fez com que eu frequentemente fechasse a boca; ela me faz fugir de tudo aquilo que se assemelha à tagarelice e ao maldizer. Quando me pedem para falar, eu oro a Deus a fim de que Ele me dê um coração puro e para que o Espírito Santo tome a minha boca.

O hesicasta é um silencioso e apenas o silencioso amor fala bem de Deus. O silêncio é uma condição para orarmos bem; ele é também o fruto da oração. Quanto mais orares, tanto mais silêncio se fará em ti.

Nossos pais espirituais são grandes silenciosos. Se assim não fosse, como eles poderiam nos escutar quando lhes contamos nossas misérias? O silêncio do nosso pai espiritual é o silêncio do ouvido de Deus que nos escuta.

Há silêncios de morte, há silêncios de vergonha. Ora, "nós cremos e é por esta razão que falamos". O silêncio do hesicasta só tem valor pelo amor que o habita. "Falar por Deus é bom, calar-se por Deus também é bom." Muito poucos provaram o verdadeiro silêncio sem o qual não há união com Deus. Aquele que o provou o busca incessantemente. Deus sabe o quanto as palavras vãs e as divagações do espírito nos exilam da sua presença.

Existem aqueles que observam o silêncio dos lábios, mas se deixam levar pela sua imaginação; se, no seu coração, eles condenarem seus irmãos, de que servirá tudo isto? Por outro lado, existem aqueles que falam de manhã até de noite, mas que guardam seu coração em silêncio diante de Deus. Eles falam para serem úteis ao próximo. O amor e a renúncia à sua vontade própria os mantém na paz.

Se buscas o silêncio, não nos faças longos discursos sobre a beleza e sua utilidade.

Não há necessidade de partir para o deserto, basta calar-se.

Se suprimires da tua boca toda palavra inútil, todo julgamento sobre teus irmãos, se não falares sobre aquilo que ignoras, tu te tornarás rapidamente um silencioso.

Manter seu espírito silencioso

"Se um homem não cometer o desperdício das palavras, ele será um homem perfeito", diz São Tiago. Ele também mostra quanta dificuldade temos em domar nossa língua. "É um flagelo sem trégua, cheia de um veneno mortal; por ela, nós abençoamos o Senhor e Pai e por ela, nós amaldiçoamos os homens feitos à imagem de Deus."

O monge deve não apenas calar sua língua, como também manter seu espírito silencioso, ou seja, não julgar, e então a paz virá até seus membros e ele conhecerá um silêncio ainda mais elevado que não será apenas ausência de palavras, de pensamentos e de julgamentos: ele será presença de Deus.

Todos os exercícios do monge o conduzem a um mais profundo silêncio: silêncio dos lábios, silêncio do espírito, silêncio do coração. Cada um desses silêncios demanda uma mestria particular. O silêncio dos lábios depende da nossa vontade, o silêncio do espírito depende da nossa atenção na oração, o silêncio do coração é um dom da graça.

Maria era um ser de silêncio; nela o Verbo se encarnou. Se queres que o Cristo viva em ti, busca o lugar do seu repouso ou, dito de outra maneira, mantenha-te em silêncio.

Ouvir o silêncio de Jesus

A Palavra saiu do silêncio e ela voltou ao silêncio. Se falamos e nossas palavras realmente vêm do silêncio de Deus, então nós conduziremos os homens rumo a este mesmo silêncio.

Alguns ouviram as palavras de Jesus; pouquíssimos ouviram seu silêncio. Escuta. Guarda o silêncio e o silêncio te guardará junto a Deus.

O monge não ama a solidão e o silêncio por si mesmos, mas por causa de Deus que ali se encontra. Os tagarelas não herdarão o Reino de Deus. Como poderiam eles ouvir o chamado daquele que quer conduzi-los ao deserto e, no silêncio, falar-lhes ao coração?

Diádoco de Foticeia[4] utiliza uma bela imagem para nos mostrar que guardar o silêncio é uma obra importante que nos conduz à união com Deus: "Se abrirmos a porta de uma casa de banhos, ela perderá rápido o seu calor: assim, quando uma alma quer falar muito, mesmo sem dizer nada de bom, ela dissipará rapidamente sua memória e perderá a lembrança

---

4. Diádoco de Foticeia nasceu por volta do ano 400. É um dos autores ascetas incorporados à Filocalia. Ele foi bispo da Foticeia (região nordeste da atual Grécia), o que fez dele "o mais ocidental dentre os bispos do Oriente". Ele participou do Concílio de Calcedônia em 451. Nos calendários bizantinos ele é comemorado no dia 29 de março [N.T.].

de Deus, ela se evaporará fora desta porta de onde saem tantos discursos." O silêncio é o pai de todos os bons pensamentos.

Calar-se antes de falar

Jesus, antes de falar, calou-se durante trinta anos e, quando ele nos falou, ele disse apenas palavras breves. Não encontramos nenhum discurso dele e ele não expôs nenhum sistema filosófico. Suas palavras vêm do silêncio e elas são inspiradas pelo amor; assim, todas suas palavras são palavras de salvação.

Hoje em dia, antes de enviarmos os pregadores, deveríamos ensiná-los a se calar, isso evitaria que eles fossem como sinos que ressoam. Calar-se é o início da atenção. Os silenciosos são grandes atentos, é desta maneira que eles jamais se afastam de Deus.

Não tenhas pressa de falar aos outros sob pretexto de edificá-los com tuas belas palavras. Lembra-te do Abade Pambo a quem foi pedido dirigir a palavra ao patriarca de Alexandria para o seu benefício espiritual. O ancião respondeu: "Se ele não aproveitar o meu silêncio, também não aproveitará o meu discurso".

Para o monge, é uma regra geral não sair do silêncio quando assim lhe é ordenado ou quando as palavras estão nele como um fogo que ele não pode conter. É claro, é preciso discernir se este fogo é aquele que impulsionava Jeremias a profetizar ou se é o fogo das paixões e da intemperança.

Que teu silêncio não seja um obstáculo à caridade para com o próximo. Tenha discernimento, mostra um semblante feliz, sê uma palavra amável. Muitos, pela palavra, buscam sua própria glória. Se tu te calares, não acharão nada de ti. Um coração silencioso e uma boca fechada são o dom que Deus te propõe para que adquiras humildade.

A palavra foi criada no tempo. O silêncio pertence à eternidade. Ama o silêncio; através dele tu já entrastes no mundo por vir.

Sobre o trabalho

É preciso amar Deus de todo teu coração, de toda tua alma, mas também de todo teu corpo. O corpo também tem direito à iluminação do amor. Tu amarás Deus de todo teu corpo através do jejum, das vigílias e das inclinações, mas mais ainda através do trabalho manual que te libertará de muitas ilusões e te guardará no equilíbrio e na humildade.

"Noite e dia, nós trabalhamos para não sermos um peso para ninguém", diz o Apóstolo (2Tm 2,9), e "estas mãos proveram às minhas necessidades e às dos meus companheiros" (At 20,34).

Antes de te ocupares da ascese, vela para bem cumprir teu trabalho, essa é uma questão de justiça. As pessoas do mundo se dão ao trabalho e se cansam para, por meio do seu trabalho, alimentar mulher, filhos, pagar os impostos, fazer donativos aos pobres e à Igreja e nós, sob o pretexto da oração, nós ficaríamos aqui, imóveis e preguiçosos! Saiba que um trabalho realizado na obediência, sem o engodo do ganho, que exclua todo agito e todo ativismo não nos separa da oração, pelo contrário; quando nosso corpo está ocupado com essas humildes tarefas, o coração se encontra livre e mais atento à presença de Deus.

Os monges do Egito mediam a intensidade da vida interior dos noviços e o seu progresso através da paciência e da humildade com a qual eles se dedicavam ao seu trabalho.

Trabalhar é uma tradição nos nossos monastérios, não apenas para a nossa subsistência, mas também para alimentar os peregrinos e os hóspedes que estão de passagem. Também devemos trabalhar para vir em ajuda aos pobres. Quando teu trabalho te parecer particularmente penoso e o sol se tornar pesado sobre teus ombros, pensa no dia do julgamento: "Tive fome e vós não me destes de comer".

A ascese do trabalho

O trabalho: eis a tua ascese. Busca aquilo que te parecer mais difícil, aquilo que os irmãos têm repugnância em realizar. É ali que o Espírito virá te visitar e colocará no teu coração tesouros de amor e de humildade.

Não escolhe teu trabalho, faze aquilo que te é pedido e encontrarás a paz. Se te pedirem para escolher, escolhe aquilo que te manterá na humildade; de outra maneira, devido à tua vaidade, o trabalho te afastará de Deus.

É inútil falar em ascese, espiritualidade, amor e humildade quando não trabalhamos; como diz São João: "Nós não amamos em palavras, mas em atos, verdadeiramente".

Muitos monges perderam-se por causa da sua ociosidade. O melhor remédio contra os maus pensamentos e as vãs imaginações é um trabalho humilde e fatigante para o corpo.

Por que trabalhas?

Não observes se fazes melhor o teu trabalho do que o teu irmão. Por que trabalhas? Para tua própria glória ou pelo amor por Deus?

Faze teu trabalho da melhor maneira possível sem te preocupar com o resultado. "Que tua mão esquerda ignore aquilo que a tua mão direita faz"; sobretudo, não esperes elogios.

Lembra-te da Palavra do Senhor; nosso serviço é inútil, ele vale pelo amor que temos por Deus e por nossos irmãos.

Um trabalho desinteressado, feito na calma e por amor é mais agradável a Deus do que todas as proezas ascéticas. Tu podes jejuar e vigiar. Mas se és um ônus para teus irmãos, de que serve isso? É uma questão de realismo e de bom-senso.

Não é nem o engodo do ganho, nem o sucesso que devem motivar teu trabalho, senão estarás buscando a ti mesmo. Cuidado também para que as "preocupações da vida" não tomem conta da tua alma devido ao teu trabalho. Se tu o fizeres com um coração desinteressado e se o teu espírito lembrar-se da tua morte próxima, as preocupações não terão nenhum poder sobre ti.

Muito poucos monges podem se dedicar ao trabalho intelectual e manter seu coração voltado para Deus. Se isso lhe for pedido e permaneceres pregado à tua mesa de estudo e aos teus livros, encontrarás a abjeção do Cristo tanto quanto em qualquer outro trabalho, mas terás um duro combate a ser levado a cabo para manter a humildade e para não cair na ilusão de acreditar que é através dos teus conhecimentos que serás salvo.

Parte III

Sobre o jejum, as vigílias e as inclinações

O Espírito conduziu Jesus ao deserto e Ele jejuou durante quarenta dias e quarenta noites (Mt 4,1-2). Se é o mesmo Espírito que te anima, não te surpreendas se sentires em ti o desejo de jejuar e de fazer penitência.

Os jejuns e as vigílias têm como objetivo tornar a tua alma humilde. Assim tu tomarás melhor consciência dos teus limites e sofrerás junto com aqueles que morrem de fome e não dormem à noite.

O verdadeiro jejum acontece quando tu esqueces de comer por estares absorto e saciado em Deus. Mas se pensares incessantemente nos alimentos dos quais te privas, teu jejum não será de nenhuma utilidade para a purificação do teu coração e do teu intelecto.

"Quando o Esposo vos for tirado, então jejuareis." Quando tiveres perdido o sentido e o sabor da presença de Deus, quando sentires que estás ficando pesado pelas paixões e pensamentos, quando teu Esposo se afastar de ti, então, jejua e, através da oração, volta a ele.

A sobriedade na alimentação ajuda o monge a se despojar de seu "eu" carnal. É uma condição para a transfiguração do seu corpo pelo Espírito Santo.

Que seja dado a cada um segundo suas necessidades, "não vos preocupeis com aquilo que comereis e bebereis"; este poderia ser o nosso regulamento, pois "o Reino de Deus não é comida nem bebida". "Se teu corpo é fraco, diz São Barsanufo, faze o possível para subtrair um pouco da tua comida e igualmente da tua bebida. Deus, de fato, acolheu o óbolo da viúva e se rejubilou mais com ele do que com as outras oferendas" (Mc 12,42). Fica um pouco com a tua fome, dizem ainda os Padres; o importante é que após a refeição tu tenhas sempre o mesmo desejo de orar. Que teu coração não fique pesado, que tua carne se torne espiritual.

Se fizeres do teu jejum uma ocasião de orgulho, se te comparares aos outros, tu te afastarás do Cristo. Em matéria de jejum e de vigília, o importante é o discernimento e não fazer a sua própria vontade. Não devemos fazer o que nos agrada, pois o Cristo não buscou aquilo que o agradava.

"Quer comais ou bebais ou façais qualquer outra coisa, fazei tudo para a glória de Deus" (1Cor 10,31).

Se quiseres velar à noite

Velar é uma grande graça que Deus concede a alguns. No silêncio e no recolhimento da noite, eles esquecem tudo; para eles não há mais tempo, eles são transportados em Deus e sua prece é uma coluna que sustenta o mundo. Velar, sem a graça, é particularmente difícil, mas é preciso perseverar e pedir a Deus sua força.

Nosso Senhor se isolava frequentemente à noite em um lugar afastado. Os santos seguiram seu exemplo e, frequentemente, era à noite, no silêncio, longe de tudo, que eles se beneficiavam de revelações e de ensinamentos para sua conduta que eles tinham que seguir durante o dia.

"Em meio à noite levanto-me para vos louvar, pelos vossos decretos cheios de justiça" (Sl 118,62) e nós também nos levantamos muito cedo todas as manhãs. É preciso vencer o sono do mundo, tornarmo-nos despertos.

Se tu velares à noite e estiveres sonolento durante todo o dia, isso não te será de nenhum proveito; é melhor para ti seguir a natureza. Deus criou a noite para o repouso e o dia para o trabalho. A vida dos santos ultrapassa a natureza, é preciso que uma graça junte-se à nossa natureza fraca e impotente para velar todas as noites. Se Deus te recusar essa graça, é porque, sem dúvida, esta seria para ti um motivo de orgulho; é melhor levar uma vida comum com humildade do que realizar grandes prodígios sem humildade.

Ao velar à noite, os santos não o faziam por ascese ou por vontade própria, o amor os impedia de dormir. A presença do Bem-Amado era uma brisa leve que incessantemente levantava as pálpebras do seu espírito e do seu coração.

É difícil dormir em um quarto cheio de luz. É por esta razão que o coração dos santos não conhece o sono.

Se quiseres velar à noite, canta os salmos, honra os ícones, faze diversas inclinações. O demônio te empurrará para ires dormir dizendo que no dia seguinte tu estarás triste e não farás bem o teu trabalho. Cabe a ti, com a graça de Deus, mostrar-lhe o contrário. Se for impossível, então este é o sinal de que era melhor ter ido dormir; mas nisto tudo, abstém-te de fazer tua própria vontade e entrega-te ao discernimento do teu higumeno.

As inclinações e os gestos da oração

"Velai e orai para não entrares em tentação." As inclinações nos ajudam a velar e a orar. Nosso corpo também deve participar da adoração. As inclinações livram nosso corpo do entorpecimento.

As atitudes tradicionais da oração cristã são diferentes dos exercícios físicos que podemos encontrar em outras religiões. Uma inclinação na qual colocamos todo nosso amor e nosso respeito nos aproxima mais de Deus e nos concede mais humildade do que uma hora passada na posição de lótus.

- Mantém-te de pé em lembrança da manhã de Páscoa.
- Eleva tuas mãos para Deus em sacrifício de louvor.
- Prosterna-te no pó e lembra-te do teu pecado.
- Ajoelha-te e adora aquele que é Deus, além de tudo.
- Uma genuflexão feita com amor te ensinará mais coisas do que um livro.
- Mantém-te sentado sobre uma pedra, fecha os olhos ou dirige-os ao teu coração e lembra-te d'Aquele cujo templo tu és.

Prosternado, sentado ou de pé, "Ele é o Vivente, aquele diante do qual tu estás de pé", caminha na sua presença, sê como o vigia que aguarda a aurora.

O dom das lágrimas

O que é a pureza do coração?
Em poucas palavras, é a
misericórdia do coração para
com o universo inteiro. É
a chama que aviva as brasas
para toda a criação, para os
homens, para os pássaros,
para os animais, para os
demônios, para todo ser
criado. Quando ele sonha com
eles ou quando ele os
observa, o homem sente seus
olhos se preencherem de lágri-
mas de uma profunda, de uma
intensa piedade que estreita o
seu coração e o torna incapaz
de tolerar, de ouvir, de ver o
menor erro
ou a mínima aflição supor-
tadas por uma criatura. É
por esta razão que a oração
acompanhada das lágrimas
se espalha a toda hora tanto
quanto sobre os seres desprovi-
dos de palavra quanto sobre os
inimigos da verdade ou sobre
aqueles que a prejudicam para
que eles sejam guardados e
purificados. Uma
compaixão imensa e sem medi-
da nasce no coração do homem
e o assimila a Deus.

Santo Isaac

Só podemos amar no presente. Se disseres eu amei ou eu amarei, neste momento tu não amas, Deus está ausente da tua alma. Tu tens apenas o presente para amar Deus, este trabalho no mosteiro, com esses irmãos. O inimigo te soprará no ouvido que, se as condições fossem melhores, se não houvesse este ou aquele irmão etc., tu amarias mais. É desta maneira que ele te rouba o presente, a realidade que Deus te dá para lhe dar graças e fazer crescer o amor em ti.

As lágrimas te ajudarão a voltar ao presente, na sua presença. "O sacrifício que agrada a Deus é um espírito abatido." Deus busca as lágrimas, Ele quer misturar nelas sua água viva. Após sua traição, Jesus não pediu explicações a Pedro. Ele diz simplesmente: "Tu me amas?" Se ouvires estas palavras e se te lembrares dos teus pecados, a fonte das lágrimas jorrará em ti.

As lágrimas são um dom de Deus para purificar o coração; são as águas vivificantes da humildade. Não devemos confundi-las com as lágrimas que vêm da nossa sensibilidade ou da má tristeza segundo o mundo. As pessoas do mundo choram porque lhes roubaram esta ou aquela coisa perecível ou porque seus projetos não se realizaram. O monge chora porque ele perdeu o Espírito Santo devido à sua negligência e seu pecado.

Ele chora dessa maneira porque vê como o Senhor ama os homens e como os homens são duros, infelizes e sem amor por Ele e pelo próximo.

É preciso orar para receber o dom das lágrimas. Que Deus nos liberte da dureza do coração; que a humildade e o amor do Cristo mudem nossos olhos de pedra em fontes de águas vivas.

Não chores diante dos homens, mas no segredo da tua cela, deixa cair as lágrimas por todos aqueles que se confiaram à tua oração.

Deus é Pai, mas não há mais Mãe do que Ele, dizia um Padre da Igreja. Mais do que as palavras, são as lágrimas que Ele escuta e compreende.

O Cristo chorou sobre Jerusalém. Se seu coração te habita, tu verterás lágrimas por todos os homens.

A oração verdadeira é aquela onde ignoramos que oramos. Da mesma maneira, as lágrimas verdadeiras são aquelas que vertemos além de toda consciência, quando a doçura e a majestade de Deus nos saciam por todo lado.

As lágrimas espirituais destroem os pensamentos terrestres, elas preparam o coração para a visão.

As lágrimas têm o poder de renovar a graça que recebestes no batizado. "Ó felizes lágrimas, novo batizado da alma", dizia João Clímaco.

As lágrimas dadas pelo Santo Espírito são doces e silenciosas; elas correm dos olhos sem dificuldade e sem ruído. É realmente uma água que acalma. Quando saíres da tua cela ninguém poderá lhe dizer que tu chorastes, de tal maneira a alegria inunda teu rosto.

As lágrimas dadas pelo Santo Espírito, ao contrário das lágrimas ordinárias, correm sem esforço nem contração dos músculos do rosto; elas são como um óleo santo que ilumina o semblante e dá aos olhos uma claridade divina.

Não há nada mais temível na vida monástica do que a dureza e a secura do coração. Assim, os monges pedem a Deus o dom das lágrimas para que Ele enterneça seus corações. É uma coisa terrível entrar em um mosteiro com um coração de carne e deixá-lo no dia da sua morte com um coração de pedra, endurecido pelo orgulho, os hábitos, a indiferença. Os profetas e os santos pediam incessantemente a Deus que transformasse seu coração de pedra em coração de carne.

Observa Jesus e que o seu amor pelo Pai e por todos os homens fira teu coração.

Sobre a humildade

Quando fores convidado a um casamento, não te coloques em primeiro lugar... "Quem se eleva será rebaixado, quem se rebaixa, será elevado."

Desde o teu batismo és convidado às bodas, és chamado a ser apenas um com Deus. Quanto à atitude que deves ter neste salão de núpcias, observa bem Jesus Cristo onde se realiza a perfeita união da humanidade e da divindade, e caminha sobre suas pegadas.

Ele, o Deus impassível, eterno, tomou um corpo, rebaixou-se, fez-se servidor de todos e foi exaltado. Seu Nome é elevado acima de todo nome. Ele tomou o último lugar, morreu a morte dos escravos e ressuscitou. Ele não frequentava as pessoas de bem; comia com os pobres, os pecadores, fazia tudo a todos sem nada esperar em troca.

Se nós nos humilharmos com Ele, com Ele seremos exaltados. Se amarmos como Ele até a morte, com Ele ressuscitaremos. Se quiseres subir nas alturas, comece descendo. É apenas na humilhação que encontrarás a glória que perdura. É apenas morrendo a ti mesmo que conhecerás a vida eterna, tua vida de ressuscitado. É a humildade que nos inicia ao mistério assim, procura-a antes de todas as coisas; sem este vaso, tu não poderás recolher a água viva. De fato, o Espírito, o Vinho das núpcias, não pode permanecer em um homem que não é humilde.

O Abade Antão via todas as tramas do inimigo espalhadas sobre a terra e ele dizia gemendo: "Quem poderá escapar?" Ele escutou uma voz que dizia: "A humildade". Conhecemos bem esta história, então por que não pedimos a Deus a humildade? Pedimos incessantemente coisas úteis para nossa própria glória... Se Deus não nos amasse, ele atenderia nossas preces!

A humildade é a verdade

Pedir a humildade é pedir para sermos considerados como nada. Aqui estamos seguros de sermos atendidos antes mesmo de termos formulado o pedido, pois este nada é a realidade daquilo que somos. Nós não somos nada e somos amados. Pedir a Deus a humildade é tomar consciência desta realidade, é, de repente, coincidir com a verdade do seu ser.

Os anjos são mais humildes do que os homens porque eles são mais inteligentes. É a contemplação do Ser e da infinita Beleza de Deus que nos torna humildes. Quanto mais tu te aproximares de Deus, tanto mais descobrirás o teu nada.

A humildade é a verdade; é estar diante de Deus e diante dos homens tal qual tu és. A mentira é o oposto da verdade; é não mais ser aquilo que somos, é deformar em nós a imagem do Criador. A mentira encontra sua raiz no orgulho; mentimos por medo de sermos reconhecidos por aquilo que somos, ou seja, fracos, pecadores, incapazes de amar todos os homens. Se buscas a verdade, desenraíza em ti todo orgulho. A humildade é a mãe de todos os bens. Paciência, doçura, domínio sobre si mesmo, confiança nos outros, todos esses frutos do Espírito do qual nos fala São Paulo, germinam sobre uma árvore cujas raízes estão na humildade.

A humildade e o amor

Tudo que é dito a respeito da caridade, podemos dizê-lo sobre a humildade: Quando eu falar a língua dos homens e dos anjos, sem a humildade eu seria apenas um címbalo, uma trombeta que ressoa para minha própria glória. Quando eu tiver o dom da profecia e conhecer todos os mistérios e toda ciência, quando eu tiver a plenitude da fé, uma fé que ultrapassa as montanhas, se eu não tiver humildade todas essas coisas boas em si mesmas serão pervertidas na minha intenção. Busco a glória que vem dos homens e não a que vem apenas de Deus. Quando eu distribuir todos os meus bens em esmolas, quando eu entregar meu corpo às chamas, se eu não tiver humildade isso de nada me servirá.

Apenas a humildade e o amor nos aproximam de Deus. Sem amor e sem humildade tudo nos separa e só serve para fortalecer em nós o velho homem.

O homem humilde é uma morada do Espírito. O amor reina nele. Ele é indulgente, servil; não é invejoso, ignora o ciúme, não é um fanfarrão, não faz nada de inconveniente, não busca seu próprio interesse, não se irrita, não leva em conta o mal; ele não se alegra com a injustiça, mas exalta de alegria na verdade.

O homem deificado pelo humilde amor desculpa tudo, crê em tudo, espera tudo, suporta tudo; como o Cordeiro inocente, ele não abre a boca quando é conduzido ao matadouro e quando sofre insultos e outros ultrajes. O Senhor é a sua força. O Pai está sempre com ele e ele ora pelo perdão e a salvação dos seus inimigos.

Agir em segredo

O homem humilde não se preocupa em parecer espiritual aos olhos dos outros; pelo contrário, ele fará tudo para ser ignorado, é a tradição dos loucos em Cristo.

Havia no mosteiro um monge que parecia distraído durante os ofícios e que sempre chegava atrasado; muitas vezes, nós o criticamos a este respeito, convidando-o a acordar mais cedo... Após a sua morte, nós descobrimos que esse monge velava todas as noites e só se permitia uma ou duas horas de repouso. Seu pai espiritual lhe pedira para agir assim para que ele mantivesse a sua humildade.

A humildade nos liberta da preocupação de agradar aos homens ou da vaidade de desagradá-los. Aquilo que é, é. Aquilo que não é, não é. Se fizeres o bem, não digas a ninguém. Um pouco de vaidade fará com que percas todo o mérito pelas tuas obras. Não digas nada a respeito dos teus jejuns, das tuas vigílias, da tua labuta. Age em segredo. "Teu pai que vê no segredo te dará."

Evita demonstrar tua justiça (ou seja, tuas belas obras, teu estado espiritual ou as graças que Deus te fez) diante dos homens para ser notado por eles; tu perderias todas as recompensas junto ao teu Pai que está nos céus (Mt 6,1-4). Se fizeres todas as coisas em segredo, sem te preocupares em ser reconhecido, tu não tardarás a saborear a doçura do amor.

O que tens que não tenhas recebido?

Se quiseres conhecer a *hesychia* dada pela humildade, observa teu irmão como sendo mais inteligente e superior a ti em tudo. Como Jesus, coloca-te aos pés de todos; em seguida, atribui a Deus todas as boas obras e tudo que existe de verdadeiro, de bom e de puro em ti. De fato, "o que tens que não tenhas recebido?" "Sem ele, nós nada podemos fazer."

A humildade é uma obra grande e divina, tu a conhecerás se não deres atenção às faltas dos outros, mas sempre às tuas.

Um homem humilde não confia no seu próprio julgamento; mesmo se ele for muito avançado na vida espiritual, pedirá que Deus o ilumine através da boca dos seus irmãos ao invés da revelação direta.

Neste mundo não há nada a temer a não ser os lisonjeadores. Busca pessoas que têm pouca consideração por ti; eles serão muito mais úteis ao progresso da tua alma. Não elogies teu irmão, pois isso seria para ele uma ocasião de queda.

> O que é estulto no mundo, Deus o escolheu para confundir os sábios; e o que é fraco no mundo, Deus o escolheu para confundir os fortes; e o que é vil e desprezível no mundo, Deus o escolheu, como também aquelas coisas que nada são, para destruir as que são. Assim, nenhuma criatura se vangloriará diante de Deus (1Cor 1,27-30).

Os monges devem ficar do lado dos loucos e não dos sábios, do lado daquilo que não é, daquilo que nada vale, ao invés de ficar do lado daquilo que estimamos. Infelizmente, frequentemente é o oposto que acontece; sob o pretexto de sermos monges, nós esperamos o respeito e as saudações das pessoas nas praças; por portarmos essas roupas, nós acreditamos merecer seu serviço e uma parte dos seus bens. Infeliz de nós!

Se nós não nos humilharmos, não veremos Deus. O Senhor se revela pelo Santo Espírito apenas aos humildes. A humildade é esta luz na qual nós podemos ver a Luz.

Se teu olhar encontrou o olhar do Cristo, se vistes no Santo Espírito como Ele é doce e humilde, tu terás apenas um desejo: adquirir a humildade do Cristo.

Tu dizes: "Minha vida é cheia de sofrimentos", mas quem és tu para te queixares? A argila se queixa ao ceramista por tê-la modelado desta ou daquela maneira? Sê humilde e verás que tuas provações se transformarão em repouso.

A lembrança da morte te ajudará a adquirir a humildade. "O que é o homem, Senhor, para que tu te lembres dele?" O homem humilde desfruta de uma grande paz; o orgulhoso se atormenta incessantemente. Se buscas a *hesychia*, aprende com o Senhor a doçura e a humildade. Existe apenas um obstáculo ao amor e à paz, é o apego que tens por ti mesmo, é o orgulho. Assim, podemos dizer do homem humilde que ele venceu o inimigo.

O Senhor mostrou um dia ao stárets Siluane como ser humilde. Ele lhe disse: "Guarda teu espírito no inferno e não desespera". É preciso descer mais baixo do que todos, e ali esperar a misericórdia de Deus por todos os homens.

Sobre o amor ao próximo

A maneira mais segura de saber onde estamos com Deus é observando qual é nossa atitude para com nossos irmãos. "Aquele que diz 'Eu amo Deus' que ele não vê, e não ama seu irmão que ele vê, é um mentiroso."

Quando o Espírito de Deus habita em ti, és pleno de compaixão por todos. Se sentires subir em ti os movimentos da ira, do ciúme ou do desprezo, grita, rápido, ao Senhor: "Piedade!", que Ele coloque em teu coração sua misericórdia.

Existem muitos que se creem espirituais, mas basta que um irmão venha perturbá-los, dizer uma palavra alto demais e a paz não está mais neles.

De que servem os êxtases, as renúncias, os jejuns, as vigílias, as belas liturgias, se não amas o teu irmão? Nada mudou no teu coração; tu buscas agradar a ti mesmo, tu não buscas agradar a Deus que nos pediu para amar todos os homens como Ele mesmo os amou. Ele "faz chover a chuva sobre os bons e os maus". Se amas apenas as pessoas com as quais tens afinidades, que pensam como tu, que creem como tu, não valeu a pena ter se tornado monge, tu devias ter te casado.

Quando tens dificuldades com um irmão

Lembra-te das palavras de Jacó ao seu irmão: "Vi tua face e foi como se tivesse visto a face de Deus" (Gn 33,10). "Quem vê seu irmão, vê seu Deus", dizem ainda os Padres. Apenas o Espírito Santo nos dá olhos para ver.

Meu Deus, como sou cego! Não vejo a beleza do meu irmão. "Filho de Davi, tende piedade de mim. Faça com que eu veja, Senhor." "Abre meus olhos para que eu te veja, Jesus, em tudo e em todos."

Quando tiveres dificuldades com um irmão ou que essa ou aquela visita te causar repugnância, ora desta maneira e tu verás...

Tudo que fizeres ao menor dentre teus irmãos, é também ao Cristo que tu o fazes. Se compreendes isto, tu não deixarás de fazer o bem.

Todas as energias do Evangelho estão nestes simples preceitos: "Tu amarás o teu próximo como a ti mesmo. Tudo que quiseres que os outros façam por ti, faze-o por eles".

Basta um pensamento ruim contra teu irmão para que a imagem de Deus fique embaçada em ti e para que a tua paz te seja retirada.

Como podemos com a mesma língua louvar Deus e maldizer nossos irmãos? É o sinal de que temos o coração duro, dividido; o amor de Deus não o preenche. O Espírito de unidade não está em nós e nós nos tornamos os instrumentos daquele que divide, o diabo.

Aquele que vê Deus em seu irmão se diviniza. Aquele que não vê o mal, podemos dizer que ele se "demoniza". Não sabemos todo o mal que podemos fazer com nossa língua; existem aqueles que desta maneira se tornaram os assassinos dos seus irmãos. É preciso orar muito para que Deus nos livre dessa mania de tudo criticar, de ver apenas o pior de cada um. Meu pai espiritual dizia para só olharmos aquilo que existe de bom, de belo, de verdadeiro em cada um; é a imagem de Deus. "Não olhes o resto, tu estarias correndo o risco de cruzar o teu olhar com o dos demônios."

Olhar apenas Jesus Cristo, mesmo em um homem pecador, não há nada como essa prática para colocar os demônios em fuga. Os homens fazem muitas caretas, mas este não é o seu verdadeiro semblante. Busca o Semblante.

É preciso ter o Santo Espírito em si para vê-lo nos outros. Aquele que vê apenas o mal no seu irmão está ele próprio possuído por um mau espírito.

Com misericórdia e compaixão

Jesus era violento apenas com os fariseus, os orgulhosos, os hipócritas, aqueles que julgavam seus irmãos. "Os espirituais julgam tudo", é verdade, mas eles julgam tudo com misericórdia, tal qual Jesus o fez, ou seja, tomam sobre si o pecado do seu irmão. Jesus se fez pecado por nós, pediu perdão pelas nossas faltas como se elas fossem suas, Ele que jamais conheceu o pecado.

É desta maneira que devemos amar nosso próximo como a nós mesmos. Os santos, quando eles viam o pecado do mundo, não diziam: "Este mundo está podre", "que decadência", "civilização de cães". Eles se prosternavam no pó e seu coração estava repleto de lágrimas e de compaixão por todos os homens. "Tende piedade de mim, pecador." E tu, tu fazes troça, tu olhas a misericórdia dos teus irmãos do alto e queres ainda ser chamado de cristão!

Se não perdoares do fundo do coração o teu irmão, tu não conhecerás jamais a paz. Conheço muitos cristãos que viveram anos inteiros sem perdoar seu irmão. Eles eram tristes e algumas vezes doentes, pois o Espírito Santo não podia penetrar neles. Se não perdoarmos do fundo do coração todas as ofensas dos homens para conosco, o amor não poderá circular em nós, e essa é a maior desgraça que pode nos acontecer. Cada dia é preciso perdoar, "até setenta e sete vezes sete". É difícil, é um trabalho quotidiano; apenas os humildes sabem perdoar, eles sabem tão pouca coisa que os insultos e as maledicências – eles não apenas os perdoam –, mas eles creem que as merecem e buscam no seu comportamento o que pôde entristecer seu irmão, e oram a Deus que dê a todos a paz de seu Espírito Santo.

Marta se comparou a sua irmã Maria e logo ela perdeu o único necessário que era amar o Cristo e servi-lo. Assim, quando nos comparamos uns aos outros, nós perdemos o Santo Espírito que nos une ao Pai e ao Filho. Não julgues as obras do teu irmão, não compares os jejuns, as vigílias, não meças tua via segundo a sua, pois a cada um será pedido segundo o que ele recebeu e "quem és tu para julgar teu irmão?" "Se Deus não tivesse vos dado a sua graça, vós seríeis como Sodoma e Gomorra."

Os julgamentos de uns sobre os outros são um verdadeiro veneno em nossas comunidades. Aquele que não julga seu irmão, que não tem nenhum pensamento maldoso a seu respeito, assemelha-se aos anjos.

É preciso vencer o mal pelo bem e não o mal pelo mal (Rm 12,21). "Tendes ouvido o que foi dito: *Olho por olho, dente por dente*. Eu, porém, vos digo: não resistais ao mau. Se alguém te ferir a face direita, oferece-lhe também a outra. Se alguém te citar em justiça para tirar-te a túnica, cede-lhe também a capa.

Se alguém vem obrigar-te a andar mil passos com ele, anda dois mil. Dá a quem te pede e não te desvies daquele que te quer pedir emprestado" (Mt 5,38-42). Se colocares em prática essas palavras, tu serás realmente divinizado. Pela tua misericórdia e pela tua paciência, tu serás Deus para teus irmãos.

Jamais amamos o bastante

São Mateus diz: "Sedes perfeitos como vosso Pai celeste é perfeito". São Lucas diz: "Sedes misericordiosos como vosso Pai é misericordioso". A perfeição é a misericórdia; toda busca da perfeição que não tender à misericórdia e ao amor pelos inimigos é uma perfeição do demônio.

Jamais somos um justo no amor. Jamais amamos Deus o suficiente, jamais amamos nossos irmãos o suficiente. Olha o Cristo e vê que ainda não começastes a amar e a viver segundo o Evangelho.

O monge cristão não foge do mundo por ter nojo do mundo, mas por amor ao mundo. Como o Cristo, ele não tem no coração a condenação, mas o desejo pela salvação de todos; é para orar por todos os homens que ele se retira ao deserto. Ele vai ao coração do mundo. Quanto mais estamos unidos a Deus, tanto mais próximos estamos dos homens. Da mesma maneira, quanto mais estamos unidos ao próximo, tanto mais próximos estamos de Deus. Para compreender isto os Padres utilizavam uma imagem que nós apreciamos bastante: "Imagina um círculo traçado sobre a terra, ou seja, uma linha feita com um compasso tendo um centro. O círculo é o mundo, o centro, Deus, e os raios, as diferentes vias ou maneiras de viver dos homens. Quando os santos desejam se aproximar de Deus, caminhando no meio do círculo, à medida que eles penetram no interior, eles se aproximam uns dos outros ao mesmo tempo em que de Deus; quanto mais eles se aproximam de Deus, mais eles se aproximam uns dos outros e mais eles se aproximam uns dos outros, mais eles se aproximam de Deus."

Aquele que ama é como o Cristo

Sem a caridade, como diz São Paulo, mesmo que falássemos a língua dos anjos e professaríamos a verdadeira fé ortodoxa, mesmo que transpuséssemos as montanhas e déssemos aos pobres tudo aquilo que possuímos, mesmo que entregássemos nosso corpo ao martírio através de incontáveis vigílias e jejuns, tudo isso de nada servirá. Aquele que ama, não julga ninguém, não repele ninguém, nem o infiel, nem o estrangeiro, nem o impudico, nem o celerado, nem, sobretudo, seu irmão católico ou protestante que ama o Cristo como ele e também chama Deus de Pai. Aquele que ama busca a companhia dos pecadores, dos fracos, dos negligentes. É por eles que ele sofre, que ele chora, que ele ora. Ele é como o Cristo que veio ao mundo não para os sãos, mas para os enfermos; não pelos justos, para os pecadores. Aquele que ama pede a Deus de permanecer só no inferno contanto que todos sejam salvos.

"Dia da Ressurreição! Brilhemos de alegria e beijemo-nos uns aos outros. Chamemos de irmãos mesmo aqueles que nos odeiam. Perdoemos tudo por causa da Ressurreição." Aquele cujo coração está ébrio de alegria devido à Ressurreição não consegue mais julgar seus irmãos. "Lembra-te de Jesus Cristo ressuscitado dentre os mortos", não desesperes e não faças nada para entristecer teu irmão. Não julgas os outros segundo a tua justiça, mas segundo a misericórdia de Deus. Tu conhecerás as lágrimas e a paz que ultrapassa toda compreensão.

Alegra-te com as graças que Deus concede aos outros; ali está o segredo de uma grande paz. Agradece a Deus por todo o bem que vês em teus irmãos e que falta a ti, e tu serás libertado dos infernos do ciúme. Busca agir de tal maneira que teu irmão seja sempre mais honrado, mais reconhecido do que tu, e o ciúme não terá mais nenhum poder sobre ti.

Sobre a *hesychia* e o dom do Santo Espírito

Quando o Espírito estabelece sua morada no homem, este não consegue mais parar de orar. Pois o Espírito não para de orar nele, quer ele durma ou esteja acordado. Quer ele coma, quer ele beba, quer ele esteja deitado, quer ele trabalhe, quer ele esteja mergulhado no sono, o perdão da oração se exala espontaneamente do seu coração. De agora em diante, ele não dá mais um tempo determinado à oração, ele lhe dá todo seu tempo.

Santo Isaac

A *hesychia* é ausência de toda preocupação, segundo o mandamento do Senhor que repreende Martha pela sua agitação e inquietação. Ele disse aos seus apóstolos: "Não vos preocupeis com o amanhã, nem com o que ireis comer, nem com o que ireis vestir". O monge rejeitou toda preocupação do mundo para encontrar o único necessário: o Espírito Santo.

Preocupar-se, agitar-se pelas coisas terrenas é a prova de que não colocamos nossa confiança inteiramente em Deus e que um pouco de orgulho subsiste em nós. Isso não quer dizer que não devamos fazer nada. É preciso fazer todo seu possível, sabendo que o resultado dos nossos esforços pertencem apenas a Deus. É Ele e não nós, que deve colher os frutos.

A *hesychia* conduz à *apatheia*, este estado onde o homem transformado pelo Espírito Santo assemelha-se a Deus. A *apatheia* cristã não é a mesma dos filósofos estoicos. Não há nada de duro nela e um santo é o oposto de um indiferente. A humildade tornou-o pacífico e apenas o amor queima nele, dessa maneira ele vê todas as coisas através de um olhar igualitário.

O hesicasta está livre das más paixões e dos pensamentos ruins. Sua vontade e sua inteligência não são destruídas, mas transfiguradas, totalmente orientadas para o Bem. O que quer que ele faça, onde quer que ele vá, sua única preocupação é a de manter-se humilde e de amar cada vez mais.

Com o Santo Espírito

Só podemos conhecer Deus através do Santo Espírito. A filosofia, a teologia podem nos conduzir para Ele, mas apenas o semelhante pode conhecer o semelhante. É preciso ter se tornado Deus pelo Santo Espírito para conhecer Deus. Se tu amas teus inimigos, tu conheces Deus, pois quem quer que ame, permanece em Deus. Tu te assemelharás completamente a Ele quando o vires tal qual Ele é, quando tu o vires apenas com o Santo Espírito. A ascese, as lágrimas, a humildade e o amor nos preparam para nos tornarmos "todo olhar", este simples olhar que já nos simplifica à imagem de Deus.

O Santo Espírito é o mesmo nos céus e sobre a terra. Aquele que, a partir desta vida, fez a experiência do Santo Espírito já conhece o mundo por vir; mas aquele que não viu Deus nesta vida, dizia Simeão o Novo Teólogo, também não o verá na outra vida.

Para o Santo Espírito, nós não apenas voltamos ao paraíso terrestre, nós entramos no Reino da bem-aventurada Trindade, e isto é a vida eterna. Pelo Santo Espírito, nós somos filhos com o Filho voltados para o Pai.

O hesicasta passa no mundo fazendo o bem e, como Jesus, ele pode dizer: "É preciso que o mundo saiba que eu amo o Pai". Sua vida reproduz mistério pascal; ele está morto e ele está ressuscitado. Ele une em si o visível e o invisível, a natureza criada e a graça incriada.

Abba Paissios orava por um dos seus discípulos que tinha rejeitado o Cristo e, enquanto ele orava, o Senhor lhe apareceu e disse: "Paissios, por que oras? Não sabes que ele me renegou?" Mas o santo continuava a ter compaixão pelo seu discípulo e, então, o Senhor lhe disse: "Paissios, pelo teu amor, tu te assimilastes a mim".

É desta maneira que encontraremos a paz. Não há outra via. O Cristo não nos dá a paz como o mundo a dá. Ele nos cobre de atribulações, de dificuldades para que nós provemos a força e a doçura do seu amor.

Nossos pais fizeram a experiência do Santo Espírito, eles conheceram a paz que ultrapassa toda compreensão e nós julgamos tudo isso inconcebível. Estamos muito apegados às concepções das nossas pseudociências. Quem nos dará a humildade e o desejo do cervo que suspira pela água viva?

Vem. Espírito Santo! Vem, Senhor Jesus!

Pequeno léxico do cristianismo oriental

Anastasis

Anastasis, "o lugar da ressurreição", que os católicos romanos chamarão posteriormente, com os cruzados, de "Santo Sepulcro", é, para todos os cristãos ortodoxos, o coração e o centro de Jerusalém, mas também o coração e o centro da sua fé:

> Se não há ressurreição dos mortos, nem Cristo ressuscitou.
> Se Cristo não ressuscitou, é vã a nossa pregação, e também é vã a vossa fé (1Cor 15,13-14).

A essas palavras, o filósofo poderia acrescentar: "Se o Cristo não ressuscitou, a vida humana é um fracasso, ela permanecerá condenada à morte. Não há nem sentido, nem saída. Tudo que é composto será decomposto, "vaidade das vaidades", "vapor do vapor" traduziria Chouraqui; tudo é vacuidade: "ser para a morte"... é essa a mensagem de Jerusalém? Tantas vezes construída, tantas vezes destruída? Sua mensagem não seria, antes, a mensagem da *Anastasis*? Jerusalém morre e ressuscita incessantemente.

Se o Cristo ressuscitou, não é a barbárie, a violência e a morte que terão a última palavra – o Amor terá a última palavra.

Se Ele não ressuscitou, a vaidade, a barbárie, a violência, a morte terão, de fato, a última palavra.

A história e as aparências por vezes parecem ter razão sobre Jerusalém; no entanto, a cidade antiga continua lá e, no coração de Jerusalém, este lugar estranho, caótico, "incrível" onde se continua a proclamar: "o Cristo está ressuscitado, Ele realmente ressuscitou".

Haveria então um sentido, uma saída? O Sentido da vida seria a própria Vida, a vida doada? A vida verdadeira, eterna, a vida ressuscitada (*Anastasis*)? A Ressurreição é a irrupção da retidão e da vertical no homem deitado (a etimologia da palavra *anastasis* evoca o ato de se levantar, de manter-se de pé (*ana*) e de colocar-se (*stasis*) nesta vertical).

Portanto, ao entrar neste lugar onde os homens lembram o Ressuscitado, poderíamos esperar que houvesse algum tipo de elevação, uma abertura do espaço e do tempo, algo que os transcende, um pressentimento da Vida eterna que se insinuaria de maneira mais firme nas dobras dos nossos envelopes mortais, ou, ainda, uma espécie de comichão das asas no coração da lagarta que somos, a certeza da borboleta ou da libélula que está por vir...

Este nem sempre é o caso...

Temos a expectativa da *Anastasis*, mas é o Sepulcro que descobrimos. (Teriam os cruzados razão?) Nos prepararíamos para celebrar a ressurreição e eis que estamos em um cemitério, um engavetamento de edifícios e de ruínas como acontece em toda a Jerusalém.

O que haveria a mais aqui?

E ouço este guia israelense dizer com ironia: "O que eles vêm fazer aqui, todos esses cristãos e esses estrangeiros; ver um túmulo vazio?" Eu lhe lembro que nos tempos bíblicos, o *Qodesh Qodeshim*, o Santo dos Santos, também está vazio e apenas os sumos sacerdotes podem se aventurar neste vazio e lhe dar um Nome – o vazio é o Templo, o vazio que contém tudo que vive e respira –, sem este vazio onde poderíamos pousar (*stasis*) a existência?

A partir do momento em que temos consciência do Espaço no qual aparecem as mil e uma coisas, nós estamos no templo, nós estamos neste túmulo, nós vemos todas as coisas "elevar-se a partir do nada", como diz o Livro do Gênesis, nós assistimos à ressurreição, à insurreição perpétua do Vivente.

Isso não é óbvio para todos. Procuramos incessantemente algo sólido ou algo de particular neste vazio, nem que seja uma emoção, uma confirmação da nossa fé diante de uma visão ou de uma presença bem encarnada; mas essa só poderia ser um "cadáver" do Vivente, um ídolo do Deus invisível.

Infeliz daquele que entrar nestes lugares sem ouvir as palavras do anjo: "Por que buscais o Vivente entre os mortos! Ele não está aqui, Ele está Ressuscitado" (Lc 24,5).

Ele não está neste sepulcro, não importa quão santo Ele seja; assim como não está mais no templo ou na mesquita, Ele não está mais aqui, em Jerusalém, do que em qualquer outro lugar...

"Por que buscar o Vivente entre os mortos"? Por que este culto universal das necrópoles (pirâmides e outros túmulos)? Não deveríamos buscar o Vivente ali onde a Vida faz bater o coração, ali onde a Vida circula e se dá...?

Se há um lugar onde a vida circula, e isso pode parecer paradoxal, é exatamente no caos dos templos, das igrejas e das comunidades que é a *Anastasis* ou o Santo Sepulcro. Passem uma manhã ou um dia sentados na porta de entrada das igrejas e vocês verão todas as cores, todos os cheiros da humanidade que desfila.

Tornou-se uma atitude "politicamente correta" indignar-se diante da falta de unidade dos cristãos; não faltam relatos a respeito, fazemos o inventário das suas querelas pela apropriação do território: pedaço de rocha, coluna de mármore ou, o que é mais importante, acesso à água e à eletricidade.

Felizmente ou infelizmente, ninguém pensa em se apropriar do "vazio" do túmulo, o Espaço que preenche os lugares, o Sopro que o anima, a Presença do Ressuscitado...

Pessoalmente, a falta de unidade dos cristãos não me choca; pelo contrário, fico maravilhado diante da diversidade do cristianismo, a riqueza desta diversidade que nos obriga a uma visão mais elevada da Unidade. Uma Unidade que não se faz às custas das alteridades, uma Unidade que respeita e mantém as diferenças: o contrário da uniformização, ou da universalidade redutora que foi e continua sendo a tentação de certos tiranos ou de certas igrejas: reduzir todas as religiões, todos os estados em torno de um poder central e único. Tentação à qual o Cristo resistiu no deserto, tentação a qual cedem todos os inquisidores que querem a felicidade da humanidade sem levar em consideração sua liberdade (cf. DOSTOIEVSKI. *Os irmãos Karamazov*).

O que circula por vezes no Santo Sepulcro é esta liberdade, este direito de ser cristão e de ser diferente dos outros cristãos, através das vestimentas, dos rituais, da teologia etc. Quanto mais diferença houver, mais Amor será necessário à Unidade, nossas diferenças clamam por esta exigência e esta necessidade de Amor; sem Amor, essas diferenças tornam-se separações, exclusões.

Se o Amor estiver presente, essas diferenças tornam-se relações, alianças, enriquecimentos mútuos.

O Santo Sepulcro é um microcosmo dentro do microcosmo que é Jerusalém, o lugar de enfrentamento ou de reconciliação das alteridades. "Nós sabemos, nós que passamos da morte à Vida porque amamos nossos irmãos – aquele que não ama permanece na morte" (1Jo 3,14).

Podemos ser mais claros do que São João? Aquele que não ama permanece ou visita um sepulcro. Aquele que ama (o outro na sua identidade e alteridade) passou da morte à Vida, passou do Sepulcro à *Anastasis* – "Ele está Ressuscitado".

Édito de Milão

Ninguém ignora as consequências que a conversão do Imperador Constantino teve sobre o cristianismo. O édito de Milão, proclamado em 713, foi recebido pelos cristãos de Jerusalém e de todo o império com um imenso alívio e uma grande alegria:

> Eu, Constantino Augusto, e eu, Licinius Augusto, resolvidos a garantir o respeito e a reverência da divindade, concedemos aos cristãos e a todos os outros o direito de seguir livremente toda forma de culto que lhes convier, para que, qualquer que seja a divindade nos céus, ela nos seja favorável para com todos aqueles que dependerem da nossa autoridade.

O fim das perseguições não foi, infelizmente, o fim das divisões entre os cristãos, particularmente entre os judaico-cristãos, que permaneceram enraizados na tradição judaica, e os "heleno" ou "pagano-cristãos" abertos ao pensamento grego e distanciando-se dos usos e costumes judaicos (circuncisão, Shabbat, datas das festas etc.).

Foi o próprio Constantino quem decidiu, em Niceia (324), a favor dos heleno-cristãos em uma língua e com uma firmeza que deixam pressentir o que será a atitude do "cristianismo imperial" com relação aos judeus:

> A questão relativa à celebração da Festa da Páscoa tendo sido em seguida levantada, foi julgada por unanimidade que ela deveria ser celebrada no mesmo dia em todo o domínio da Igreja. O que podemos fazer que esteja em maior conformidade com a decência e a honestidade do que observar todos o mesmo destino, essa festa onde todos nós recebemos a esperança da imortalidade? Julgaram que esta fosse uma prática indigna da santidade da Igreja, solenizá-la segundo os costumes dos judeus, que possuem as mãos maculadas e o espírito cego pelos seus crimes. Podemos rejeitar seus costumes e adotar para os próximos séculos costumes mais sensatos, que seguimos desde o primeiro dia da paixão até agora. Nada tendo, portanto, em comum com a nação dos judeus, que é uma nação inimiga, nós aprendemos com o Salvador uma outra via e seguimos um outro caminho em nossa santa religião. Permaneçamos todos ali, mui queridos irmãos, e afastemo-nos de uma sociedade tão infame quanto a desse povo. Não existe nada tão ridículo quanto a vaidade com a qual eles contam vantagens de como nós não saberíamos celebrar essa festa de maneira devida, caso não aprendamos o método na sua escola. O que podem saber homens que, a partir do momento em que se tornaram culpados pela morte do Senhor, não se deixam mais conduzir pela luz da razão, mas são levados pelo furor das suas paixões [...] a prudência não deixaria de obrigar-vos a desejar que a pureza de vossa consciência não tenha sido maculada pela observância de nenhum costume que tenha ligação com os de uma nação tão má quanto a dos judeus (EUSÉBIO DE

CESAREIA. *Vida de Constantino*. Livro III, cap. XVIII, p. 104-105).

Esse breve texto, quer tenha sido escrito por Constantino ou pelo Bispo Eusébio, assinala a condenação à morte dos judaico-cristãos e a vitória dos heleno-cristãos; ele também pode ser considerado como tendo sido o primeiro manifesto "soberano" daquilo que viria a se tornar o "antissemitismo cristão".

A Igreja dos armênios

Os armênios ocupam um grande lugar em Jerusalém. Um dos quarteirões mais calmos e mais agradáveis de Jerusalém pertence a eles e carrega o seu nome.

Segundo a tradição, foram os apóstolos Bartolomeu e Tadeu que teriam introduzido o cristianismo na Armênia, tendo chegado neste país por Edessa[5] e Antioquia sobre o Oronte[6]. Conta-se que Tadeu teria evangelizado Abgar, o rei de Edessa, logo após a ressurreição do Cristo. Com a morte de Abgar, seu reino teria sido dividido em dois; a região de Edessa passou às mãos do seu filho, enquanto a região armênia voltou, por herança, a seu sobrinho Sanatrouk, que teria martirizado o apóstolo e sua própria filha santa Sandoukht em Artaz, perto de Makon, além da fronteira iraniana atual. Sandoukht teria sido convertida à fé cristã por Tadeu, considerada, assim, a primeira mártir da Igreja armênia.

---

5. Edessa é o nome histórico da cidade refundada no antigo local por Seleuco I Nicator que atualmente se chama Şanliurfa, situada no norte da Mesopotâmia, no sudeste da Anatólia, Turquia [N.T.].

6. O Orontes é um rio que corre nos territórios do Líbano, da Síria e da Turquia. Ao longo do seu vale passaram, ao longo dos séculos, exércitos e tráfego provenientes do ou com destino ao Egito [N.T.].

Historicamente, fontes confiáveis permitem que, ao menos, saibamos com certeza que um rei chamado Sanatrouk governou a Armênia por volta de 114-117. Nesta época, no período dos apóstolos do século III, o cristianismo de origem siríaca tinha penetrado pouco a pouco na Armênia, aí deixando traços culturais até mesmo no vocabulário do armênio clássico. A conversão oficial da Armênia ocorreu entre 301 e 313 d.C. Assim, os cristãos armênios afirmavam, com orgulho, ser o primeiro "estado cristão" da história.

Em 301, quarenta religiosas romanas esconderam-se na Armênia para fugir das perseguições de Diocleciano. O imperador parece ter voltado suas vistas sobre uma dessas monjas que, ao que tudo indica, era muito bela. O Rei Toridato IV (285-330), recentemente instalado sobre o trono de Diocleciano, quis prestar-lhe serviço parando as monjas, mas, por sua vez, ele acabou caindo de amores pela bela que resistiu a ele. De uma só vez, ordenou que toda comunidade fosse massacrada – interveio então Gregório, chamado de "o Iluminador", considerado "o Pai" da Igreja Armênia. Ele tentou mostrar ao rei o absurdo do seu culto aos ídolos – ele foi jogado na prisão e, no mesmo instante, o rei caiu doente; ele foi tirado da prisão e Gregório evangelizou o rei e toda sua corte, exigindo que as monjas fossem enterradas com dignidade. Em seguida, o rei deu autorização para que Gregório ensinasse o Evangelho em todo seu reino.

Tendo sido ordenado bispo da Cesareia, na Capadócia, Gregório batizou Tiridato, sua corte, seu exército e todo o povo armênio! Gregório, em armênio Grigor, foi nomeado *catholicos* – chefe da Igreja da Armênia. Até a morte de Sahak o Grande em 438, todos os chefes desta igreja pertenceram, de pai para filho, à linhagem começada com Gregório através do seu filho Aristakès, cuja assinatura como representante da Igreja armênia é encontrada no Concílio de Niceia em 325.

Em 404-405, o monge Machtots inventou um novo alfabeto para escrever a linguagem armênia – até então a Igreja utilizara o alfabeto grego ou sírio, enquanto o alfabeto persa era comumente utilizado na administração. Isso responde à questão que frequentemente me colocaram em Jerusalém: "Por que esta escrita diferente, onde não reconhecemos nem o hebraico, nem o grego, nem o latim...?"

Desde os primeiros séculos do cristianismo, os armênios são numerosos em Jerusalém, mas foi apenas nos séculos XVII e XVIII, sob o domínio Otomano, que o quarteirão armênio atingiu suas atuais dimensões. Mas já na época da ocupação de Jerusalém pelos cruzados (1099-1187), eles gozavam de certo número de privilégios, sem dúvida porque os armênios constituíam a maior parte da população dos principados criados no Oriente Médio pelos cruzados. Por outro lado, a maioria das mulheres autóctones casadas com cruzados eram de origem armênia, como a esposa de Balduíno I, Arda, ou Morfia, esposa de Balduíno II, ou ainda a Rainha Melisende (1131-1151), esposa de Fulque de Anjou, cuja mãe era igualmente armênia.

Nos séculos XI e XII foi construída a Catedral de São Tiago, sede principal da comunidade armênia em Jerusalém. Ela teria sido construída sobre o suposto local onde São Tiago Maior (filho de Zebedeu, irmão mais velho de João), teria sido morto por Herodes Agripa I (37-44 d.C.).

A catedral passou por diversos aperfeiçoamentos, particularmente no século XVIII, onde foi realizada a maior parte da sua decoração atual. O chão é coberto por tapetes – os quatro grandes pilares quadrados que dividem o átrio em três naves são decorados com quadrados de faiança azul e branca, cobertas por motivos florais e geométricos cujas "cópias" são encontradas nas lojas armênias que se tornaram "especialistas" neste tipo de azulejo.

No coro da igreja podemos observar dois tronos: um deles teria pertencido a São Tiago Menor, "irmão caçula" de Yeshoua e seu "sucessor" em Jerusalém.

Junto à catedral encontra-se o Museu Mardigian, um belo edifício datado de 1863, dotado de um longo corredor central com pórticos. Esse antigo seminário dos armênios abriga hoje em dia algumas peças interessantes: fragmentos de afrescos do século I provenientes da corte da casa de Caifás, vestígios das igrejas armênias datados do período bizantino, encontrados junto à porta de Damas, recobertas hoje em dia por diversas avenidas e estacionamentos. Junto a manuscritos muito antigos, o museu possui exemplares dos primeiros livros originários da mais antiga impressora de Jerusalém que funciona desde 1833 no monastério armênio.

Este museu guarda igualmente a memória do genocídio (1905-1916) cometido contra o povo armênio (1,5 milhão de mortos) que transformou profundamente a comunidade de Jerusalém quando ela teve que acolher milhares de refugiados que fugiam das atrocidades daqueles que eram chamados de "jovens turcos". Hoje em dia, a comunidade armênia, apesar de uma forte emigração (infelizmente, este é o caso da maior parte das comunidades cristãs de Jerusalém), permanece sendo uma comunidade forte e fervorosa cujos cantos podem ser ouvidos quotidianamente, assim como os ofícios no Santo Sepulcro e na Catedral São Tiago.

A Igreja Copta

A palavra "copta" é uma alteração árabe da palavra grega *aigyptos* – ela se refere à Igreja nacional egípcia. Em Jerusalém o monastério copta e seu patriarcado situam-se perto da *Anastasis*, e nesta igreja os coptas encontram-se à cabeceira do Santo Sepulcro, onde nos convidam a venerar a pedra do túmulo "original".

Tenho boas razões para gostar dos coptas, não apenas devido ao Evangelho de Tomé, de Maria e de Felipe que traduzi do copta para o francês, mas também pela beleza dos desertos egípcios, junto aos eremitérios de Santo Antão e de São Paulo de Tebas, onde fui acolhido diversas vezes por monges "doces e humildes de coração", testemunhas da mais antiga tradição monástica.

Alexandria, a pátria dos Terapeutas e de Philon de Alexandria, também fica no Egito. Cruzamento entre o encontro da sabedoria dos faraós, do espírito grego e do pensamento semita, lugar da gênesis da gnose ortodoxa com Clemente de Alexandria, Orígenes e Evágrio Pôntico.

As celebrações da divina liturgia no Cairo, junto ao Papa Shenouda encontrado no seu Monastério de Wadi Natrum, deixaram lembranças impagáveis.

Apesar de ser menos numerosos e menos arrogantes do que os gregos e os armênios em Jerusalém, seu lugar é importante, particularmente no diálogo ecumênico – sua teologia vem principalmente do coração, ela inspira-se nos dogmas, sem impor de maneira "dogmática".

Tradicionalmente, os coptas consideravam o Evangelista Marcos como fundador da sua igreja e "o leão de São Marcos" é um dos seus símbolos mais importantes. No plano étnico, eles se consideram, merecidamente, como os descendentes dos egípcios dos tempos faraônicos – devido à sua religião, eles não se misturaram aos imigrantes árabes na época das invasões do século VII. Dessa maneira, eles conseguiram preservar a língua popular, o copta, que descende diretamente da língua dos faraós, enquanto os muçulmanos adotaram completamente o árabe.

Uma comunidade judaica muito importante vivia em Alexandria entre os séculos V e I a.C.; os eruditos desta comunidade traduziram a Bíblia judaica do hebraico e do aramaico para o grego. Essa tradução, chamada de Septuaginta, é a referência nas igrejas católicas ortodoxas (como a Vulgata de São Jerônimo na Igreja Católica Romana).

Foi à comunidade judaica de Alexandria que os primeiros judaico-cristãos anunciaram a Boa-Nova (*evangelium* em grego) da ressurreição de Yeshoua que eles reconheceram como o Messias anunciado pelos profetas. Segundo a tradição, São Marcos teria chegado a Alexandria por volta de 43-48 a.C., mas antes dele o próprio Yeshoua, segundo o Evangelho de Mateus, foi ao Egito com sua mãe e seu pai, Maria e José, após as perseguições de Herodes. A Igreja Copta guarda este acontecimento fielmente na sua memória e ele foi abundantemente ilustrado na sua iconografia.

A Igreja do Egito desenvolveu-se primeiro em relação estreita com a comunidade judia de Alexandria, permanecendo assim em contato com Jerusalém, mas logo, tanto em Alexandria quanto em vários outros lugares, o acolhimento dos "não judeus", a não circuncisão e a não prática dos costumes próprios dos hebreus deu um rosto diferente à comunidade dos crentes e a afastou da sinagoga.

Em Alexandria foi fundada a primeira academia cristã, por volta de 180 d.C., pelo Bispo Demetrios de Alexandria, conhecida pelo nome de Didascaleion. Ela não deixava nada a desejar às antigas escolas de Platão e de Aristóteles, mas aqui "o Ser" tinha um corpo e um rosto. Jesus Cristo era o visível da sua invisível Presença. O amor da verdade não iluminava apenas o intelecto, ele aquecia o coração.

Entre os grandes mestres desta escola, é preciso citar seu primeiro reitor, Panteno, que foi sucedido pelo seu discípulo Clemente por volta de 190 d.C., em seguida por Dídimo e, enfim, por Orígenes (185-253), que teria uma influência muito importante nas igrejas tanto do Oriente quanto do Ocidente (antes de se voltar contra ele, Jerônimo foi seu discípulo). Alexandria é, sem dúvida, um dos lugares de nascimento daquilo que poderíamos chamar de "hermenêutica cristã".

Após Philon e Orígenes houve mais consciência de que não há acesso direto ao "texto", a própria tradução é uma interpretação; é, portanto, importante interpretar a letra e saber que esta interpretação não passa de uma interpretação, "é a verdade, mas não toda a verdade", senão "a letra mata". A maior parte dos antigos patriarcas de Alexandria foram estudantes ou ensinaram no Didascaleion. Infelizmente, as perseguições sob Sétimo Severo (202), Décio (249), Valério (257) e sobretudo Diocleciano (284-305) impediram o desenvolvimento desta escola. Os coptas iniciam seu calendário pelo ano 284 – "o ano dos mártires" – em memória do grande número de cristãos mortos durante a grande perseguição de 303-304 sob Diocleciano.

Foi apenas com o édito de Milão em 313 que a Igreja Copta conheceu a paz. Foi então que nasceu o monasticismo, "os pais e as mães do deserto"... os dois grandes nomes que assombram ainda hoje em dia os desertos do Egito, mas também a tradição monástica: São Paulo de Tebas (341) e Antônio, dito o Grande (251-356). Atanásio de Alexandria contará a vida deste último e fará dele "o pai de todos os monges"; seus combates com "os maus espíritos" inspiraram diversos pintores e também a literatura contemporânea (cf. FLAUBERT. *As tentações de Santo Antão*).

Durante o Concílio de Calcedônia em 451, os coptas se separaram das igrejas católicas ortodoxas e da Igreja Católica Romana, ditas "calcedônias". Eles acreditavam que desta maneira permaneceriam fiéis a seu Patriarca Cirilo de Alexandria[7] morto em 444, fervoroso defensor do "monofisismo"[8], ou seja, reconheciam no Cristo apenas uma única natureza (*mono – physis*), a natureza humana do Cristo tendo sido absorvida pela sua natureza divina.

---

7. São Cirilo de Alexandria (ca. 375-444) foi o Patriarca de Alexandria quando a cidade estava no topo de sua influência e poder dentro do Império Romano. Cirilo, um dos Padres Gregos, escreveu extensivamente e foi o protagonista nas controvérsias cristológicas do final do século IV e do século V. Foi uma figura central no Primeiro Concílio de Éfeso, em 431, que levou à deposição de Nestório da posição de Patriarca de Constantinopla. Cirilo é listado entre os Pais e os Doutores da Igreja, e sua reputação no mundo cristão resultou em seus títulos: *Pilar da fé* e *Selo de todos os pais*. Entretanto, os bispos nestorianos no Concílio de Éfeso o declararam um herético, rotulando-o como um "*monstro, nascido e criado para a destruição da Igreja*" [N.T.].

8. Monofisismo (em grego *monos* – "um, único" – e *physis* – "natureza") é a posição cristológica de que Cristo tinha apenas uma natureza, sua humanidade tendo sido absorvida pela divindade. É uma visão contrária à calcedoniana, que afirma que o Cristo manteve suas duas naturezas. O monofisismo sempre foi considerado herético pela Igreja ocidental e pela maior parte da oriental. Por volta do século VI, o monofisismo tinha uma forte base institucional nas três igrejas: a Igreja Armênia, a Igreja Copta e a Igreja Jacobita, que permanecem nominalmente monofisitas hoje em dia [N.T.].

Ainda hoje em dia, a insistência sobre a divindade do Cristo, ao invés da sua divino-humanidade, é o que separa os coptas dos católicos ortodoxos e dos católicos romanos.

Estranhamente, comparado aos cristãos gregos e romanos, eu acho os coptas "mais humanos", mais simples. Essa insistência sobre a divindade do Cristo teria feito com que eles descobrissem que "apenas Deus é humano"?

Também podemos ter este sentimento junto às outras igrejas "não calcedônias": os sírios, os armênios e os etíopes, ou seja, um grande número de igrejas.

Mas, hoje em dia, dadas as circunstâncias que fazem com que os cristãos que pertencem a estas "velhas igrejas", ou melhor, a estas igrejas das origens, sejam cada vez mais raros em Jerusalém – excluídos de um lado pelos judeus e pelo outro pelos muçulmanos, esses cristãos são obrigados a se aproximarem uns dos outros e a praticarem o Evangelho, qualquer que seja a rica história de seus dogmas, de suas liturgias e de seus costumes –, não há nada como isso para nos tornar, com a graça do Espírito, "mais humanos e mais divinos", ou seja, mais "humildes" (somos feitos de húmus, da matéria) e mais "irmãos" (somos também luz, consciência e amor invencíveis).

Igreja Etíope

Este é um segredo que durante muito tempo eu guardei, sozinho, com Rimbaud: Jerusalém não fica na Palestina, mas na Etiópia. Na minha primeira viagem à Etiópia eu descobri, em Lalibela, "a terra santa": igrejas cavadas sob a terra, que carregam o nome de Thabor, Galileia, Belém, Jordão, Jerusalém.

Por que imaginar que "a terra santa se encontra em outro lugar" – no século XIII, esse foi o pensamento do Rei Lalibela que deu seu nome ao conjunto dessas extraordinárias igrejas, pirâmides invisíveis, enfiadas nas profundezas da terra.

A atitude deste rei não é a mesma do Rei Davi, que um dia decidiu que a terra santa era ali onde ele estava, neste território comprado aos jabuseus? Era ali que deveria ser depositada a Arca da Aliança, era ali que os nômades conheceriam um momento de repouso, de prazer, após este longo desejo que foi a busca de uma terra que lhes pertencesse. É curioso observarmos que os etíopes imaginam, ainda hoje em dia, que a Arca da Aliança encontra-se entre eles, levada por um dos filhos de Salomão e da Rainha de Sabá.

Lalibela e o Rei Davi são grandes reis; eles imaginam que tudo é santo, que Deus está aqui, "Tudo está aqui", aqui onde eles estão. Cada país, cada império, graças a seu rei, tem um umbigo, um centro do mundo, um "lugar elevado": Monte Meru, Monte Fuji, Arunachala, Monte Sinai, Monte Moriah... É a imaginação do rei que determina onde se encontra o umbigo do mundo (podemos observar que Jerusalém possui dois umbigos: o do Monte Moriah (de Davi e de Salomão) e o do Santo Sepulcro (de Yeshoua, "filho de Davi").

O poeta tinha razão: "a terra santa é onde imaginamos Deus presente" – e por que não imaginá-lo "presente em todo lugar"? Falta-nos imaginação, mas não aos etíopes e à história desse povo cujas mulheres são tão elegantes, tão pobres e tão incrivelmente belas e apaixonantes. Uma história que começa em um passado longínquo: a dinastia salomônica dos imperadores, a que mais tempo reinou no país (até 1974), tem, em sua origem, Menelik, filho do Rei Salomão e da rainha de Sabá.

A crônica real etíope, *Kebral Naoeyaest* (glória dos reis), relata como Menelik, em sua juventude, foi visitar seu pai (Salomão) e trouxe de volta com ele, a Axoum, capital da Etiópia naquela época, não apenas os primeiros nascidos de Israel – diversos jovens sacerdotes que pertenciam ao Templo de Jerusalém –, mas também a Arca da Aliança que, em seguida, foi colocada na Igreja de Maria em Axaoum aonde uma tradição local afirma que ela se encontra ainda hoje em dia... Os aventureiros da "arca perdida" terão explorado toda a Etiópia?

Segundo a tradição, os etíopes se converteram primeiro ao judaísmo e, mais tarde, ao cristianismo, graças ao zelo do eunuco da Rainha Candace que é mencionada nos Atos dos Apóstolos.

Historicamente, sabemos que a Etiópia abraçou oficialmente o cristianismo no início do século IV, quando o Rei Ezana e sua família foram batizados graças à evangelização de dois jovens sírios, Frumentius e Edisius. Conhecemos suas atividades através dos escritos do historiador Rufino de Aquileia, que declara ter ouvido a história do próprio Edisius quando este voltou da Síria.

Durante os séculos VII e VIII os exércitos muçulmanos invadiram todo o Oriente Médio e África do Norte, assim como uma grande parte da Espanha e o sul da França, mas não a Etiópia! A tradição cristã etíope, assim como a tradição muçulmana conservam a lembrança de que, quando o Profeta Maomé e seus discípulos foram perseguidos, eles encontraram refúgio na corte real da Etiópia. Em reconhecimento desta hospitalidade, os muçulmanos abstiveram-se de atacar Axoum – também podemos pensar que o cristianismo etíope, não tendo sido influenciado pelas igrejas bizantinas ou romanas (os sírios são aramaicos), tenha permanecido próximo do judaico-cristianismo das suas origens e que a sua "cristologia" era, portanto, próxima àquela que encontramos no Corão. O apego dos cristãos etíopes à tradição bíblica explica igualmente a origem dos *falashas*, esses cristãos que no século XV se separaram da sua Igreja por se considerarem como a verdadeira "casa de Israel".

Hoje em dia, o Estado de Israel considera os *falashas* 100% judeus, mas na época da imigração massiva dos anos de 1980 vários cristãos misturaram-se aos *falashas* que faziam sua "subida" rumo a Israel. Nisso, os etíopes não diferem de outros grupos de imigrantes: as autoridades israelenses confessaram há pouco que o número de cristãos entre os imigrados judeus saídos dos países da ex-URSS chega a 35%. Esses novos imigrados de diferentes nações se reconhecem, por vezes, como "judaico-cristãos" – eles são circuncidados, seguem a Torá, o Shabbat e vão comungar na sua igreja no domingo (muitas vezes, às escondidas, como os marranos). Mesmo que, externamente, não mostrem nenhum sinal externo que os distinga, no interior de suas casas eles realizam suas preces em torno do ícone do Messias, morto e ressuscitado.

Após os conflitos com as outras igrejas, os etíopes não podem mais realizar ofícios no Santo Sepulcro, mas em duas pequenas capelas adjacentes, a dos "quatro viventes" e a de São Miguel. É sobre o teto da *Anastasis – Deir as-Sultan* – sob a tenda, que eles podem celebrar sua páscoa, o que confere charme e fervor às cerimônias.

Antes de mergulhar no caos do Santo Sepulcro, é saudável ouvir as palavras do anjo: "Não o busquem mais aqui, ele está ressuscitado". "Por que buscar entre os mortos (os túmulos) Aquele que é Vivente?"

A Igreja Grega (Bizantina)

A Igreja Grega parece dominar em Jerusalém; em todo caso é ela que ocupa a parte central da *Anastasis* (o Santo Sepulcro) e ela se declara pela voz de seus patriarcas ao longo dos séculos como sendo a legítima guardiã dos lugares santos cristãos, a única e verdadeira Igreja Católica Ortodoxa.

Os católicos romanos só vieram para a Terra Santa com os cruzados; os franciscanos da custódia não podem pretender ter essa legitimidade. Impossível fazer um grego ouvir que ele não está lá "desde sempre" (e que antes do reinado dos "heleno-cristãos" [pagano-cristãos] havia judaico-cristãos em Jerusalém, sobretudo em torno de Tiago, "o irmão do Senhor"). O Império Bizantino, apesar de ter desaparecido, ainda habita o clero grego, seu imaginário, seus ritos, seus costumes... o perfume do incenso que plana nas ruas próximas do patriarcado é o mesmo que, há quinze séculos, envolvia a basílica de Constantino.

No momento da sua vitória na Ponte Milvius, perto de Roma (312), o novo imperador romano (Constantino) realmente declarou-se cristão. Os historiadores ainda discutem os motivos desta declaração, sem dúvida política (havia cada vez mais cristãos em seu império; melhor do que persegui-los era conciliar-se com eles), mas sem dúvida também "sobrenaturais", como acredita Eusébio de Cesareia em sua obra *Vida de Constantino*: ele teria atribuído sua vitória à cruz e à graça do Cristo.

Para os cristãos, essa "conversão" significou o fim da era das perseguições e dos mártires. No édito de tolerância proclamado em Milão em 313, o cristianismo foi acrescentado à lista das religiões toleradas dentro do Império Romano. Ao mesmo tempo, nasce a noção de Igreja-Estado, apesar do cristianismo só ter se tornado religião oficial do império mais tarde, após 390, sob o Imperador Teodósio. Constantino compreendeu rapidamente que, para salvar a unidade do seu império, era preciso uma unidade doutrinal, necessária tanto à Igreja quanto ao Estado. É por esta razão que ele vai convocar um primeiro concílio ecumênico na sua residência em Niceia em 325. Foi a este concílio e àquele que se seguiu em 381 em Constantinopla que os católicos ortodoxos e os católicos romanos devem seu credo.

O Imperador Constantino e sua mãe, a augusta Helena, interessaram-se enormemente pela Terra Santa. Por volta de 326, ou seja, imediatamente após o Concílio de Niceia, a imperatriz foi a Jerusalém decidida a encontrar sobre esta terra os próprios lugares mencionados pelo Evangelho. Foi desta maneira que, guiada pela sua imaginação criadora, ela conseguiu colocar em ressonância "a escritura e seus traços", particularmente os da cruz, do calvário e do túmulo então ocultos pelos templos pagãos que o Imperador Adriano havia feito erigir após a repressão contra os judeus e sem dúvida também contra os judaico-cristãos em 135.

Junto à Basílica da *Anastasis*, construída sobre os lugares da "invenção da cruz" (*in venire*: aquilo que vem ao dia), Helena e Constantino fizeram construir, em Belém, a Basílica da "Natividade", ou mais exatamente, da Epifania do Cristo, já que a Festa da Natividade, comemorada no dia 25 de dezembro, ainda não existia (ela foi introduzida apenas no século V pelo Patriarca Juvenal). Na época de Constantino e de Helena, a Natividade e o Batizado do Cristo eram celebrados no dia da Epifania, como ainda acontece na Igreja Armênia hoje em dia. São Jerônimo, que viveu em Belém por volta do ano 390, expressava seu pesar por ainda não ter sido instituída naquela época uma festa separada para o Natal.

Foram necessários vários anos e muita imaginação para instituir um calendário cristão, uma organização do tempo aonde serão celebradas as grandes horas da vida e da morte do Cristo, assim como a festa de todos os santos que se seguiram a ele. Da mesma maneira, serão necessários vários anos e muita imaginação para organizar o espaço, "inventar" os lugares santos que respondam às indicações das Escrituras e, dessa maneira, fazer de toda a terra de Israel/Palestina, uma "terra santa". Imperadores e imperatrizes vão querer edificar novas igrejas e edifícios; por exemplo, no século V a Imperatriz Eudóxia fundou uma igreja a algumas centenas de metros da porta de Damas em homenagem ao primeiro mártir, Estêvão (este lugar é hoje em dia a sede da escola bíblica e arqueológica francesa de Jerusalém). Podemos dizer que do século IV ao XI (a chegada dos cruzados), os bizantinos foram a cristandade dominante em Jerusalém, mesmo durante a época da soberania muçulmana.

No museu do patriarcado grego ortodoxo podemos ver uma coleção de *firmans* (editos imperiais), entre eles, um exemplar atribuído ao Califa Omar em 638 confiando à Igreja Grega Ortodoxa a guarda de todos os lugares santos. Essa posição de "domínio", devido ao apoio dos imperadores e dos concílios, valeu-lhes muitas inimizades. Após o quarto concílio de Calcedônia (451), coptas, siríacos, etíopes e mais tarde os armênios, separaram-se dos bizantinos; de igrejas autônomas em comunhão com a Igreja Católica Ortodoxa, elas tornaram-se, pouco a pouco, igrejas rivais, por vezes, adversas.

A Igreja que estava na origem de uma "comunhão de igrejas", diversidades unidas ou unidade diversificada à imagem da Uni-Trindade, tornou-se uma justaposição de igrejas separadas opondo suas diversas interpretações de Deus e do Cristo, ao invés de colocá-las em diálogo. Incapazes de reconhecer a complementaridade e o enriquecimento mútuo desses diferentes "pontos de vista", as igrejas ofereceram ao mundo a imagem de uma "comunhão dilacerada". É deste dilaceramento e desta fraqueza que ela engendrara que nasceria o Islã, com sua forte insistência sobre a unidade de Deus e a da sua comunidade.

Tanto fontes gregas quanto latinas nos contam como, tão logo aconteceu a queda de Constantinopla, o patriarca de Jerusalém, Atanásio III, para lá se dirigiu levando uma cópia do *athtname* (promessa do Califa Omar) e um pedido ao novo conquistador Mehmet II Fâthi, para que ele assegurasse aos gregos ortodoxos a autoridade completa sobre todos os lugares santos. Dessa maneira, ele conferiu ao novo soberano muçulmano as mesmas prerrogativas que tinha o imperador bizantino com relação a Jerusalém. No espírito dos gregos ainda existe essa "águia de duas cabeças" que continua a voar; essa dificuldade em separar a Igreja do Estado – a fé e o poder... a herança de Bizâncio é, por vezes, pesada.

Um outro império, um outro poder, uma outra igreja vão cuidar de despojar os bizantinos dos seus restos de poder – é, talvez, o momento mais sombrio da sua história e que, durante longo tempo, deixará impresso nos ortodoxos uma surda desconfiança para com os latinos: a tomada de Constantinopla pelos cruzados católicos romanos, um acontecimento preparado há muito tempo, é a revanche dos "bárbaros" contra os letrados e os doutores do Oriente cristão.

> No início do século XII, os normandos pregaram uma verdadeira cruzada contra o Império Grego e Suger, que conta o ocorrido, aí vê "o caminho

> de Jerusalém, a via do Santo Sepulcro". A segunda cruzada correu o risco de começar por um assalto contra Bizâncio. A "cruzada dos alemães" em 1195-1198 visava quase tanto Constantinopla quanto a Terra Santa. Essa escalada de ódio contra o grego – diferente, detentor do império, herético – culmina no saque do dia 13 de agosto de 1204. Ao som das trombetas, os latinos pilharam as casas e as igrejas, destruíram os ícones, jogaram as relíquias "em lugares infames", espalharam "o corpo e o sangue do Salvador". Uma prostituta cantou cantos obscenos sobre o trono patriarcal. O cronista que relatou esses fatos esboçou um paralelo – pesado de sentido para o futuro – entre os cruzados e os muçulmanos: "Pelo menos, eles não estupravam nossas mulheres [...] não reduziam os habitantes à miséria, nem os despojavam para exibi-los nus caminhando pelas ruas, nem os faziam morrer de fome e pela ação do fogo [...] Veja, no entanto, como nos trataram esses povos cristãos que fazem o sinal da cruz em nome do Senhor e compartilham nossa religião. Cidade que foi o esplendor de todas as cidades e a luz do mundo, mãe das igrejas, fonte da fé, mestra da ortodoxia, sede das ciências, bebeste o cálice da ira [...]. Os cruzados dividiram entre si o Império Bizantino. Eles elegeram um imperador latino, Balduíno de Flandres, que, por uma óbvia convergência com os furores do saque, denunciou, entre as heresias dos gregos, seu culto às imagens. Veneza apossou-se de Santa Sofia e designou um dos seus súditos, Thomas Morosini, patriarca de Constantinopla[9].

Os católicos ortodoxos de Jerusalém foram, então, expulsos, os franciscanos perderam seu lugar. Estes últimos, fiéis ao espírito de Francisco de Assis, não se comportaram como con-

9. Cf. CLÉMENT, Olivier. *L'essor du Christianisme Oriental*. Paris: Desclée de Brouwer, 2009.

quistadores, mas como servidores de todos os fiéis. Tentaram estabelecer um diálogo com os muçulmanos, à semelhança de Francisco que partiu a Damiette para lá encontrar o sultão Malik al Kamil, mas, dali em diante, a confiança foi rompida e será preciso, talvez, aguardar o encontro do Patriarca Atenágoras e de Paulo VI em Jerusalém em 1965 para que a reconciliação e o diálogo voltem a ser possível.

Igreja Siríaca – Sírios (aramaico)

"Meu pai era um aramaico nômade" (Dt 26,5) – é com essas palavras que o israelita, ao chegar à terra prometida, deveria oferecer a YHWH as primícias de todos os frutos que ele tinha colhido. Dessa maneira os ancestrais do povo judeu seriam os sírios (aramaicos). Eles teriam imigrado para o país de Canaã, mas não desposaram nenhuma mulher deste país. Isaac recebeu sua mulher Rebeca de Aram-Naharayim na Alta Mesopotâmia e Jacó encontrou Léa e Raquel em Paddan Aram.

A grande cidade síria foi uma das primeiras a ser tocada pelo Evangelho. Foi ali que os discípulos judeus de Yeshoua abriram sua comunidade aos não judeus; essa comunidade será mais tarde considerada uma "seita dissidente do judaísmo". Também foi em Antioquia que os discípulos receberam o nome de "cristãos": aqueles que reconheceram Yeshoua como seu Messiah (*christos* em grego – cf. At 2,19-28). Pedro e Paulo passaram longas temporadas em Antioquia. Apesar da língua falada na cidade ser uma língua síria (aramaico), a cidade era fortemente helenizada; é por esta razão, sem dúvida, que a história da Igreja Ortodoxa Síria só começa com a conversão do Rei Abgar VIII (179-212), que só abraçou o cristianismo por volta de 206.

Uma célebre lenda situa a conversão da Antioquia e da sua região bem antes desta data, no reinado do 15° rei de Edessa, Abgar V Ucomo (ou seja, "o Negro"). A história conta que este último ouvira falar dos milagres de Yeshoua e rumores que diziam que os grandes sacerdotes preparavam um complô contra ele. Assim, ele o convidou para que se refugiasse em Osroene, ao mesmo tempo pedindo-lhe que o curasse de uma doença incurável.

Essa história nos chegou por meio de diversas fontes, as mais antigas foram "A Doutrina", de Addai, em siríaco, e "A História Eclesiástica", de Eusébio, em grego. Segundo os documentos, Yeshoua não teria aceitado seu oferecimento, mas teria prometido enviar um dos seus discípulos a Abgar. O Apóstolo Tomé, que estava encarregado de pregar o Evangelho no Oriente, designou Tadeu para curar o Rei Abgar. A história ou a lenda indicam que Yeshoua respondeu ao rei através de uma carta que ditou ao secretário do Rei Hanam e que esta carta foi guardada com grandes honrarias em Edessa. Etéria, nobre dama de Barcelona que estava em peregrinação pela Terra Santa, escreveu no seu "Peregrinatio" que ela viu esta carta ao longo da sua visita à cidade em 394. A letra siríaca da "doutrina de Addai" (século V) conta ainda que Hanam tentou em vão pintar o retrato de Yeshoua para levá-lo ao seu rei. Yeshoua deu-lhe um tecido que Ele aplicou sobre seu próprio rosto e sobre o qual ficou impresso aquilo que mais tarde chamaremos de "a santa face". Esse tecido foi objeto de uma grande veneração. Diversas "cópias" deste rosto circularam no Ocidente e ele recebeu o nome de *vera icona*, "verdadeiro ícone", que é a origem do nome "Verônica".

Segundo a tradição síria, o discípulo de Addai, Palut, foi o primeiro bispo de Edessa. Graças à sua escola teológica, Antioquia tornou-se o pendente oriental de Alexandria. Célebre dentre outros, Paulo de Samosata, bispo de Antioquia de 260 a 268, propagou ideias "adocionistas" segundo as quais o Cristo não teria nascido de Deus, teria sido apenas "adotado" pelo Pai. Ele já era um representante da tendência racionalista que será criticada mais tarde na Escola de Antioquia, fundada por um dos seus discípulos, Luciano de Samósata. Essa Escola de Antioquia tornou-se rapidamente famosa pelos estudos de exegese bíblica ali ensinados. Agora que a Escola de Alexandria desenvolvia uma interpretação alegórica, arquetípica, mística dos textos, a Escola de Antioquia preferia a interpretação literal e histórica. Essas duas escolas hermenêuticas, ao invés de se tornarem rivais e estarem em campos opostos, puderam tornar-se complementares. A letra e o Espírito são indissociáveis; sem o Espírito, quem poderá inspirar a letra? Sem a letra, de onde o Espírito tirará sua inspiração? De que serve falar da humanidade do Cristo se a divindade não o habita, se o Espírito não o ressuscita dentre os mortos? É um homem como os outros... De que serve falar da divindade do Cristo se esta não ilumina a humanidade, se ela não transfigura seu sofrimento e sua morte? É um "deus" como os outros...

Antioquia e Alexandria poderiam ter conseguido permanecer como duas mãos unidas que saúdam e celebram Yeshoua como verdadeiramente Deus e verdadeiramente homem – pois este não foi o caso! E cada escola, cada partido, em nome da humanidade do Cristo e em nome da Sua divindade, despedaçaram-se e separaram-se dolorosamente. A Jerusalém cristã de hoje ainda é a herdeira desses despedaçamentos muito antigos. Luciano de Antioquia (de Samósata) tornou-se o mestre do padre alexandrino Arius (ou Ário), que deu origem ao arianismo, rejeitado por 318 bispos e teólogos reunidos por Constantino em Niceia em 325...

Em 428, o siríaco Nestório era o patriarca de Constantinopla – ele lutou com tal zelo contra o arianismo que, por sua vez, caiu em outra heresia (*haeresis*: aquilo que opera uma "escolha" e esquece a visão de conjunto), que carregará o nome de "nestorianismo". Para Nestório, o Cristo não é uma única Pessoa (hipóstase) que contém em si as duas naturezas (divina e humana), mas duas pessoas separadas, um homem e um Deus. Neste caso, Maria não poderia ser chamada de *Theotokos* – "Mãe de Deus" (mãe do Deus-homem, uma única pessoa que possui uma natureza dupla), mas mãe de Yeshoua ou mãe do Messias (como dirão mais tarde os muçulmanos), mãe da pessoa humana, o que aproximará Luciano do judaico-cristianismo e, mais tarde, da cristologia do Islã (que é uma forma de nestorianismo).

Tais pensamentos eram inaceitáveis para os Alexandrinos e particularmente para Cirilo de Alexandria que condenaram Luciano e sua escola no Concílio de Éfeso em 431.

Dali em diante, os cristãos ortodoxos chamarão Maria de *Theotokos* – "Mãe de Deus" – evidentemente não a mãe de YHWH ou de Alá, o criador de todas as coisas, mas mãe d'Aquele que carrega Deus, em sua humanidade, que faz apenas "Um" com Ele.

Em Jerusalém, até o Concílio de Calcedônia em 451, nada dava indícios de uma comunidade siríaca específica. Muitos cristãos originários de Damas, de Antioquia, de Edessa e de outras cidades sírias, vinham para a Terra Santa, mas eles se misturavam com a população "palestina" local, já que eles falavam a mesma língua, o aramaico (nesta época não havia, é claro, muçulmanos na Palestina, pois ela era cristã).

Etéria, durante a sua peregrinação realizada nos anos 380, relata que os serviços litúrgicos na *Anastasis* eram celebrados em grego, mas que todas as leituras eram imediatamente traduzidas em siríaco (aramaico) para aqueles presentes na assembleia que não compreendiam o grego.

Diversos testemunhos relatam a presença constante dos siríacos na igreja da *Anastasis*, mas, dali em diante, eles farão parte, junto com os coptas, os armênios e os etíopes, dos "não calcedônios".

No século XVIII, um certo Elazar Horn nos informou que podemos encontrar siríacos em uma pequena capela atrás do Santo Túmulo, aquela que ainda hoje em dia é conhecida sob o nome de "capela dos siríacos" e que contém duas tumbas que datam da época de Jesus, que acredita-se ser as tumbas de Nicodemo e de José de Arimateia – esse é um dos meus lugares favoritos no Santo Sepulcro, quase tão desolador (e pelas mesmas razões) que o *Deir as-Sultan*, o terraço onde moram os monges etíopes.

Outro lugar onde podemos encontrar os siríacos em Jerusalém é o Mosteiro São Marcos (os bispos moram ali desde 1471). Seu nome foi tirado de uma tradição local que afirma que a casa de Maria, a mãe de um certo João conhecido como Marcos, o evangelista, ficava naquele local – é ali que teria acontecido a Última Ceia, assim como o Pentecostes. Alguns especialistas dão crédito a esta tradição ao invés de levarem em conta a tradição que afirma que esses acontecimentos aconteceram sobre o Monte Sion (que fica muito próximo). Uma inscrição do século VI, que hoje em dia está situada sobre o muro perto da porta de entrada da capela, testemunha esta antiga tradição. Essa pequena igreja contém muitos outros tesouros; muitos são "falsos", sem dúvida, mas alguns são autênticos: livros preciosos, pergaminhos, um dos quais representa Maria, que aqui não será chamada de *Theotokos*, mas de mãe de Yeshoua, atribuído a São Lucas, o primeiro "iconógrafo" segundo a tradição (após a *vera icona* do Rei Abgar, "impressa" pelo próprio Cristo), mas a graça deste local é participar da sua liturgia e ouvir o Pai-nosso em siríaco (aramaico), na língua na qual falava e orava Yeshoua.

Santo Sepulcro

Nome dado pelos cruzados católicos romanos à *Anastasis*, "local da ressurreição" dos cristãos católicos ortodoxos. Essa mudança de nome teve consequências para a fé; dali em diante, os crentes se tornarão mais sensíveis à paixão e à morte do Cristo, ou seja, à sua humanidade e à sua história, mais do que àquilo que dá sentido a esta humanidade e a esta história, transcendendo-as, ou seja, a ressurreição.

O Santo Sepulcro ou "cemitério" torna-se o término da Via Dolorosa, esse vazio onde o filho do homem descansa, enfim, das suas dores, enquanto a *Anastasis* evocava principalmente a "via amorosa" onde o Amor se revela vencedor dos três inevitáveis: o sofrimento, o absurdo e a morte. É preciso lembrar novamente o Evangelho: "o Cristo não está aqui, neste sepulcro, nem em nenhum lugar em particular. Ele está ressuscitado, por que buscar o Vivente dentre os mortos?"

Ele é Vivente, em tudo aquilo que vive e respira. Como Deus, Ele não pode estar em outro lugar a não ser em todo lugar. Ele está, portanto, também neste sepulcro, mas nem mais nem menos do que em todo outro lugar. Tendo dito isto, podemos nos interessar pela história deste lugar, que é apaixonante para a arqueologia: tentemos fazer um breve resumo, inspirando-nos dos trabalhos eruditos de Louis Hurault e de Suzanne Tisserand.

No primeiro século da era cristã, "o lugar onde Jesus tinha sido crucificado ficava próximo à cidade (Jo 19,20), na parte externa das muralhas, para evitar que qualquer impureza fosse contraída pelo contato com os cadáveres (Hb 19,11-16). Os judeus não teriam aceito que um patíbulo fosse instalado no interior da cidade: necrópoles e túmulos situavam-se fora dos muros, distantes dos bairros habitados. Evidentemente, nada mais disso é aparente hoje em dia. O Sepulcro está no interior dos muros de Jerusalém, no coração da cidade antiga, o que fará com que o general inglês Gordon queira procurar outros lugares mais em conformidade com a imagem evangélica e inventar este lugar extremamente agradável e ao ar livre, bem frequentado hoje em dia pela multidão de fundamentalistas, que ele chamará de "o túmulo do Jardim".

Será que devemos preferir um lugar evocador, sem fundamento histórico, mas propício a estimular nossa imaginação, a um lugar real, mais embasado historicamente pelos pesquisadores e os arqueólogos, mas cujo poder de evocação é diminuído pelo peso da história e das ruínas que se acumularam sobre ele? Essa questão não se coloca apenas para o "Santo Sepulcro", mas também para muitos "lugares santos" em Israel...

Foi Adriano quem se encarregou de tirar Jerusalém, em 135, do caos ao qual ela tinha sido reduzida por Tito em 70 e de fazer dela a cidade romana de Aelia Capitolina. Ele ampliou a cidade na direção norte – o Gólgota passou a ser incluído no interior das muralhas. Para construir o fórum sobre o qual logo se elevarão os templos de Vênus e de Cupido, ele cobriu, com um enorme aterro, o calvário e o túmulo do Cristo. Essa grossa camada de terra terá a vantagem de conservar a veneração do sítio, cuja localização era fielmente guardada na memória dos cristãos.

A desobstrução recente de uma parte oculta da antiga carreira, atrás do altar da Capela Santa Helena, trouxe à luz muros grosseiramente aparelhados. Tudo deixa crer que eles fazem parte dos edifícios elevados sobre o fórum, em particular dos dois templos romanos.

Assim, quando escavamos nas profundezas dos túmulos, nem sempre é o Ressuscitado que encontramos. Por vezes, são restos de ídolos, vestígios de Vênus e de Cupido! Será que hoje em dia ainda encontraremos pessoas intransigentes, capazes de condenar todas essas poeiras por "sincretismo"?

Será preciso esperar Santa Helena, a mãe de Constantino, para que, com a ajuda de Macário, bispo de Jerusalém, sejam desentulhados os subterrâneos do fórum e sejam encontrados, além dos templos romanos, o calvário e o túmulo. É sobre esses "veneráveis restos" que foram edificadas as grandes basílicas que celebravam a paixão, a morte e a ressurreição do Cristo – edifícios admiráveis se acreditarmos nos testemunhos da época, mas incendiados em 614 pelos persas e saqueados, em 1009, pelos soldados do sultão egípcio Hakein, que caíram sobre o túmulo a golpes de picareta e massa.

No último ano do século XI chegaram os cruzados, determinados a tomar dos muçulmanos o túmulo do Cristo. Foram eles que reuniram em um mesmo edifício o túmulo do Cristo, o calvário e as capelas que cercam o deambulatório – eles construíram uma basílica romana, com um transepto, que será consagrada em julho de 1149, cinquenta anos após sua chegada em Jerusalém.

Depois do incêndio de 1808 e o terremoto de 1927, o belo edifício ficou novamente abalado, mas este edifício que vemos hoje em dia guarda a marca desta época romana.

Podemos compreender a impaciência de certos peregrinos: O que existe de "verdadeiro" nisto tudo? Onde está o verdadeiro Gólgota, a verdadeira cruz, o verdadeiro túmulo neste engavetamento de colinas, de templos, de ruínas e de igrejas? Tudo é verdadeiro, pois tudo é história; podemos igualmente dizer o contrário: nada é verdadeiro, pois tudo é história.

Quer escolhamos uma verdade ou outra, não podemos escapar da história. Uma verdade que pretenda estar desembaraçada da história corre o forte risco de ser uma ilusão, em todo caso não seria a verdade da encarnação.

A encarnação da verdade na história é também a história das comunidades que se apropriam de maneira mais ou menos violenta desta verdade.

No caso do Santo Sepulcro, seis comunidades cristãs ocupam, administram e celebram nesses lugares: a Igreja Ortodoxa, a Igreja Armênia, a Igreja Romana Católica, a Igreja Ortodoxa Síria, a Igreja Copta e a Igreja Etíope.

Para muitos peregrinos isso também é uma descoberta: "minha" igreja não é a "única" igreja, o cristianismo na sua humanidade, como nas suas pedras, tem também uma história, e nem sempre é aquela que aprendemos nas nossas igrejas particulares. Os católicos romanos ficam por vezes chocados ao verem como é pequeno o lugar ocupado pela sua igreja (a dos franciscanos) no Santo Sepulcro; o maior recinto, o túmulo e o coro são ocupados pelos gregos ortodoxos, como se eles ignorassem que os bizantinos estiveram ali muito antes dos cruzados e que a Igreja de Roma esteve, durante todo primeiro milênio, em comunhão com as outras igrejas ortodoxas, elas também "católicas", no sentido de guardiães da "plenitude da verdade" (*Kat-holon*) e não no sentido de uma universalidade geográfica horizontal que damos a esta palavra hoje em dia.

Os protestantes ficarão, sem dúvida, ainda mais chocados: não há lugar para eles no Santo Sepulcro, donde a necessidade, para eles, de criar novos lugares onde eles possam expressar o fervor e a sinceridade da sua fé; apesar de pertencerem à história recente do cristianismo, nem por isso eles são menos cristãos.

A verdade da nossa fé não depende do peso de nossas marcas – a verdade de uma igreja não é apenas a história desta igreja, é a sua abertura à Transcendência, sua fé na Ressurreição, o poder do seu amor... novamente, "não devemos opor isto àquilo". Algumas igrejas ou certas comunidades sofrem de uma falta de raízes, como outras sofrem de uma falta de abertura.

O enraizamento e a abertura evitam que esclerosemos em "integrismos" ou na dispersão dos "progressismos".

Se a seiva viva do Espírito nos habita, essa seiva nos impele às raízes, a um melhor conhecimento de nossas origens e, particularmente, a um melhor conhecimento das igrejas do primeiro milênio, não separadas umas das outras, no respeito amoroso das suas diferenças. Unidas por uma verdade, um Cristo

Senhor de quem ninguém ousaria se apropriar e que, juntas, elas decidiram servir e honrar.

Por que negar? A coabitação dessas diferentes igrejas no espaço restrito do Santo Sepulcro nem sempre é harmoniosa; como sabemos, a falta de espaço entre os humanos é frequentemente fonte de agressividade. Se é necessário a um indivíduo toda uma vida para aprender a amar, sem dúvida é necessário mais de um século, mais de um milênio, para uma igreja aprender a amar. Para um peregrino que se indignava com essa diversidade e esses desacordos entre as igrejas, e que perguntava: "Mas onde está, então, a verdadeira igreja?", da mesma maneira como outros perguntavam: " Onde está a verdadeira cruz? O verdadeiro túmulo?", um velho monge respondeu: "A verdadeira igreja está ali onde mais amamos nossos inimigos". Ele não lhe deu o endereço...

Paulo VI e Atenágoras

Em 1965, Paulo VI foi o primeiro papa a deixar Roma para ir a Jerusalém. Desta maneira, ele lembrava aos cristãos "onde" se encontrava o "centro" da sua religião; todos os caminhos não "levam a Roma", mas a Jerusalém, ali onde reina a divisão entre as igrejas e entre os povos... é ali que ele encontrará o patriarca de Constantinopla, Atenágoras.

> "Nós nos beijamos, uma vez, duas vezes, e mais ainda, como dois irmãos que se encontram após uma separação muito longa." Paulo VI relatará o dia após esse primeiro encontro: "Uma antiga tradição cristã gosta de ver o 'centro do mundo' no ponto onde foi levantada a cruz gloriosa de nosso Salvador e de onde, 'elevado da terra, ele atrai

> tudo para si'". Era conveniente – e a Providência o permitiu – que fosse neste lugar, neste centro para todo sempre abençoado e sagrado que, peregrinos de Roma e de Constantinopla, nós pudéssemos nos encontrar e nos unir em uma prece comum [...].

Mas, da mesma maneira como não basta um beijo para curar uma ferida de mais de um milênio (entre Roma e Constantinopla, entre os católicos romanos e os católicos ortodoxos), uma oração também não basta. Os dois homens passarão aos "atos": o ato histórico da retirada dos anátemas que separavam suas duas igrejas. É preciso levar o tempo necessário para meditar sua declaração comum, ela nos lembra o peso da história, mas também o poder do perdão, a força da humildade, o significado de um gesto de amizade capaz de abrir o mais pesado dos *status quo*, a porta mais bem fechada: o papa e o patriarca, no momento do seu abraço, tinham encontrado as chaves!

> Penetrados de reconhecimento por Deus, pelo favor que, na sua misericórdia, Ele lhes concedeu, ou seja, encontrar-se fraternalmente nos lugares sagrados onde, através da morte e da ressurreição do Senhor Jesus, foi consumado o mistério da nossa salvação e, pela efusão do Santo Espírito, nasceu a Igreja, o Papa Paulo VI e o Patriarca Atenágoras I não perderam de vista o desígnio por eles concebido. A partir daquele momento, cada um como representante do seu lado, não haverá mais omissão de qualquer gesto que inspire a caridade e que possa facilitar o desenvolvimento de relações fraternas, amortecidas entre a Igreja Católica Romana e a Igreja Ortodoxa de Constantinopla. Eles estavam persuadidos de estar assim respondendo ao apelo da graça divina que sustenta hoje em dia a Igreja Católica Romana e a Igreja Ortodoxa, assim como todos os cristãos, permitindo-as a ultrapas-

sar suas diferenças para ser novamente "um" como o Senhor Jesus pediu, por eles, a seu Pai.

Entre os obstáculos que se encontram no caminho dessas relações fraternas de confiança e de estima, aparece a lembrança das decisões, atos e incidentes desagradáveis que culminaram em 1054: a sentença de excomunhão contra o Patriarca Miguel Cerulário e duas outras personalidades pelos legados do trono romano, conduzidos pelo Cardeal Humberto, legados que, em seguida, foram eles próprios objeto de uma sentença análoga por parte do patriarcado e do sínodo constantinopolitanos.

Neste período particularmente tumultuado da história, não podemos fingir que esses fatos não tiveram o peso que eles tiveram. Mas, hoje em dia, tendo sido feito um julgamento mais sereno e mais igualitário, é importante reconhecer os excessos com os quais esses fatos foram maculados e que, mais tarde, levaram a consequências que ultrapassaram, até onde podemos julgar, as intenções e as previsões dos seus autores cujas censuras recaíam sobre as pessoas visadas e não sobre as igrejas, e não visavam romper a comunhão eclesiástica entre os tronos de Roma e Constantinopla.

É por esta razão que o Papa Paulo VI e o Patriarca Atenágoras I em seu Sínodo, certos de estarem expressando o desejo comum por justiça e o sentimento unânime de caridade dos fiéis, e lembrando-se dos preceitos do Senhor: "Portanto, se trouxeres a tua oferta ao altar, e aí te lembrares de que que teu irmão tem alguma coisa contra ti, deixa ali diante do altar a tua oferta e vai reconciliar-te primeiro com teu irmão e, depois, vem e apresenta a tua oferta" (Mt 5,23-24), declararam em comum acordo:

Lamentar as palavras de ofensa, as críticas sem fundamento e os gestos condenáveis que, tanto de uma parte quanto da outra, marcaram ou acompanharam os tristes acontecimentos desta época;

Lamentar igualmente e apagar da memória e do meio da Igreja as sentenças de excomunhão que as perseguiram e cuja lembrança, ainda nos nossos dias, opera como um obstáculo à aproximação na caridade, e condená-las ao esquecimento;

Lamentar, enfim, os deploráveis precedentes e os acontecimentos posteriores que, sob a influência de diversos fatores, entre os quais a incompreensão e a desconfiança mútuas, finalmente conduziram à ruptura efetiva da comunhão eclesiástica.

O Papa Paulo VI e o Patriarca Atenágoras I, junto com o seu Sínodo, têm consciência que este gesto de justiça e de perdão recíprocos não são o suficiente para colocar um fim às diferenças, antigas ou mais recentes, que subsistem entre a Igreja Católica Romana e a Igreja Ortodoxa, mas que, através da ação do Espírito Santo, serão ultrapassadas graças à purificação dos corações, ao arrependimento dos erros históricos, assim como a uma vontade eficiente de chegar a uma inteligência e uma expressão comuns da fé apostólica e suas exigências.

Ao realizar este gesto, eles esperam que ele será aceito por Deus, pronto a nos perdoar quando nos perdoamos uns aos outros, e apreciado pelo mundo cristão inteiro, mas sobretudo pelo conjunto da Igreja Católica Romana e da Igreja Ortodoxa como expressão de uma sincera vontade recíproca de reconciliação e como uma incitação a seguir, em um espírito de confiança, de estima e de caridade mútuas, o diálogo que os levará, com a ajuda de Deus, a viver novamente, para o bem maior das almas e a vinda do Reino de Deus, na plena comunhão da fé, da concórdia fraterna e da vida sacramental que existia entre elas ao longo do primeiro milênio da vida da Igreja (Paulo VI, Papa/Atenágoras I, patriarca).

Era necessário referirmo-nos ao texto de sua declaração comum para compreender as consequências deste encontro em Jerusalém, mesmo que os peregrinos de passagem hoje em dia pelo Santo Sepulcro não vejam nada de diferente, pois a divisão continua a reinar. Alguns dizem não – não é mais a divisão que reina, é a diferença, e a diferença não é um obstáculo à unidade, ela é condição para a unidade, ela é a sua provação... para que nenhuma outra forma de unidade, além desta que se encontra no amor e no respeito pelas diferenças, não seja possível. Essa unidade não passaria de uniformidade, consenso, universalidade superficial, caricatura da verdadeira unidade, que é o diálogo de identidades irredutíveis, diálogo de semblantes que, à primeira vista, tudo parecia opor.

As imagens da peregrinação de Paulo VI na Terra Santa e seu encontro com Atenágoras I repercutiram prodigiosamente em todo tipo de imagens impressas ou televisionadas.

Olivier Clément, este teólogo amigo que há pouco encontrou a eternidade, comentou comigo sobre uma dessas imagens, como se se tratasse de um ícone (encontraremos este comentário no belo livro que ele dedicou ao Patriarca Atenágoras I (Éditions Fayard, 1969)):

> Observemos atentamente – como sabe observar o inconsciente – o casal, a "sizígia" composta pelo papa e pelo patriarca. Primeiro eles são dois, unidos por uma intensa reciprocidade, e isso poderia significar (devemos falar aqui como se estivéssemos em um sonho) que no "centro do mundo" está este beijo de paz, ou seja, o amor. No "centro do mundo", no coração das coisas, não se encontra um processo de domínio técnico da terra, como quer Marx, nem uma libido cega que só busca sua pró-

pria satisfação, como quer Freud, nem a vontade de poder sobre o fundo do nada, como quer Nietzsche, nem a vitória impiedosa da morte, como todos sabem e recusam saber. Mas no "centro do mundo", encontra-se o amor e a eternidade.

Observemos agora cada um desses dois homens.

O rosto do papa é finamente cinzelado, barbeado, delimitado com rigor. Ele é tecido de vontade, de inteligência, de uma consciência lúcida. Rosto diurno, que rejeitou a noite, luta contra ela – no entanto, ela demora na densidade da sua boca – e traz o testemunho das profundezas através da extrema claridade dos olhos. Esse homem sabe e quer estar a serviço de Deus. Mas ele deve o saber e o querer e isso não acontece sem que haja um combate.

O rosto do patriarca tem algo de indeciso, mas de ilimitado; sua barba purificada pela brancura, os longos cabelos discretamente presos são testemunhas disso. Esse rosto não se opõe nem se exalta, ele brilha. O dia e a noite nele se harmonizam. À barba luminosa (que já foi muito negra) correspondem grandes olhos noturnos, contudo, secretamente iluminados. Podemos adivinhar que este homem não deseja o mal a ninguém – a ele, basta ser. Nele, o consciente e o inconsciente comunicam, a "imagem" unificadora emerge, o homem é visitado por sonhos, espontaneamente próximos das crianças, dos animais, das plantas, da vida imensa e lenta que ele expressa na adoração e que o sustenta.

O papa é preciso, frágil, pequeno. Seus gestos são vivos e frequentes. Ele levanta frequentemente os braços para exaltar ou para abençoar.

O patriarca é grande, suas vestes escuras, com mangas vastas, flutuam, mas ele próprio mantém-se de pé muito ereto, com a imobilidade de uma árvore.

O papa simboliza a inteligência e a vontade do Ocidente.

O patriarca simboliza a sabedoria ontológica do Oriente.

O segundo sente e, exatamente por causa disso, sempre pensa por integrações.

O primeiro é o eu, vigilante, estruturado, formado por uma cultura humanista de fortes disciplinas; ele se volta para Deus em uma tensão patética que golpeia sua consciência e sua vontade.

O segundo é o Self, longamente flutuante e ameaçado pela ambivalência, mas que, uma vez centrado, permite que a luz de Deus penetre as profundezas da vida, do cosmos. Não voltado para Deus, mas pacificamente saturado da sua presença.

O papa sabe que ele é o primeiro. O patriarca aceita sem uma palavra esta exigência, ao menos na sua aceitação tradicional. Mas ele é o maior, o mais velho, ele acolhe nas asas sombrias dos seus braços, ele expressa aquilo que o fundamenta.

Um não pode caminhar sem o outro.

Tiago

Tiago, "o irmão do Senhor", ainda é venerado em Jerusalém na Igreja dos armênios, mas parece que não lhe é dado todo lugar que ele merece na história das igrejas. No entanto, segundo Orígenes, Flávio Josefo teria considerado destruir Jerusalém como castigo merecido dos judeus pela morte injusta de Tiago:

> Flávio Josefo, apesar de não acreditar que Jesus fosse o Cristo, busca a causa da queda de Jerusalém e da ruína do templo. Ele poderia dizer que o atentado contra Jesus tinha sido a causa dessas infelicidades para o povo, pois o Cristo anunciado pelos profetas tinha sido condenado à morte. Mas como, apesar dele, ele não está longe da verdade quando afirma que essas catástrofes se abateram sobre os judeus para vingar Tiago o Justo, irmão de Jesus, chamado o Cristo, pois ele fora morto apesar da sua fulgurante justiça (ORÍGENES. *Contra Celso*, livro I, 47).

O texto das "antiguidades judaicas" é mais sóbrio e menos explícito, no entanto, a veneração por Tiago por aqueles que praticam a lei em Jerusalém é lembrada.

O acontecimento relatado pode ser datado do ano 62 da nossa era. O Imperador Nero enviara Albinus para substituir Festus, o procurador da Judeia, que acabara de morrer. Mais ou menos na mesma época, Agrippa II, rei da Galileia e da Pereia, confiou a Anan o cargo de sumo sacerdote:

> Anan o jovem [...] tinha uma personalidade orgulhosa e uma coragem notável; ele seguia, de fato, a doutrina dos saduceus que são inflexíveis na sua maneira de ver, se os compararmos aos outros judeus [...]. Anan, acreditando tirar benefício de uma ocasião favorável entre a morte de Festus e a chegada de Albinus, reuniu um Sanedrim e ali traduziu Tiago, irmão de Jesus, chamado o Cristo, e alguns outros, acusando-os de ter transgredido a Lei e os condenou ao apedrejamento. Mas todos os habitantes mais moderados da cidade que observavam estritamente a Lei ficaram irritados e, em segredo, mandaram um enviado para pedir ao rei que impedisse Anan de agir desta maneira, pois em outra ocasião ele já tinha tido uma conduta injusta. Alguns dentre eles chegaram a ir ao encontro de Albinus, que chegava de Alexandria, e lhe contaram que Anan não tinha o direito de convocar o Sanedrim sem a sua autorização[10].

Essa passagem das "Antiguidades judaicas" (20, 198, 203) é considerada autêntica. Não é muito frequente falar de Jesus entre os historiadores judeus ou romanos da época. O nome de Jesus aí está associado ao de Tiago, seu irmão.

---

10. Cf. BERNHEIM, Pierre-Antoine. *Jacques, frère de Jésus* [Tiago, irmão de Jesus]. [s.l.]: Noêsis, 1996, p. 12

Nas homilias clementinas, Pedro reconhece a supremacia de Tiago que ele chama de "Senhor e bispo da santa Igreja". Ele termina uma carta, contendo suas recomendações, pela frase: "Eu acabei de sinalizar claramente o que me pareceu bom para ti, meu senhor; toma isso como melhor te convier, as medidas que julgares oportunas".

Ele proclama que todo ensinamento deverá ser aprovado por Tiago: "Porque, acima de tudo, lembra-te de fugir de todos os apóstolos, doutores ou profetas que não tenham, antes, submetido exatamente sua prédica a Tiago, chamado de irmão do meu Senhor e encarregado de governar a Igreja dos hebreus em Jerusalém" – o que fará o Apóstolo Paulo (cf. At 21,17-24).

Pierre-Antoine Bernheim em seu belo livro *Tiago, irmão de Jesus* (*Jacques, frère de Jésus*) nos lembra, assim, baseando-se em textos mais antigos, que Jerusalém era a Igreja mãe das igrejas, reconhecida por todos, particularmente por Pedro. Foi apenas mais tarde, após a destruição de Jerusalém por Titus e a destruição das comunidades "judaico-cristãs" dependentes de Tiago, que a primazia voltou, de acordo com o Evangelho de Marcos, ao Apóstolo Pedro.

P.A. Bernheim nos lembra que Tiago é "o irmão de sangue" de Jesus (*adelphos*) e não seu primo ou irmão espiritual (*anepsios*), como dirá mais tarde São Jerônimo, querendo a todo preço que Jesus seja o filho de pais virgens e permanecendo assim durante toda a vida, o que está em contradição com o Evangelho:

> Não é ele o carpinteiro, o filho de Maria, o irmão (*adelphos* e não *anepsios*) de Tiago, de José, de Judas e de Simão? Não vivem aqui entre nós também suas irmãs? E ficaram perplexos a seu respeito" (Mc 6,3).

Assim, Jerusalém não é apenas a cidade de Davi, de Salomão, de Jesus, é também a cidade de Tiago e da primeira Igreja. O *logion* 12 do Evangelho de Tomé reconhece Tiago como o "sucessor" de Jesus:

> Os discípulos disseram a Jesus: nós sabemos que Tu nos deixarás; quem se tornará grande sobre nós? Jesus lhes diz: não importa para onde fordes, vós ireis para Tiago o Justo, por quem o céu e a terra foram feitos.

Por que um tal homem, um tal justo, parece ter sido esquecido hoje em dia pelos cristãos? A peregrinação a Jerusalém, às fontes históricas do cristianismo, lembra-nos sua presença...

Índice histórico, teológico, anedótico do Monte Athos

A

Acatista

Acatista significa "não sentado". Trata-se de um hino à *Theotokos* que é cantado de pé (durante cerca de oito horas), particularmente apreciado pelos monges do Monte Athos.

Atribuído ao Patriarca Sérgio, que viveu em Constantinopla no século VII, este hino teria sido composto em 626, quando a cidade, sem defesa, deveu sua salvação a uma tempestade que fez a frota dos saqueadores fugir. Inumeráveis "ações de graça" foram, então, escritas em honra da Virgem, a quem os habitantes atribuíram este milagre.

Jacques Lacarrière, grande apaixonado pela Grécia e pelo Monte Athos e bom conhecedor da língua grega, dedicou-se, maravilhado, a traduzir este hino intraduzível, cuja primeira estrofe apresentamos abaixo:

> Anjo da primeira ordem, do céu te enviaram saudar a Mãe de Deus. Ao ver-te, Senhor, em um corpo, algo apoderou-se dele; ele ficou extasiado e dirigiu, então, a ti essas palavras:
>
> Eu te saúdo, braseiro de toda bênção
> Eu te saúdo, pira de toda maldição
> Eu te saúdo, rendição do decaído Adão
> Eu te saúdo, resgate das lágrimas de Eva

Eu te saúdo, altura inabordável ao pensamento dos homens
Eu te saúdo, profundeza insondável ao olhar dos anjos
Eu te saúdo, trono do Todo-poderoso
Eu te saúdo, portadora d'Aquele que porta o universo
Eu te saúdo, astro que nos traz o sol
Eu te saúdo, receptáculo que contém Deus
Eu te saúdo, tu que recrias a criação
Eu te saúdo, tu que dás à luz ao criador
Eu te saúdo, esposa não desposada.

Bem-aventurada em sua inocência, a Santa se confia a Gabriel: Minha alma tem dificuldade em compreender tuas estranhas palavras. O que queres dizer com concepção sem semente? Ela diz e entoa: Aleluia!

Buscando conhecer o incognoscível, a Virgem pediu ao servidor de Deus: como é possível que o meu ventre intocado tenha conseguido conceber um Filho, diga-me? E o outro, no temor, a ela respondeu:

Eu te saúdo, orla do querer inefável
Eu te saúdo, oração da secreta fé
Eu te saúdo, pórtico dos milagres do Cristo
Eu te saúdo, assento do Seu ensinamento
Eu te saúdo, escada eleita por Deus para Sua Descida
Eu te saúdo, ponte que liga a terra ao céu
Eu te saúdo, milagre e maravilha dos anjos
Eu te saúdo, derrota e fracasso dos demônios
Eu te saúdo, lar de indizível luz
Eu te saúdo, guardiã dos celestes mistérios
Eu te saúdo, tu que ultrapassas a sabedoria dos sábios
Eu te saúdo, tu que dos fiéis fortifica a fé
Eu te saúdo, esposa, não desposada...

Acheiropoietes

Em grego, "sem intervenção da mão do homem. Reprodução sobre um tecido dos traços do Cristo, enviado a Abgar, rei de Edessa, para sua cura. Por extensão, obra cuja origem é milagrosa ou "inspirada", maneira de reconhecer que a mão do artista (o iconógrafo) foi guiada durante sua criação.

Acribia

Do grego *acribeia,* que significa "a exatidão rigorosa das coisas". Este termo designa a aplicação exata e rigorosa dos cânones e regras eclesiásticas na vida da Igreja.

Agripnia de Pentecostes

A Agripnia do dia de Pentecostes é uma celebração bastante particular no Monte Athos. À beleza dos cantos e das luzes vem se unir o movimento dos candelabros que suavemente começam a girar – é o céu que desce sobre a terra e a convida a dançar...

"Afrescos espelhos"

Gregório de Nissa dizia que o homem é um espelho livre, ele reflete aquilo para o qual ele está voltado, luz ou caos. Da mesma maneira que nos tornamos aquilo que amamos, tornamo-nos aquilo que observamos... Daí a importância dos ícones dos santos que ajudam os monges a tornarem-se aquilo que eles já são e aquilo que eles ainda não são.

Anamnese

Literalmente, "fazer memória", "tornar presente"; na liturgia é o momento onde é feita memória da Presença passada do Cristo, das suas obras e da sua invisível Presença atual.

Lembrar-se d'Ele é tornar-se presente a Ele.

Ele é: Eu Sou.

Anjos

São os habitantes mais numerosos do Monte Athos. Seu número não é repertoriado, mas sua presença é atestada por diversos afrescos e ícones e, além disso, ainda lhes é atribuída a construção de certos mosteiros (Simonos Petras); sem a sua proteção nenhuma vida monástica, nenhuma liturgia seriam possíveis.

São João Damasceno dedica aos anjos um capítulo do seu livro *Falando sobre a fé ortodoxa*, no qual ele diz: "O leve, o ardente, o que queima, o penetrante, o agudo do fogo que desordena o impulso, o divino ofício e a tensão voltada para o alto faz com que eles afastem todo pensamento material [...]. Os muros, as portas, as fechaduras, os selos não podem aprisioná-los; eles escapam dessas limitações quando aparecem àqueles que são dignos e a quem Deus concede essa graça, pois, neste momento, eles mudam e tomam um aspecto que lhes permite ser vistos e àqueles de vê-los. [...] Eles são cheios de força e de prontidão para fazer a vontade de Deus e encontram-se ali instantaneamente, ao menor sinal divino, para velar sobre as coisas da terra".

De fato, no ícone da Anunciação, por exemplo, o Anjo Gabriel é geralmente representado como um mensageiro cuja atitude manifesta a força e o movimento de Deus para os homens. Os anjos são incorpóreos, apesar de serem criaturas de Deus. Eles são inumeráveis e repartem-se tradicionalmente em uma hierarquia misteriosa: serafins, querubins, tronos, dominações, virtudes, poderes, principados, arcanjos e anjos. Eles são divididos em "milícias" ou "coros" e, quando chamamos o Arcanjo Miguel de chefe dos exércitos, é dessas milícias angélicas que estamos falando.

Nos textos antigos, o anjo de Deus é tradicionalmente compreendido como aquele que manifesta o próprio Deus, aparecendo sob uma forma visível ao homem. Por exemplo, em Gn 16,7, primeiro é feita uma referência ao "Anjo de YHWH" que apareceu a Agar; alguns versículos mais adiante (16,13) é feita uma referência a Deus. A este Deus, Agar dá o nome de "El"... Algumas vezes a aparição do anjo é relatada no singular, outras vezes no plural; desta maneira, o anjo manifesta Deus como Unidade e como Trindade. É isso que podemos perceber no jogo misterioso do "ele" e do "eles", de Deus e do anjo, em diferentes textos (cf. a aparição a Abraão no carvalho de Mambré (Gn 18) de três "homens" a quem Abraão diz: "Senhor, eu lhe rogo..." No momento do sacrifício de Isaac (Gn 22), o anjo de Deus chama Abraão e lhe diz: "Eu sei agora que tu temes Deus, não me recusastes teu filho, teu único..."

Conferir igualmente o combate de Jacó com o anjo (Gn 32,23s.). Jacó luta contra "alguém", um anjo, e, no entanto, ele diz: "Vi Deus cara a cara".

Conferir o Livro de Tobias onde o anjo Rafael tem um papel de guia e de protetor (donde a menção desse relato em algumas preces que nós dirigimos a Deus para a proteção dos viajantes).

O título de "anjo" é dado ao Filho de Deus quando, nas festas da Natividade, citamos essas palavras de Isaías, aplicadas ao próprio Cristo: "Pois uma criança nos nasceu, um filho nos é dado e nós lhe damos este nome: Anjo do Grande Conselho".

A noção relativa às Escrituras com a qual os anjos louvam perpetuamente Deus (Is 6,3; Lc 2,13) expressa-se na liturgia ortodoxa, sobretudo nos cânones eucarísticos que convidam os fiéis a unir-se ao coro dos anjos.

Antirrético

Do grego *anthirrhésis*, que significa "discussão". Tratado polêmico que pretende refutar uma heresia.

Apocalipse

Literalmente, "desvelamento", "ficar nu", revelação "daquilo que é", "d'Aquele que É" sob o véu das aparências e dos acontecimentos...

Último livro da biblioteca hebraica, obra-prima imaginal atribuída a São João o Teólogo. Ele é frequentemente representado em imagens no Monte Athos, particularmente o tema do Julgamento Final (cf. Xeropotamou, século XVI, assim como a visão do Cordeiro na Grande Lavra).

Apocatástase

Do grego *apocatastasis*, que significa a restauração, o restabelecimento, o retorno. Entre alguns cristãos, como Orígenes, este termo designa a restauração ao estado primordial de todas as almas (até mesmo a dos pecadores) à condição da felicidade primitiva, que virá no final dos tempos: é da Vontade de Deus que todos sejam salvos e que ninguém se perca. Se há um inferno (fechamento em si mesmo), ele não pode ser eterno: as consequências de um ato finito não podem ser infinitas...

Apócrifos

Livros que se apresentam como "inspirados" por Deus; nem sempre tendo sido "úteis" às igrejas, a maioria não foi acolhida no cânone das suas Escrituras. Contudo, eles continuaram a inspirar os iconógrafos, sobretudo no que diz respeito à vida da Virgem (Natividade, Apresentação no Templo, Dormição etc.), o nascimento do Cristo (Evangelho de Tiago), a descida aos Infernos (Evangelho de Nicodemos).

Apotegmas

Os Apotegmas, ou ditos dos Padres, têm muitas vezes um sabor "popular" e devem ser lidos em voz alta, durante uma refeição, por exemplo; eles propiciam a instauração de um clima de sabedoria cristã no ambiente monástico. Os Apotegmas que encontramos nos manuscritos atonitas (Protaton 86 – século I; Lavra B 37 – 970); Karakalou 38 – século XIV etc.) foram frequentemente retomados nos relatos particularmente apreciados pelos hagioritas.

Alguns exemplos:

- Um ancião disse: "Aquele que não recebe todos os homens como irmãos, mas faz distinções entre eles, este não é perfeito".
- Um irmão interrogou um dos padres: "O que é a vida?" Este respondeu: "Uma boca sincera, um corpo santo, um coração puro, não ter pensamentos que se voltem para o mundo, uma salmodia com compunção, viver no recolhimento e não pensar em nenhuma outra coisa a não ser na espera do Senhor".
- Um ancião disse: "Exerçamos a doçura, a resignação, a longanimidade e a caridade, pois ali se encontra o monge".
- Ele diz ainda: a definição de "cristão" é "imitação do Cristo".

• Um ancião disse: "Da mesma maneira como não cresce nenhum matinho sobre um caminho frequentado, mesmo se jogarmos a semente, pois o espaço é pisoteado, o mesmo acontece conosco: abstenha-te de todas os negócios e verás crescer coisas que não sabias que tinhas em ti, pois estavas pisoteando-as".

Arianismo

Para Arius ou Ário (256-336), padre de Alexandria de origem egípcia, o Cristo era apenas uma criatura, apesar de excepcional, *homoiousios*, "semelhante" a Deus, mas não *homoousios*, da mesma natureza de Deus (*consubstantialis*, dirão os latinos).

Podemos observar: tudo depende de apenas uma letra, a menor do alfabeto grego, um iota. Para os monges do Monte Athos, tanto os de hoje quanto os Padres que participaram do 1º Concílio ecumênico de Niceia, em 325, este iota é imenso...

É pelo fato do Cristo ser verdadeiramente Deus e verdadeiramente homem que Ele pode nos unir a Ele, pois apenas o próprio Deus pode abrir ao homem a via da união. Se o Logos encarnado não tiver a mesma substância que o Pai, se Ele não é o verdadeiro Deus, nossa *theosis* ou deificação é impossível...

Este iota "diferencia" (por que ele "separaria"?) os cristãos dos judeus e dos muçulmanos que estariam prontos a reconhecer em Jesus um "homem notável", *homoiousios*, semelhante a Deus através de algumas das suas qualidades (Amor, Inteligência, Paciência etc.).

Essa questão teológica não é também uma questão antropológica?

A consciência de ser "Eu Sou" é consciência de ser "Eu sou relativo" (*homoiousios*) ou "Eu sou absoluto" (*homoousios*)? – apenas a profundeza da experiência pode responder...

Em um caso, o homem se reconhece como mortal (durante alguns anos ele assemelha-se à Vida – ele é *homoiousios*...).

Em outro, ele não "tem" a vida, ele "é" a Vida. Ele não morrerá, morrerá apenas seu ser relativo, seu "fac-símile" de Vida.

Não é verdade que ele é os dois?

- *Homoiousios*: "ele tem a vida", esta vida lhe será tirada (Jesus morreu realmente).
- *Homoousios*: "ele é a vida", esta Vida nada nem ninguém poderá lhe tirar (Jesus ressuscitou).

Para permanecermos ortodoxos, sem dúvida não devemos jamais nos afastar demais do paradoxo....

Arquétipo

Imagem original ou fundadora (em grego *arché* significa "origem"); no sentido platônico, imagem "ideal" do homem, da mulher etc. O Cristo é chamado de "Arquétipo da Síntese", no sentido em que Ele representa a imagem modelo da síntese entre o criado e o Incriado, o finito e o infinito, o homem e Deus... O arquétipo não é apenas uma imagem externa ou "passada", ele está presente e age nas profundezas do ser humano. Entre as sessenta e duas definições que Jung deu a este termo, podemos evocar uma: *pattern of behaviour*, aquilo que, a partir do inconsciente, estrutura um comportamento.

Atanásio o Atonita

Fundador do Monastério da Grande Laura (Lavra) no Monte Athos. Nascido em Trabizonda por volta do ano 920, ele tomou o hábito no Monte Kyminas, na Bitínia. Lá ele levou uma vida de eremita, depois fugiu para o Monte Athos para não ser nomeado higumeno (por volta de 958). Escondido entre os solitários sob o nome de Doroteia, foi encontrado pelo seu amigo Nicéforo Focas que fez com que ele aceitasse, com alguma dificuldade, uma soma em dinheiro para construir um convento e uma igreja dedicados à Virgem. Foi o Monastério da Laura, o primeiro do Monte Athos.

Em 963, Nicéforo Focas foi proclamado imperador. Atanásio fugiu para Chipre para escapar das honras que seu amigo lhe reservara. Contudo, ele voltou e, após algumas brigas com os solitários a quem queria impor a vida cenobítica, morreu em 1003, junto com outros cinco monges, devido à queda de uma abóbada no momento em que ele assentava a chave. Santo Atanásio o Atonita é festejado no dia 5 de julho. Sua vida figura em *Anal. Bollandiana*, 1906, t. 25, p. 5-89.

Santo Atanásio o Atonita é o grande organizador da vida monástica da santa montanha. Seu *typikon*, inspirado pelo do Monastério de Studios em Constantinopla, comparável à Regra de São Bento, constitui ainda hoje o fundamento do monasticismo atonita. Ao receber, segundo a lenda, a "coronha de superior" (higumeno) das próprias mãos da Virgem, Atanásio, o fundador da Grande Laura, deu à igreja o nome de Anunciação.

C

Calisto e Inácio Xanthopoulos

Calisto Xanthopoulos, patriarca de Constantinopla durante alguns meses em 1397, recebeu, como monge, o ensinamento ascético do Monte Athos. Ele compôs com seu amigo Inácio Xanthopoulos um tratado sobre a vida ascética (P.G., t. 147).

Calisto Telicoudas

Asceta da Escola de Calisto e Inácio Xanthopoulos. Conhecemos dele um opúsculo: *Sobre a prática hesicasta*, reproduzido por Migne (P.G., t. 147, col. 817-825).

Câmara Alta

Também chamada de cenáculo. Lugar em Jerusalém onde os discípulos se reuniram para a Última Ceia (sobre a colina do Sion, hoje em dia, quarteirão essênio) e onde eles se refugiaram após a Crucifixão. Foi ali que eles receberam a efusão do Espírito Santo, no dia de Pentecostes, dia do nascimento da Igreja.

Canônico

Aquilo que é conforme aos cânones.

Os cânones, ou "regras", não são exatamente leis no sentido jurídico do termo. Eles estão mais próximos das normas, guias e diretivas destinados a aplicar o espírito do Evangelho na vida concreta da Igreja e dos monastérios e a proteger os mistérios e as verdades da fé e da vida monástica das interpretações vãs e errôneas.

O termo "cânone" aplica-se a um vasto leque de textos:

1) Regras da vida para as igrejas (dogmático e disciplinar).

2) Listas, catálogos de livros considerados como autênticos e úteis à instituição (serão considerados como não canônicos os evangelhos não úteis à instituição, mas preciosos para estimular a fé e o imaginários dos crentes. Cf. os apócrifos nos quais se inspira a iconografia (Natividade; Vida da Virgem; Descida aos infernos etc.).

3) Coletâneas de odes e de textos litúrgicos;

4) Cânones relativos aos ícones, critérios relativos à qualidade litúrgica de uma imagem.

Cânticos, hinos, odes

"Reciteis juntos os salmos, os hinos e os cânticos inspirados, cantai e celebrai YHWH de todo vosso coração" (Ef 5,19).

Os ofícios litúrgicos no Monte Athos utilizam certo número de composições poéticas que, segundo cada caso, podem ser chamadas de odes, hinos ou cânticos.

Durante o ofício das matinas cantamos o "cânone", composição que comporta nove odes, cada uma formada por diversas estrofes (ou tropários) introduzida por um primeiro canto (*hirmos*). Este canto tira sua inspiração de uma das nove odes bíblicas.

1) Ex 15,2-18: 1º Cântico de Moisés;

2) Dt 32,1-43: 2º Cântico de Moisés;

3) 1Sm 2,1-10: Cântico de Ana;

4) Hb 3,1-19;

5) Is 26,9-20;

6) Jn 2,3-10;

7) Dn 3,26-56: Cântico dos Três Jovens;

8) Dn 3,57-88: Hino dos Três Jovens;

9) Lc 1,47-55 (o *Magnificat*) e 68-79 (o *Benedicite*).

Um hino é cantado durante a liturgia eucarística, no momento da Grande Entrada, ao longo da qual os santos são transferidos da mesa de preparação até o altar com vistas à sua consagração. Este hino, hino dos querubins, convoca os fiéis a ultrapassar as preocupações do mundo e, seguindo o exemplo dos querubins, a se preparar para receber na Comunhão o Rei de todas as coisas.

O Cântico de Simeão, recitado no final das vésperas, manifesta a revelação da Encarnação do Filho de Deus. O velho profeta, na sua alegria, escreve: "Agora tu podes deixar teu servidor ir em paz" (Lc 2,29-32).

Carta constitucional do Monte Athos

Elaborado sobre a base das *crisóbulas* e das *typika* dos imperadores bizantinos, dos *sigillia* patriarcais, dos *firmans* dos sultões otomanos, dos regulamentos gerais do Monte Athos ainda em vigor e, enfim, das leis e costumes especiais dos monges hagioritas, o Estatuto constitucional do Monte Athos foi aprovado no dia 10 de maio de 1924 pelo *Synaxis* extraordinário e duplo do Athos e confirmado pelo governo grego no dia 10 de setembro de 1926.

Artigo primeiro

A santa montanha do Athos é composta de vinte monastérios; monastérios soberanos, imperiais, patriarcais e stavropegiáquicos, que, segundo o costume imemorial, são classificados na seguinte ordem hierárquica:

1) O Santo Monastério da Grande Laura (Lavra);
2) O Santo Monastério de Vatopédi;
3) O Santo Monastério de Iviron;
4) O Santo Monastério de Chiliandariou (Chilandari);
5) O Santo Monastério de Dionísio;
6) O Santo Monastério de Koutloumousiou;
7) O Santo Monastério de Pantokratoros (Pantokrator);
8) O Santo Monastério de Xéropotamou;
9) O Santo Monastério de Zographou;
10) O Santo Monastério de Dochiariou;
11) O Santo Monastério de Karakallou;
12) O Santo Monastério de Philothéou;
13) O Santo Monastério de Simonos Pétras (Simopetra);
14) O Santo Monastério de Haghiou Pavlou (São Paulo);
15) O Santo Monastério de Stavronikita;
16) O Santo Monastério de Xénophontos (Xénophon);
17) O Santo Monastério de Grigoriou;
18) O Santo Monastério de Esphigmenou;
19) O Santo Monastério de Rossikon (São Pantéleimon);
20) O Santo monastério de Konstamonitou (Kastamanitou).

Todos os outros estabelecimentos, *skites*, *kellia* e *hisychastiria* (eremitérios), constituem dependências de cada um dos vinte monastérios soberanos.

Católico

No Monte Athos os monges se consideram "católicos", é o que eles confessam junto com todos os ortodoxos no Credo de Niceia-Constantinopla.

Católico no sentido de "católico romano" é, antes, considerado uma "heresia", comportamento cismático, cortado, separado da verdadeira Igreja, católica ortodoxa.

Etimologicamente, a palavra "católico" – *katholikos* – vem de *kat-olon*, "segundo o todo". Ela significa principalmente uma ideia de plenitude, assim como de universalidade. Dizer que a Igreja é "universal" não é, ainda, dizer que ela é "católica".

É importante que se compreenda a noção de catolicidade. Por exemplo, no que diz respeito à interpretação das Escrituras, nenhum versículo pode ser interpretado se não estiver em relação com a totalidade do texto: *kat-olon*, "segundo o todo".

Um membro do corpo não encontra seu lugar no corpo se não for na relação com "todo" o corpo (*kat-olon*).

Uma Igreja só pode ser considerada católica na sua relação com "todas" as outras igrejas (*kat-olon*) que compartilham a plenitude da mesma fé ortodoxa (o Credo de Niceia-Constantinopla).

Cenobitas

Monges que vivem em comum segundo as *typikas* ou regras, confirmados ou com nuances segundo o higumeno ("pai abade": do monastério).

Em um mosteiro cenobita tudo é vivido em comum: trabalhos e refeições, orações e hábitos, o espiritual e o material...

A observância em um *coenobium* é estrita. A vida comum é considerada como uma verdadeira ascese. Cada um recebe do higumeno uma tarefa precisa:

- O *arhondaris* acolhe os hóspedes;
- O *kambanaris* anuncia os ofícios ao som da simandra;
- O *anagnostis* é encarregado das leituras na igreja e no refeitório;

• O *skévophylax* é responsável pela biblioteca;

• O *trapezaris* do refeitório;

• O *dochiaris* é encarregado do abastecimento;

• O *arsanaris* é o guardião da pequena porta deste monastério; fora dos períodos de jejum (mais da metade do ano), o peixe é para os cenobitas um alimento de festa. Eles acrescentam legumes cozidos ao peixe, temperados com azeite, um pedaço de queijo (feta) e frutas.

Vale observar que nos monastérios cenobitas não existem "irmãos conversos", todos são monges, qualquer que seja sua função, padre, iconógrafo, cozinheiro ou pescador (de peixe fresco), todos devem orar "sem cessar", participar da liturgia e tornar-se, dessa maneira, "teólogo", contemplativos, participantes da vida da Uni-Trindade...

Clero

Laicos e padres são batizados e consagrados; todos celebram, cada um em seu lugar, na Igreja.

A estrutura hierárquica da Igreja, a distinção entre padres e laicos, tem como objetivo apenas o crescimento de cada um e de todos, juntos na plenitude do Corpo do Cristo. O objetivo é o senhor de todos para todos: "Que ninguém se orgulhe do lugar que ocupa, pois o todo é a fé e o amor e não há nada abaixo" (SANTO INÁCIO. Epístola aos Esmirniotas 6, 11).

Clímaco, São João

Também chamado de João do Sinai (525-616).

Ele permaneceu toda sua vida na solidão, aos pés do Monte Sinai, exceto durante alguns anos, quando ele dirigiu o Monastério de Santa Catarina.

Sua obra mais famosa é *A escada da ascensão divina*. Escrita em um estilo firme onde abundam as sentenças, esse tratado da perfeição se liga à tendência mística e contemplativa de Evágrio e, através dele, de Gregório de Nissa e Orígenes (Texto em MIGNE. P.G., t. 88, col. 596-1209).

É na *A escada da ascensão divina* que encontramos uma das primeiras alusões à "oração de Jesus": "Que a oração a Jesus seja apenas uma com a tua respiração e conhecerás o fruto do silêncio e da solidão" (P.G., t. 88, col. 1112).

É preciso, segundo João Clímaco, galgar os trinta degraus da perfeição espiritual que ele imagina sob a forma de uma grandiosa escada voltada para o céu. Os monges devem percorrer os degraus desta escada, onde cada uma recebe um número, e de onde eles podem cair. Verdadeira suma da vida ascética, *A escada da ascensão divina* é o livro de cabeceira de todo atonita. A obra foi traduzida para o francês em 1652 por Arnauld d'Andilly e inspirou o abade de Rancé, o reformador da Ordem Trapista.

"O verdadeiro monge": um olhar imóvel da alma e um sentido corporal inabalável. O monge: uma luz que não se apaga ao olhar do coração [...] (degrau 23).

Coeterno

Segundo o símbolo de Niceia-Constantinopla: "O Filho nasceu do Pai antes de todos os séculos", isso quer dizer que os ortodoxos acreditam que o Filho de Deus é coeterno ao Pai e compartilha com Ele a mesma eternidade.

O monge hesicasta, unido ao Filho, pode se aproximar desta experiência de coeternidade; a vida eterna não é a vida após a morte; se ela é eterna, é a vida antes, durante e após esta vida;

é a dimensão de eternidade no coração desta vida presente, a experiência do não tempo no coração do tempo.

A vida mortal e a Vida eterna não são "duas vidas", são dois níveis de realidade da mesma e única Realidade.

Recusar ao Cristo sua coeternidade com o Pai é recusar ao ser humano a coeternidade da vida que ele tem com a Vida que ele é. É deslocar o tempo para fora e em exílio da eternidade; é esvaziar o presente fugaz do seu lugar junto à presença eterna; é dissociar, separar o puro instante do Eterno; é fechar o homem em "seu ser para a morte", em sua vida mortal, separado da Vida eterna.

Um rio separado da sua fonte ainda pode ser considerado um rio? Uma vida separada da Vida ainda pode ser considerada uma vida?

Concílios ecumênicos

A Igreja Ortodoxa é frequentemente chamada de Igreja dos Sete Concílios, pois todas as igrejas locais que, juntas, a formam, reconhecem a autoridade dos sete grandes concílios (assembleias) ecumênicas (ou seja, universais), nomeadas desta maneira por reunirem o episcopado do "universo habitado" (este é o sentido da palavra *oekouménè*).

Estes concílios foram recebidos e aceitos por todas as igrejas e todo o povo em acordo plenário. O objetivo nunca foi o de fazer triunfar a opinião de uma maioria, mas de fazer com que todos confessassem a verdadeira fé revelada. Eles tiveram a tarefa de organizar a Igreja, de definir seu ensinamento sobre as doutrinas fundamentais da fé e de manter a unidade do Corpo do Cristo – a Igreja. Os concílios ecumênicos elaboraram suas formulações diante da necessidade de fechar o caminho ao erro e de preservar as verdades ameaçadas pelas heresias. Os bispos conciliares não pretendiam explicar ou definir os mistérios que ultrapassam a compreensão humana, mas protegê-los excluindo todas as falsas abordagens. Esses concílios eram convocados pelo imperador, e suas decisões consideradas como leis do império.

Eis a lista dos sete grandes concílios ecumênicos:

1) Niceia (325): condenou o arianismo, enfatizou a plena divindade do Cristo, consubstancial ao Pai, e formulou a doutrina da Santa Trindade.

2) Constantinopla (381): retomou o trabalho do 1º concílio e dedicou-se ao desenvolvimento do Credo, colocando a ênfase sobre o Espírito Santo, que "procede do Pai".

3) Éfeso (431): condenou a heresia de Nestório e afirmou que Maria é a Mãe de Deus – *Theotokos* – pois ela deu à luz ao Verbo de Deus tornado carne.

4) Calcedônia (451): condenou o monofisismo. Afirmou que o Cristo é uma pessoa única, sem divisão nem separação, com duas naturezas unidas, sem confusão nem alteração, perfeito na sua divindade, perfeito na sua humanidade, verdadeiramente Deus e verdadeiramente homem.

No Concílio de Calcedônia foi estabelecido o sistema, mais tarde conhecido sob o nome de pentarquia, que dava às cinco sés seus lugares respectivos segundo a ordem de presença: Roma vinha em primeiro lugar, depois Constantinopla, Alexandria, Antioquia e Jerusalém. O bispo de cada uma dessas cidades recebeu o título de patriarca. A ordem de precedência não indica uma supremacia qualquer de uma sé sobre as outras. Trata-se da primazia de honra e de uma presidência na caridade *entre os iguais*[11].

5) Constantinopla (553): confirmou as decisões de Calcedônia, explicando de maneira mais positiva como as duas naturezas do Cristo formam apenas uma pessoa.

6) Constantinopla (680-681): condenou a heresia monotelita, forma bastarda do monofisismo. Afirmou que o Cristo possui duas vontades: uma humana, outra divina.

7) Niceia (787): definiu a teologia do ícone. Proclamou que os ícones deveriam ser honrados nas igrejas, nas casas etc. "Aquele que venera a imagem venera a realidade que ela representa."

Os concílios ecumênicos em momento algum se tornaram órgãos automáticos de infalibilidade doutrinária. Eles nem sempre receberam a adesão imediata de toda a Igreja. Assim, o 1º concílio foi discutido durante quase cinquenta anos antes de tornar-se o exemplo ideal de Concílio ecumênico. Um Concílio ecumênico reunido em Éfeso em 449 foi inteiramente rejeitado. Após o Concílio de Calcedônia, certas igrejas orientais recusaram, por diversas razões, os textos do concílio. Chamadas de igrejas "não calcedonianas", elas ainda não encontraram a comunhão com o conjunto da ortodoxia, apesar de estarem em curso os conciliábulos que visam a união.

Não devemos confundir os concílios ecumênicos com o movimento ecumênico que, desde o início do século, agrupa diversas igrejas cristãs no seio de conselhos e comissões dos quais participam os ortodoxos.

---

11. Após o cisma, no Ocidente suas sanções foram negadas ou aceitas parcialmente pelos papas, que sustentavam que o Cristo, ao tornar São Pedro, o primeiro papa, fundando a Igreja sobre ele, tornou-a, por vontade divina, "monárquica", e não pentárquica" [N.T.].

Elas organizam encontros entre representantes qualificados para tentar substituir a incompreensão pelo diálogo.

Consagração

Em grego *kathaghiasis*, santificação: o ato que torna santo. Este termo tem diversos sentidos. Ele pode, entre outras coisas, significar:

a) Que consagramos a nós mesmos, ou outra pessoa, ou alguma coisa, ao serviço de Deus.

b) Que o Santo Espírito torna santo, santifica, impregna, irradia o criado de energias incriadas, como um sol que vivifica.

c) Com relação à Eucaristia, trata-se da descida do Santo Espírito sobre a oferenda da Igreja (ou "anáfora"). Este envio do Santo Espírito é pedido, na liturgia de São João Crisóstomo, através da seguinte oração:

> Tu, que tanto amastes o mundo que destes teu Filho único para que qualquer um que creia n'Ele não pereça, mas tenha a Vida eterna. Ele, que na noite onde foi entregue, ou melhor, onde Ele próprio se entregou para a vida do mundo, tomou do pão em suas mãos santas, puras e imaculadas, deu graças, o abençoou, o santificou, o partiu e deu a seus discípulos e apóstolos dizendo: "Tomai e comei, este é o meu Corpo que foi partido por vós, em remissão dos pecados"; da mesma maneira, Ele tomou o cálice após a refeição, dizendo: "Bebei todos, este é o meu Sangue, o Sangue da Nova Aliança, que foi derramado por vós e para uma multidão em remissão dos pecados".

O bispo ou o padre que o representa pede a vinda do Espírito Santo (*epiclese*):

> Nós oramos e te suplicamos: envia teu Santo Espírito sobre nós e sobre os dons que são apresentados aqui e faz deste Pão o Corpo precioso de teu Cristo, e isto que está neste cálice, o Sangue precioso do teu Cristo, operando a mudança pelo teu Espírito Santo, para que eles se tornem, para aqueles que o recebem, a purificação da alma, remissão dos pecados, comunhão do teu Santo Espírito, plenitude do Reino dos Céus.

Na teologia ortodoxa, as "santas espécies" não são objeto de uma "problemática" especial sobre a questão de saber *como* e *quando* aconteceu a transmutação. É um mistério que não saberíamos explicar segundo as categorias deste mundo. Este mistério se abre sobre a fé. Na oração dita antes da Comunhão, os fiéis declaram: "[...] Eu também acredito que este é o Teu Corpo muito puro e que este é o Teu Sangue muito precioso". Eles podem em seguida cantar na alegria: "Nós vimos a verdadeira luz, nós recebemos o Espírito celeste". É o Espírito Santo que "revela os elementos da nossa oferenda como comunhão no Espírito Santo. *Isto é a consagração*" (SCHMEMANN, A. *Para a vida do mundo*, p. 51).

Toda liturgia é "transformação": "(ela) se passa no novo tempo pelo Espírito Santo; ela é de, pedaço em pedaço, *epiclese*, invocação do Espírito Santo que transfigura aquilo que se realiza, todos os atos sacramentais. Nenhum saber, além do da fé, nenhuma 'ciência', podem oferecer uma explicação daquilo que se passa no tempo novo, para a vinda do Espírito Santo, através da transformação da existência em vida nova do Reino de Deus que está entre nós" (SCHMEMANN, A. *A Eucaristia, sacramento do Reino*, p. 246). "Para toda a Igreja Ortodoxa, a oração eucarística forma um todo indivisível cujas fases mais marcantes – ações de graça, anamnese, epiclese – fazem parte de um único ato de consagração" (WARE, K. *A ortodoxia*, p. 380).

Nicolas Cabasilas (século XIV), em sua obra *Explicação da divina liturgia*, enfatiza que é confiando a consagração à oração do padre que contamos não com o poder humano, mas com o poder de Deus. Ele acrescenta – e é bom lembrar que a palavra "consagração" não se aplica apenas ao pão e ao vinho durante a liturgia eucarística – que "da mesma maneira que a ordenação do padre, também a do bispo, são operadas pela oração". O padre e o bispo são assim "consagrados". "O altar também é santificado pela crisma, que é, por sua vez, consagrada pelas orações" (*Explicação da divina liturgia*, p. 185). Esta santa crisma é utilizada para a unção durante o batizado/crisma. Ela é "consagrada e santificada" pela oração proferida por um bispo, normalmente o próprio patriarca.

Compreendemos, então, que toda consagração é um ato de comunhão divino-humana que, através da oração da Igreja dirigida no Cristo ao Pai, realiza-se através da descida do Santo Espírito.

Cordeiro

O Apocalipse fala várias vezes deste Cordeiro: "Ao que está assentado sobre o trono, e ao Cordeiro, sejam dadas ações de graças, e honra, e glória, e poder para todo o sempre" (Ap 5,13). Sua vitória sobre os poderes do mal o consagra como "Rei dos reis e Senhor dos senhores" (Ap 17,14). Suas núpcias são celebradas com a Jerusalém celeste, a Igreja (Ap 9,7; 21,9). Restará a única luz, o único templo (Ap 21,22-24) quando toda luz se tornará escura e o último dos templos será destruído...

Na liturgia ortodoxa, o pedaço de pão de oferenda, tirado e colocado sobre a patena para ser consagrado e distribuído aos fiéis durante a Comunhão, é chamado de Cordeiro e se tornará o Corpo do Cristo. Quando o padre corta esse pedaço de pão, ele recita os versículos de Isaías: "como um cordeiro conduzido ao matadouro..." (Is 53,7).

Cosmos

Palavra grega que significa "ordem". É o universo no seu conjunto considerado como criação harmoniosa de Deus.

O homem tinha sido chamado por Deus para ser responsável por todo o criado. Seu fracasso (a queda) também foi uma catástrofe cósmica que o próprio Criador teve que reparar. A Encarnação é considerada como tendo um significado cósmico, pois, por um lado, o Verbo é em Deus o agente da criação e, por outro lado, pela sua vinda ao mundo, Ele se fez homem. A restauração do homem em Cristo é acompanhada pela restauração do cosmos. "Através da pessoa do Cristo, a realidade sacramental de seu corpo, a vida dos santos, a transfiguração de todo o cosmos é antecipada: mas sua vinda em toda força ainda está por vir. Todavia, essa glorificação já é uma experiência viva e acessível a todos os cristãos, particularmente na liturgia" (MEYENDORFF, J. *Iniciação à teologia bizantina*, p. 205).

Nós devemos tomar consciência da nossa responsabilidade para com o cosmos e a natureza para fechar o caminho a todo tipo de poluição e devastação. "Deves libertar a natureza da nossa avidez, nós devemos respeitá-la, embelezá-la, espiritualizá-la para que a glória de Deus nela penetre segundo a intenção original da criação" (STANILOAE, D. *Unidade dos cristãos*, n. 58).

D

Damasceno, João

Monge do Monastério de São Sabbas em Jerusalém, ele teve um papel preponderante como defensor das imagens no primeiro período da querela iconoclasta.

Suas obras essenciais são *Os três discursos contra os iconoclastas* (726-737) e a *Fonte do conhecimento*, vasta síntese das doutrinas filosóficas e teológicas, ao mesmo tempo compilação das principais heresias. Este livro tornou-se o manual dogmático da Idade Média grega. Santo Tomás de Aquino e Pierre Lombard tinham conhecimento da sua existência, pois, desde o século XII, ele fora traduzido para o latim (Texto em MIGNE. P.G., t. 94-95).

Cf. DAMASCENO, João. *Homilias sobre a natividade e a dormição* (Fontes cristãs, n. 80).

Docetas

Do grego *dokein*, "parecer", "assemelhar-se".

O docetismo é a mais antiga, porém sempre nova, heresia do cristianismo. É pensar que o Cristo não é realmente um homem, mas um deus pertencente a um panteão qualquer, que "fingiu", que "representou" o papel de ser humano; sua forma física, sua sexualidade, suas emoções, seus sentimentos, seus sofrimentos, sua morte... não foram reais, foram apenas "aparências".

É contra esses "docetas" e, particularmente, contra Cerinto[12] que teria ensinado em Antioquia no final do século I, que o Apóstolo São João se oporá com veemência, chamando-os de "anticristos".

"No mundo entraram muitos sedutores que não confessam por Jesus Cristo vindo na carne. Eis o sedutor e o anticristo" (2Jo 1,7). Cf. igualmente Jo 2,22; 1Jo 4,2-3.

Alguns monges do Monte Athos ainda se surpreendem com isso: o sedutor, o mentiroso, o anticristo não é aquele que nega a divindade do Cristo e a espiritualidade do homem, mas aquele que recusa que esta espiritualidade e esta divindade sejam vividas no concreto do corpo: "Tudo que não é assumido não é salvo". Se o Cristo não assumiu sua sexualidade, o prazer, o sofrimento, o desejo, o apaziguamento do desejo, a agonia e a morte etc., estes não foram realmente salvos, estes não são lugares onde a Vida se encarna. A "matéria" não pode ser transfigurada, divinizada...

Para São João, a espiritualidade ortodoxa, ser "espiritual" não é ir rumo à "desencarnação" ou tentar, através de todos os tipos de macerações ou de excessos, "sair do corpo". Esta é a obra da mentira, da ilusão ou do anticristo em nós.

Introduzir o Espírito (*Pneuma*), o Sopro, onde nossa carne é mais espessa, é "confessar Jesus Cristo na carne", reconhecer o Vivente "Eu Sou" em todos os atos e em todas as coisas.

---

12. Na interpretação de Cerinto, o espírito de "Cristo" veio a Jesus no momento do seu batismo, guiando-lhe em todo o seu ministério, mas abandonando-o momentos antes de sua crucificação [N.T.].

"Tudo que fizeres ao menor dentre meus membros, é a Mim, "Aquele que É" que o fazes", quer se trate do corpo individual, do corpo social, do corpo eclesiástico ou do corpo cósmico.

Doxologia

Do grego *doxa*, louvor. Palavra de louvor, ato de louvar o Ser que está Presente.

Ortodoxia, como sabemos, quer dizer: *orto*: "reto": *doxa*: "louvor".

Ser ortodoxo é manter-se reto no louvor do Ser que está Presente. É celebrar o instante... Esse Instante é Aquele onde o Filho, em nós, está voltado para o Pai, no Sopro (*Pneuma*)... É por esta razão que a doxologia, que aparece incessantemente tanto na liturgia como na vida do monge ortodoxo, é: "glória ao Pai, ao Filho e ao Santo Espírito..."

"Glória": que esteja realmente presente em tudo que vivo, digo, faço, a Presença do Pai (a origem, a Fonte daquilo que é). A Presença do Filho, "a manifestação, a encarnação do "Ser que é". A Presença do Santo Espírito (a consciência de estar ligado na manifestação que "Eu Sou" com YHWH, a origem do Sujeito que "Eu Sou")...

A vida doxológica ou ortodoxa é também uma participação na vida dos anjos que cantam incessantemente a grande doxologia: o *Triságion* (Is 6,3), celebração do Único três vezes santo.

"Santo Deus, Santo Forte, Santo Imortal..." é o reconhecimento do Outro (Santo-*Kadosh*), da Outra Vida, a grande, no coração da nossa pequena vida mortal.

Ela é "Deus Santo": luz.

Ela é "Santo Forte": energia.

Ela é "Santo Imortal": eternidade.

Quando dizemos que os monges do Monte Athos "devem" levar uma "vida angelical", isso não quer dizer que eles devem "sair de seu corpo" ou da matéria, mas que eles devem introduzir em seu corpo e na sua matéria as qualidades de louvor e de alegria próprias aos anjos...

Em diversas *skites* e monastérios, assim como no segredo das células, ouvimos frequentemente essa grande doxologia, eco de uma doxologia mais íntima.

Todo dogma, toda celebração litúrgica ortodoxa, tem um caráter doxológico. Dar glória a Deus é reconhecer n'Ele, em nosso amor e nossa gratidão, a manifestação da verdadeira vida além do tempo, do espaço, da corrupção e da morte e dos conceitos de nossa razão demasiado humana.

Ao longo da divina liturgia, o "Glória ao Pai e ao Filho e ao Santo Espírito" é uma glorificação da Trindade e manifesta o caráter teofânico da oração.

Uma doxologia é cantada no final do *orthros* (ofício da manhã: matinas e laudes): a grande doxologia no domingo e nos dias de festa, a pequena doxologia durante a semana:

> Glória a Deus nas alturas, paz sobre a terra, benevolência aos homens. Nós Te louvamos, nós Te abençoamos, nós Te adoramos, nós Te damos graça pela Tua grande glória.
>
> Senhor, Rei celeste, Pai todo-poderoso! Senhor, Filho único e Santo Espírito! Senhor, Cordeiro de Deus, Filho do Pai. Tu que carregas o pecado do mundo, tenha piedade de nós; Tu que carregas o pecado do mundo, recebe nossa prece; Tu que habitas à direita do Pai, tenha piedade de nós, pois Tu

és o único Santo, Tu és o único Senhor, à glória de Deus Pai. Amém.

Cada dia eu Te abençoarei e louvarei Teu Nome nos séculos e nos séculos e séculos. Faça-nos dignos, Senhor, de nos guardar neste dia sem pecado. Tu és abençoado, Deus de nossos pais; louvado e glorificado é o teu Nome nos séculos.Amém.

Que Tua misericórdia, Senhor, esteja sobre nós, pois nós em Ti esperamos. Tu és abençoado, Senhor, ensina-me teus preceitos (3 vezes). Senhor, Tu fostes para nós um refúgio de idade em idade. Eu disse: Senhor, eu me refugiei em Ti, ensina-me a fazer a Tua vontade. Pois Tu és o meu Deus, em Ti está a fonte da vida, em Tua luz nós veremos a luz.

Estenda, ó Deus, Tua misericórdia àqueles que Te conhecem. Deus Santo, Santo Forte, Santo Imortal, tenha piedade de nós (3 vezes). Glória ao Pai e ao Filho e ao Espírito Santo, agora e sempre, no século dos séculos. Amém. Santo Imortal, tenha piedade de nós. Deus Santo, Santo Forte, Santo Imortal, tenha piedade de nós.

E

Economia

Oikonomia em grego.

Para os cristãos, essa palavra tem um outro sentido, ao mesmo tempo mais amplo e mais preciso, do que aquele de uso corrente; ele significa: "qualidade que consiste em reduzir as despesas, em regulá-las com rigor". Existe, contudo, certa relação entre o sentido ortodoxo da palavra e uma outra definição clássica: "direção, administração de uma casa".

1) No plano divino

Esse vocábulo, neste plano, designa a intenção de salvação dos homens, realizada pela Encarnação redentora de Jesus Cristo, sua morte e sua Ressurreição. Esta intenção, este desígnio, engloba todo o plano divino, desde a criação até o final dos tempos. Cf. São Paulo: "Em toda sabedoria e toda inteligência, Ele nos fez conhecer o mistério da sua vontade, segundo a bem-aventurada intenção que formara em si mesmo" (Ef 1,9-10) e "a obra do Cristo é uma economia do mistério oculto desde a eternidade em Deus" (Ef 3,9).

"Macário utiliza normalmente o termo 'economia' para designar a disposição pela qual Deus, ao renunciar ao uso do seu todo-poder que poderia nos transformar em um minuto, adapta-se às nossas necessidades e dissimula a ação da sua graça para respeitar a nossa liberdade..."

2) No plano humano

O plano divino confiou aos homens a conduta da história e do mundo. Para São Paulo, anunciar o Evangelho é uma economia que nos foi incumbida por Deus (Cl 9,17) através dos carismas recebidos pelo serviço da Igreja: "Da qual eu estou feito ministro segundo a dispensação (*oikonomia*) de Deus, que me foi concedida para convosco, para cumprir a Palavra de Deus" (Cl 1,25).

Assim, por analogia ao plano divino, a Tradição emprega o termo "economia" para designar o conjunto das disposições pelas quais a Igreja é levada, quando ela tem que enfrentar certos problemas, a se colocar ao alcance dos homens e das suas fraquezas, para salvá-los. Trata-se de uma "pedagogia" que utiliza uma flexibilidade viva, além de uma interpretação legalista, na aplicação de cânones e regulamentos. Regulamentos cujas disposições "nem sempre correspondem à realidade plena e universal do Evangelho e não podem, por elas mesmas, adquirir a certeza de que obedecemos à vontade de Deus ao aplicá-las. Segundo uma expressão do Patriarca Nicolau o Místico (901-907, 912-925), a economia é uma "imitação do amor de Deus pelo homem" e não apenas uma "exceção à regra" (MEYENDORFF, J. *Introdução à teologia bizantina*, p. 121).

Portanto, a economia não é uma norma jurídica, ela envolve as implicações práticas da fé cristã.

O bispo pode, em certos casos, afastar-se da regra estrita em função das necessidades desta ou daquela pessoa ou nesta ou naquela situação, mas sempre permanecendo no desígnio de Deus para a salvação dos homens. A "lei" é necessária, mas a misericórdia deve subentendê-la, aliás, as derrogações jamais podem constituir leis em si mesmas. Cada padre faz uso dos princípios da economia e assume diante de Deus os riscos que ele corre ao agir dessa maneira, orando para que o Santo Espírito lhe conceda o discernimento necessário.

Um exemplo, dentre outros, para tentar ilustrar este princípio da economia: o casamento é considerado pela Igreja Ortodoxa como uma relação única, eterna, que a própria morte não dissolverá; contudo, um segundo casamento – quer seja um viúvo ou um divorciado – é tolerável "por economia", como um mal menor no caso de uma situação humana insustentável.

A economia é uma vontade divina "sempre salutar que sabe criar um maior proveito para os homens em todas as vicissitudes dos seus desvarios, com a condição de que o homem saiba reconhecer a vontade de Deus" (LOSSKY, V. *Teologia mística da Igreja do Oriente*, p. 135). A economia lembra a primazia do amor sobre a lei.

Efraim o Sírio (306?-373)

O mais antigo dentre os escritores sírios, após Bardesano e Afraate (ou Afrates).

Nascido na cidade de Nisibis (atualmente a cidade de Nusaybin, na Turquia) de pais pagãos, ele foi batizado pelo Bispo Tiago. Compôs diversos poemas e comentários da Bíblia. Retirou-se a Edessa, onde morreu no dia 9 de junho de 373.

Sua influência foi grande, como atestam as diversas traduções dos seus escritos para o grego, árabe e armênio. Gregório de Nissa conheceu suas obras e escreveu seu panegírico.

Ele foi, sobretudo, um comentarista da Bíblia e raramente se aventurou em especulações metafísicas ou teológicas. Um dos assuntos favoritos dos seus sermões é o julgamento final. "Uma das suas predicações fez deste terrível anúncio uma representação viva pelo diálogo que se estabeleceu entre seu auditório e ele, pela inquietude das demandas, pela assustadora precisão das respostas". Este discurso, ou melhor, este drama, célebre em toda a cristandade do Oriente, era citado com admiração no século XIII por Vincent de Beauvais e, sem dúvida, não passou despercebido por Dante.

Energias

A tradição ortodoxa estabelece, por um lado, uma distinção entre a essência de Deus e suas energias, ou seja, suas operações, e, por outro lado, as manifestações do seu poder.

Deus está, pela sua essência, além da nossa compreensão, radicalmente transcendente. No entanto, suas energias, sua graça, seu poder, suas ações preenchem o universo e nos são acessíveis. Não existe divisão em Deus, a Trindade é una e indivisa. A essência é Deus na sua integralidade, tal qual Ele é em Si mesmo. As energias são Deus igualmente na sua integralidade, tal qual Ele é na ação. O homem participa, pela graça, não da essência de Deus, mas das suas energias, sem fusão nem confusão. O homem permanece humano. Ele não é absorvido, aniquilado ou dissolvido como uma boneca de sal em um mar infinito. Entre Deus e o homem existe sempre uma relação de pessoa a pessoa: novamente, nós nos encontramos diante de uma verdade paradoxal, uma antinomia: Deus, além de tudo aquilo que podemos pensar e dizer e, ao mesmo tempo, Deus mais próximo de nós do que nós mesmos.

O exemplo clássico nos é fornecido por São Gregório Palamas: o sol nos é inacessível, mas ele nos comunica seu brilho, sua luz, seu calor. Da mesma maneira, a essência, o ser de Deus nos é inacessível, mas Ele nos comunica Sua santidade, Seu amor, Sua graça, que não são efeitos criados em nós, mas a participação nas Suas energias incriadas. Deus, de toda maneira, nos impregna, nos irradia com Suas Energias, para nos fazer "participar da natureza de Deus" (2Pd 1,4).

Epectase

Do grego *epectasis* que, literalmente, significa "estar tenso" e, a partir daí, uma extensão, um alongamento. Para os Padres da Igreja e para São Gregório de Nissa em particular, este termo é aplicado à doutrina da divinização do homem: "Para que não haja ansiedade no desejo, trata-se de estarmos saciados, mesmo desejando; e para que a saciedade não leve ao desgosto, trata-se de desejar estando saciado". O prazer e o desejo não se opõem. O prazer da Presença próxima cura o desejo da sua ansiedade e da sua carência; o desejo, a Presença jamais alcançada, cura o prazer do risco de fechar-se sobre si mesmo e da autossatisfação. A epectase evoca esta união da sede e da fonte.

Epiclese (ou Epíclese)

Originário de uma palavra grega que significa "invocação". Invocação do Santo Espírito que transfigura tudo aquilo que se realiza na liturgia em particular e em todos os atos sacramentais.

Momento do cânone eucarístico onde o padre, após ter, ao longo da anamnese, lembrado a instituição da santa ceia, pede ao Pai que envie seu Santo Espírito "sobre nós e sobre os dons que estão aqui presentes" e de fazer do pão e do vinho o Corpo e o Sangue do Cristo.

Toda a vida humana deveria ser uma epiclese, uma invocação ao Sopro santo para que Ele vivifique e transfigure todas as coisas a cada momento. A qualidade da nossa oração é o poder do nosso desejo; a força da nossa invocação (epiclese) para que seja reconhecida a presença "d'Aquele que É".

A epiclese é, então, abertura do corpo, do coração e do espírito àquilo que nos é dado desde sempre e que nada pode nos tirar: "O Ser que é aquilo que ele é – YHWH. Ali, no instante considerado como favorável (*kairos*)".

Um momento de epiclese, de descida do Espírito Santo, é um momento de pura coincidência do nosso ser ao Ser que está aqui, de pura adequação ou aderência do nosso "Eu Sou" ao "Eu sou que é"...

Epignose

Do grego *epignôsis*, termo bíblico e patrístico que significa o conhecimento de alguma coisa ou de alguém; conhecimento por conaturalidade. Tornamo-nos aquilo que conhecemos. O Ser e o Conhecimento são Um.

Escatologia

Do grego *eschaton*, último, e *logos*, palavra, informação.

Palavra ou informação relativa à finalidade do homem e do mundo; por derivação, palavra ou informação relativa ao fim do mundo e ao fim dos tempos (Julgamento final).

> A fé cristã é essencialmente escatológica porque os acontecimentos que são a sua fonte – a vida, a morte, a ressurreição e a glorificação do Cristo, a descida do Espírito Santo e a instituição da Igreja – são vistos e vividos não apenas como fim e cumprimento da história da salvação, mas também como inauguração de uma vida nova; conhecimento de Deus, comunhão com Ele, possibilidade, apesar de ser ainda "neste mundo", de saborear um "aperitivo" e de tomar realmente parte na alegria, na paz e na justiça do "mundo por vir" (A. Schmemann).

A vida monástica é frequentemente apresentada no Monte Athos como sendo uma "escatologia" realizada. O monge é considerado como aquele que cumpre a finalidade do ser humano, através da sua contemplação e do seu amor ou, ainda, através da sua *práxis* e da sua *gnosis*. A vida monástica seria a vida ideal ou a vida sonhada pelo próprio Jesus e os apóstolos.

Os monges, através da sua obediência à vontade de Deus (que aquilo que é, seja!) recolocariam, de uma certa maneira, a terra no céu.

Quando a Vida trinitária, o Amor divino que é a Vida por vir do homem se realiza no presente, há escatologia ou, mais exatamente, "parusia"[13] (ou parúsia), desdobramento da Presença no presente. O mundo por vir não é um "outro" mundo, já é o mundo vivido "de outra maneira": na Consciência de Ser "Eu Sou" voltado para o Pai, voltado para os outros, no "Santo Amor"....

Essência

Derivado de *esse*, palavra latina que significa "ser".

Quando falamos da "essência" de Deus, nós evocamos o mistério de Deus, seu Ser em si, inteiramente outro, invisível, inconcebível, além de tudo aquilo que podemos dizer ou pensar, radicalmente transcendente.

Ele é incompreensível, no sentido onde compreender significaria que poderíamos defini-lo, cercá-lo, conhecê-lo inteiramente com os recursos da nossa inteligência.

A essência designa Deus tal qual Ele é em Si mesmo, permanecendo além de todo conhecimento humano. Segundo Gregório de Nazianzo, "aquilo que Deus é por Sua natureza e Sua essência, nenhum ser humano jamais o descobriu ou descobrirá".

Mas este Deus está, contudo, próximo de nós, presente em todo lugar e preenche tudo. Ele se revela a nós enquanto pessoa: seu Verbo encarnado, seu Filho feito homem. Ele se manifesta pelas suas ações, suas energias. "Ele está, pela sua essência, fora de tudo, mas Ele está em tudo pelo Seu poder" (Santo Atanásio). "Nós não conhecemos Deus na sua essência. Nós o conhecemos, antes, pela magnificência da sua criação e a ação

---

13. Regresso glorioso de Cristo no final dos tempos para o cumprimento do Juízo Final [N.T.].

da Sua Providência que nos apresentam, como em um espelho, o reflexo da Sua bondade, da Sua Sabedoria e do Seu poder infinitos" (São Máximo o Confessor).

O Filho e o Santo Espírito são "consubstanciais" ao Pai", ou seja, as três Pessoas da Trindade são Um em uma única e mesma essência, um único Deus.

Dizíamos, então, que Deus é uma única Essência (*mia ousia*), em três hipóstases ou pessoas, que são, de algum modo, os sustentáculos desta única essência, como três círios cujos pavios se tocam, dando vida, assim, a uma única chama.

Eulogia

Do grego *eulogia*, termo patrístico e litúrgico que significa uma bênção ou algo recebido como bênção.

F

Fé

A vida no Monte Athos é impossível sem fé: adesão do corpo, do coração e da inteligência à Presença invisível em todos os dons e presentes visíveis.

A fé é o firme fundamento das coisas que se esperam, e a prova das coisas que se não veem (Hb 11,1).

Se vós não acreditais, também não compreendeis (Is 7,9, tradução da Septuaginta).

Não temas; crê somente (Lc 8,50).

Enquanto tendes luz, crede na luz, para que sejais filhos da luz (Jo 12,36).

É necessário que aquele que se aproxima de Deus creia que Ele é (Hb 11,6).

É Deus quem lança a flecha do amor, Seu Filho monogênico, após ter umedecido as três extremidades da ponta com o Espírito vivificante, a ponta é a fé que não apenas introduz a flecha, mas é também o arqueiro (Gregório de Nissa).

O desejo de Deus é a própria visão de Deus (Gregório de Nissa).

O homem de fé não é aquele que crê que Deus tudo pode, mas aquele que crê poder tudo obter (São João Clímaco).

A fé coloca ao nosso alcance aquilo que parecia ser sem esperança; o próprio bom ladrão pode disso dar provas (São João Clímaco).

A fé é a porta dos mistérios (Santo Isaac o Sírio).

A fé possui olhos espirituais, aquilo que os olhos do corpo são para as coisas sensíveis, a fé o é para os olhos secretos (Santo Isaac o Sírio).

A fé é um poder relacional ou uma relação eficiente da união completa, sobrenatural, do crente com o Deus no qual ele acredita (São Máximo o Confessor).

Deus colocou no fundo das almas o desejo de alcançar o Bem que elas desejam, a Verdade que elas buscam, pois a alma humana tem sede de infinito. Nós não buscamos, nós fomos buscados. A fé é um dom do Santo Espírito (Nicolas Cabasilas).

A fé cristã está orientada para o Eterno presente, para a plenitude revelada em e pelo Cristo (Georges Florovsky).

A fé não é do domínio da simples inteligência. Ela não se cultiva, ela não se faz crer através de exames e estudo. A fé – que é confiança em Deus e abandono a Deus – é completamente ligada ao amor que é o próprio Deus. É amando, oferecendo o máximo que puderes ao outro, ao teu irmão, ao Cristo, e terminando por oferecer a ti mesmo a Deus, que O conhecerás, que crerás (Padre Basílio de Stavronikita).

A fé não nasce de uma carência, mas da plenitude do amor e da alegria (Padre Alexandre Schmemann).

Fiat

Palavra latina que significa "que isso seja" ou "que isso aconteça". É uma das palavras mais sagradas do Evangelho, aquela que torna a encarnação e a divinização possíveis. Ela expressa a abertura total do corpo, do coração e do Espírito à Vida que se dá, a confiança que nos une àquilo que nos acontece. Não é apenas uma atitude de aceitação ou de "deixar acontecer", é uma maneira de "desposar" o Real, de fazer apenas um com "Aquele que É", de lhe dizer "sim".

Essa palavra de aquiescência é a palavra do espírito virgem, do coração silencioso, a palavra dita por Maria ao anjo e, através dele, a Deus.

Nicolas Cabasilas expressa essa ideia na sua homilia sobre a Anunciação: "A Encarnação, diz ele, foi não apenas obra do Pai, do Seu Poder e do Seu Espírito, mas também obra da vontade e da fé da Virgem. Sem o consentimento da Imaculada, sem o concurso da fé, este desígnio seria tão irrealizável quanto sem a intervenção das três Pessoas divinas. Foi apenas após tê-la instruído e persuadido que Deus a tomou por Mãe e empresta dela a carne que ela quer lhe emprestar. Da mesma maneira como Ele se encarnou voluntariamente, Ele gostaria que Sua Mãe lhe desse à luz livremente e de pleno acordo" (LOSSKY, V. *Teologia mística...*, p. 137).

Filioque (cf. Processão)

Filocalia

O cristianismo não é apenas uma filosofia, um amor pela sabedoria, ele é também uma filocalia, um amor pela beleza. "Deus é Belo e Ele ama a Beleza"; a oração não é considerada como uma técnica, mas como uma arte.

O desejo de Deus é o desejo do Belo, esplendor do verdadeiro, Sabor do Bem. "A beleza salvará o mundo", dizia Dostoievski. É a beleza de certas paisagens, de certos semblantes, de certas liturgias que, frequentemente, no Monte Athos, nos "salvam" da nossa mediocridade ou da nossa alienação à qual nos conduzem nossos pensamentos: um instante e estamos no "deslumbramento"... "Como o mundo é belo!" Isso não é esquecer-se de tudo aquilo que não é belo, é a revelação daquilo que está sempre aqui. Faltavam apenas nossos olhos e a abertura do coração para vê-lo.

É a esta abertura do coração que se destinam as coletâneas de textos chamados de "filocalia". *A filocalia dos padres néticos*, publicada em Veneza em 1782, é uma coletânea de textos patrísticos sobre a oração espiritual e a vigília do coração ou da sobriedade, reunidos e publicados em Veneza por um monge do Monte Athos, Nicodemo de Naxos ou o Hagiorita. Quase no mesmo momento, o stárets Paisius Velitchkovski (1722-1794) estabeleceu uma filocalia eslava (Dobrotolioubié) publicada em 1794. A edição em língua russa, obra de Teófano, bispo de Tambov, surgiu em Moscou depois de 1877. Ela é muito diferente, pela escolha dos autores, da filocalia de 1794.

G

Gesto de bênção nos ícones

Cada gesto, cada cor nos ícones possui um sentido e é suscetível de uma interpretação não apenas subjetiva, mas segundo tradição[14].

Por exemplo: uma mão que abençoa é uma mão que fala, que, literalmente, "diz uma boa palavra" (*bene dicere*), com uma "boa dicção". Em hebraico, "mão" se diz *yad*, palavra semelhante à *yod*, primeira letra do tetragrama sagrado YHWH. Além disso, *yada* significa "eu conheço". Ele se faz conhecer sobre o ícone "Aquele que é o Ser que Ele É": ele nos dá a mão. Trata-se do conhecimento inseparável do amor e da experiência sensível, como quando é dito que "Adão conheceu Eva e que eles tiveram um filho". Pedir a mão a alguém é pedir-lhe para nos conhecer, nos tocar e nos fecundar. A mão do Pantocrator nos apazigua, nos torna inteligentes; ela nos "diz realmente" o que é a Encarnação. Ela abençoa da mesma maneira que os padres ortodoxos: os dois dedos levantados simbolizam as duas naturezas do Cristo, unidas sem confusão e sem separação; os três outros dedos simbolizam a Uni-Trindade. A posição do conjunto dos dedos desenha geralmente o monograma grego que designa o Cristo: IC-XC. Assim, como indica um manual do Monte Athos: "Através da divina providência do Criador, os dedos da mão do homem, quer eles sejam mais ou menos longos, estão dispostos de maneira a poder figurar o nome do Cristo".

---

14. Cf. LELOUP, J.-Y. *O ícone, uma escola do olhar*. São Paulo: Unesp, 2006.

Graça

Conhecemos Deus através das Suas energias. As energias são o próprio Deus, agindo e revelando-se ao mundo. É através delas que Deus entra em relação com a humanidade. Com relação ao homem, essa energia divina nada mais é do que a graça de Deus. É a própria manifestação do Deus vivente, é a "energia ou processão da natureza una, a divindade ao distinguir-se inefavelmente da essência, comunicando-se aos seres criados, deificando-os. No Santo Espírito a vontade não é mais externa a nós: ela nos confere a graça pelo interior, manifestando-se em nossa própria pessoa, enquanto nossa vontade humana permanecer de acordo com a vontade divina e cooperar com ela adquirindo a graça, tornando-a nossa" (LOSSKY, V. *Teologia mística*..., p. 169).

Gregório o Sinaíta

Monge do Monte Athos (século XIV). Nascido na segunda metade do século XIII, morto por volta de 1346. Originário da Ásia Menor. Vindo do Sinai, ele restaurou no Monte Athos a tradição hesicasta e restabeleceu com vigor a oração perpétua. Ao longo das grandes querelas hesicastas (1320-1340), ele teve que deixar o Monte Athos e instalou-se na Bulgária, onde fundou um monastério perto da cidade atual de Kavaklu. O texto grego da sua vida foi publicado por Pomialovski em São Petersburgo em 1894 (em *Publicações da faculdade de história e de filologia da universidade de São Petersburgo*, t. 35), texto eslavo escrito por P. Syrku, São Petersburgo, 1909 (Obras em MIGNE. P.G., t. 150).

H

Heresias

Os atonitas são grandes adversários das heresias; eles nos lembram que os concílios foram reunidos apenas para lutar contra as heresias, ou seja, contra "as verdades parciais que acreditam ser toda a verdade".

A palavra grega *houresis* implica uma escolha, uma seleção, uma tomada de partido, às custas da "visão do Todo" (*kat-olon*: católico).

O 1º concílio (Niceia, 325) recusou o arianismo.

O 3º concílio (Éfeso, 431) combateu o nestorianismo e afirmou que Maria é verdadeiramente a Mãe de Deus (*Theotokos*), o que salvaguarda a unidade da pessoa do Cristo, verdadeiro Deus e verdadeiro homem.

O 4º concílio (Calcedônia, 451) reagiu contra a terminologia monofisita, afirmando que o Cristo é realmente uma pessoa única, mas que n'Ele existem duas naturezas. A verdadeira natureza humana tendo sido assumida pelo Verbo, nossa natureza inteira deve entrar em comunhão com Deus.

O 5º concílio (Constantinopla, 553) explicou, de maneira mais positiva, como as duas naturezas do Cristo formam apenas uma mesma pessoa e superou as sequelas do nestorianismo e do monofisismo.

O 6º concílio (Constantinopla, 680-681) condenou a heresia monotelita que era uma nova forma de monofisismo. Os monotelitas pretendiam que o Cristo, tendo duas naturezas, mas sendo apenas uma única pessoa, tinha apenas uma única vontade. O concílio replicou que, tendo duas naturezas, Ele tinha duas vontades: uma vontade divina e uma vontade humana.

O 7º concílio (Niceia, 787) ergueu-se contra os iconoclastas que reclamavam a destruição dos ícones. A vitória final das santas imagens em 843 é conhecida sob o nome de triunfo da ortodoxia. A Igreja triunfou na luta pelos ícones, afirmando a possibilidade de expressar as realidades divinas na matéria – símbolo e garantia da nossa santificação.

Heresia é esquecer-se que a verdade é um paradoxo, assim como o erro é o esquecimento da verdade contrária.

Por exemplo: Ário tinha razão ao afirmar que o Pai era maior do que o Filho, pois era isso o que o próprio Jesus dizia: "O Pai é maior do que eu" (Jo 14,28). Ele esquecia uma outra palavra do Evangelho: "O Pai e eu somos Um", ou "Antes que Abraão fosse, Eu Sou"; "Eu Sou", "*ego eimi*", sendo o Nome divino revelado a Moisés na sarça "que queimava sem se consumir" (outro paradoxo, a divindade no coração da humanidade queima e brilha, mas não destrói a espinhosa humanidade)... (cf. NESTÓRIO. Monofisismo).

Hesíquio

Padre e exegeta do século V. Autor de comentários alegóricos sobre o Antigo e o Novo Testamento segundo o método de Orígenes e dos alexandrinos. O texto ao qual o peregrino russo faz alusão é obra de um outro monge com o mesmo nome, Hesíquio de Batos (séculos VI-VII), discípulo de João Clímaco. Ele se encontra na segunda centúria dirigida a Teódulo, sentença 7 (cf. MIGNE. P.G., t. 39, col. 1480-1544).

Higumeno

Superior ou "pai" – *abba* de um monastério.

Nos *coenobium* (monastérios cenobitas), tudo se realiza sob sua responsabilidade; uma vez eleito, ele permanece no cargo durante toda a vida. Ele exerce sua autoridade espiritual com a ajuda de procuradores (*epitropes*) e de um conselho de anciãos (*gerontia*).

Apesar do higumeno dever curvar-se diante de vários regulamentos, viver segundo o Evangelho, permanecer atento à inspiração do Espírito, nenhuma autoridade humana é colocada acima da dele, sequer o chefe da confederação monástica atonita. O "protos" não é o Cristo e é ao Cristo que o higumeno deve permanecer submisso.

Horário

Ir ao Monte Athos não é mudar de país, é mudar de tempo. E, mesmo tendo chegado lá, descobrimos que os monastérios não vivem no mesmo horário. A hora bizantina indica 0 hora ao pôr do sol – é a regra geral, mas o Monastério de Iviron é regrado pelo nascer do sol (sistema caldeu). Em Vatopédi, o dia se organiza hoje em dia em função do horário europeu...

A hora bizantina tem, ao menos, a virtude de desviar nosso olhar do relógio e de fazer com que reaprendamos a olhar o sol e, com ele, reencontrar os grandes ritmos da vida "natural"...

Dionysiou – Vatopédi

Dois exemplos de horários e de emprego do tempo; deveríamos dizer de "celebração do tempo". Este não tem outra função a não ser a de nos abrir à Eternidade pela consciência do Sopro e a invocação do Nome, na oração...:

Dionysiou	(Na Europa)	Emprego do tempo
6h-7h	(0h-1h)	"Rosário" atonita e 300 inclinações.
7h-10h	(1h-4h)	Matinas (*orthros*).
10h-11h30	(4h-5h30)	Descanso
11h30-12h	(5h30-6h)	Acordar e oração
12h-1h30	(6h-7h30)	Liturgia e louvores à Panaghia
1h30-2h	(7h30-8h)	Café da manhã
2h-6h	(8h-12h)	Trabalhos e atividades
6h-8h	(12h-14h)	Sesta e estudos
8h-9h30	(14h-15h30)	Trabalhos e atividades
9h30-10h30	(15h30-16h30)	Vésperas (*hesperinos*)
10h30-11h30	(16h30-17h30)	Jantar
11h30-6h	(17h-0h)	Descanso

Vatopédi	Emprego do tempo
4h-7h	Matinas (*orthros*) e liturgia
7h-10h	Trabalhos e atividades monásticas
10h-12h	Trabalhos, estudos etc.
12h-15h	Almoço e sesta
15h-16h	Vésperas (*hesperinos*)
16h-18h	Trabalhos e atividades monásticas
18h-19h	Preparação do jantar
19h-21h	Jantar e leitura
21h-4h	Oração individual e descanso

I

Ícone

Geralmente traduzido por "imagem"; a nominação *ikon*, que vem do grego, tem um sentido mais profundo, que vem do verbo *eiko*, ou seja, fazer lugar retirando-se diante d'Aquilo que deve ocupar todo o lugar..." (Heidegger). Diferentemente do ídolo, o ícone apaga-se diante daquilo que ele representa, ele é apenas o sinal visível do Invisível, o Sujeito ou hipóstase proposto à contemplação daquele que não saberia se contentar em ser um mero espectador.

Para a tradição ortodoxa, a própria existência das imagens e sua veneração nas igrejas é uma confissão da encarnação do Cristo e de toda economia da Salvação. Este aspecto da doutrina da veneração das imagens ainda permanece estranha ao Ocidente. No entanto, ela estava no coração da querela iconoclasta, que agitou o mundo cristão de 726 a 787, e de 815 a 843 e manteve uma importância primordial para a ortodoxia.

Segundo a tradição ocidental, a presença das imagens nas igrejas é justificada pela sua utilidade catequética e pedagógica. Desde o ano 600, em uma carta endereçada ao Bispo Serenus de Marselha, o Papa Gregório o Grande legitimou o uso das pinturas dizendo que elas são para os iletrados aquilo que as Escrituras são para os que sabem ler. Não devemos, portanto, destruí-las, tampouco adorá-las. Este texto permanecerá sendo a autoridade fundamental para o Ocidente. Para os gregos, pelo contrário, este ponto de vista pedagógico é secundário. O recurso às imagens é uma exigência decorrente do mistério da própria Encarnação. Como ensinavam São João Damasceno e os doutores bizantinos, se o Filho de Deus realmente tornou-se homem para nossa salvação, então, sem nenhuma dúvida, nós podemos e devemos representá-lo pela imagem e podemos também representar os santos, que são seus membros. Rejeitar a imagem é rejeitar toda a economia da salvação cumprida pela Encarnação do Cristo. Em seu segundo discurso para a defesa das santas imagens, João Damasceno escreveu:

> Se tivéssemos feito uma imagem do Deus invisível, nós teríamos cometido um grande pecado: de fato, é impossível representar pela imagem aquilo que não possui uma carne, aquilo que é invisível, inconcebível e desprovido de forma. Mas, como Deus assumiu a carne e apareceu encarnado sobre a Terra, vivo entre os homens e, em sua indizível bondade, revestiu-se da natureza, do volume, do aspecto e da cor da carne, nós não cometemos um pecado representando-o, pois nós desejamos ardentemente contemplar seu semblante.

O vínculo entre o ícone e o seu protótipo, como concebido pela teologia ortodoxa, leva a uma consequência importante. A carne do Cristo não está unida à natureza divina apenas na pessoa do Logos; em virtude desta união, ela está intimamente penetrada e transfigurada pelo brilho incriado da natureza divina; ora, como o ícone representa a pessoa do Cristo segundo sua humanidade, ele participa desta impregnação divina, ele é portador da graça para aqueles que o veneram.

Iconografia

Um manual de iconografia atonita é, antes de tudo, um guia e um testemunho da fé cristã.

Como são representadas as maravilhas da antiga lei

Sobre os nove coros dos anjos. Os coros dos santos anjos são em número de nove, seguindo São Dionísio o Areopagita, e divididos em três ordens:

- Primeira ordem: *Tronos, Querubins e Serafins*

Os Tronos são representados como rodas de fogo, tendo asas à sua volta. O meio das asas é semeado de olhos: o conjunto da configuração representa um trono real.

Os Querubins são representados apenas com a cabeça e duas asas.

Os Serafins têm seis asas; duas sobem em direção à cabeça, duas descem em direção aos pés e duas desdobram-se como se quisessem voar; eles carregam em cada mão o *flabellum* com esta inscrição: "Santo, santo, santo". É desta maneira que o Profeta Isaías os vê.

Como são representados os Tetramorfos

Eles possuem seis asas, a cabeça envolta por um halo, o rosto de um anjo; com suas mãos eles carregam, de encontro ao peito, o Evangelho. Entre as duas asas que ultrapassam a cabeça há uma águia; sobre a asa do lado direito há um leão; sobre a asa do lado esquerdo, um touro. Esses três animais simbólicos olham e seguram entre seus pés os evangelhos; esses eram os Tetramorfos, tais quais foram vistos pelo Profeta Ezequiel.

- Segunda ordem (chamados Governo): *Os Domínios, as Virtudes, os Poderes*

Eles vestem túnicas que chegam aos pés, cintos de ouro e estolas verdes. Na mão direita eles seguram varinhas de ouro e, na esquerda, um selo.

• Terceira ordem: *Os Principados, os Arcanjos, os Anjos*

Esses são representados com vestes de soldados e cinturões de ouro. Eles seguram em suas mãos dardos com machados; a ponta dos dardos é em forma de lança de ferro.

Os santos profetas, suas características e suas epígrafes

• O Profeta Moisés, cabelos cinza, pouca barba; ele diz: "A sabedoria tudo criou".

• O Profeta-rei Salomão, jovem, imberbe; ele diz: "A sabedoria construiu uma morada etc."

• O Profeta Elias, idoso, barba branca; ele diz: "Viva o Senhor, o Deus dos poderes, o Deus de Israel!"

• O Profeta Eliseu, jovem, calvo, barba longiforme; ele diz: "O Senhor está vivo; Ele deu vida à tua alma e Ele não te abandonará".

• O Profeta Isaías, idoso, grande barba; ele diz: "Escuta, céu; terra, dá ouvidos, pois o Senhor falou..."

• O Profeta Jeremias, idoso, barba curta e rala; ele diz: "E chegou o dia em que o Verbo do Senhor me disse: "Antes de eu ter te formado..."

A ressurreição do Cristo

O túmulo está aberto. Sobre a tampa está sentado um anjo vestido de branco; com uma mão ele segura uma lança; com a outra ele mostra a mortalha e o sudário no fundo do túmulo. Mulheres carregando a mirra, segurando vasos em suas mãos.

O Cristo, aparecendo às mulheres que carregam a mirra, diz-lhes: "Alegrai-vos".

O Cristo de pé, abençoando com as duas mãos. À sua direita, a santa Virgem; à sua esquerda, Maria Madalena: elas se põem de joelhos e beijam seus pés.

Pedro e João, chegando ao túmulo, creem na ressurreição.

O túmulo. Pedro se inclina para olhar dentro e toca o sudário com suas mãos. João, de pé, do lado de fora, olha com surpresa. Perto dali, Maria Madalena derrama lágrimas.

O Cristo aparece a Maria Madalena.

O túmulo. Dois anjos vestidos de branco estão sentados sobre ele. Diante do túmulo, o Cristo, de pé, segura seu manto com uma mão; Ele diz: "Maria! Não me retenhas!" Maria, de joelhos diante dele, pede-lhe para deixar tocar seus pés.

A Parábola do Publicano e do Fariseu

Dois homens subiram ao templo para orar. Descrição: o templo com uma escada. Diante do santuário, o fariseu, velho de grande barba, com largas vestes, a cabeça coberta por um véu, de pé, os olhos voltados para o céu. Ele estende uma mão para o alto; com a outra, ele mostra o publicano. O demônio do orgulho está sentado sobre a sua cabeça. Diante dele, o publicano, os olhos fixados sobre a terra, bate no seu peito. Um anjo acima dele o abençoa.

Os Estilitas

• São Simeão o Estilita: idoso, barba curta, dividida em dois;

• São Simeão o Maravilhoso: orador, idoso, barba arredondada;

• Daniel o Estilita: idoso, barba pontiaguda;

• Alypius da coluna: idoso, grande barba;

• São Lucas o Neoestilita: cabelos grisalhos, barba dividida em dois.

Os Poetas

• Germano, o Patriarca, idoso, barba rala. Ele diz: "Que o coração dos santos se alegre em todos os séculos, pois eles herdaram o Reino dos Céus!"

• Sofrônio de Jerusalém: cabelos grisalhos, barba pontiaguda. Ele diz: "Escuta, céu; terra, dá ouvidos: que as fundações sejam abaladas..."

• Filoteu, o Patriarca: idoso, barba pontiaguda. Ele diz: "Colham o perfume celeste, pois o Cristo..."

• André de Creta: idoso, barba branca. Ele diz: "Seja minha ajuda e minha proteção para a salvação..."

Os epítetos que são escritos sobre as imagens do Cristo

IC-XC (Jesus Cristo). "O Pantocrator – Aquele que dá a vida. – O Salvador do mundo. – O Misericordioso. – O Anjo da grande vontade. – Emanuel." Quando representares a segunda vinda ou o Juízo Final: "O Juiz justo". Quando representares o Cristo como bispo: "O Rei dos reis, o grande Patriarca". Quando representares uma crucifixão: o "Rei da glória". Quando Jesus carrega sua cruz sobre seus ombros: "O Cordeiro de Deus que tira os pecados do mundo".

Inscrições que é preciso colocar sobre o Evangelho do Cristo, seguindo os diferentes lugares onde Ele é representado

• Para o Pantocrator: "Eu sou a luz do mundo: aquele que me segue não caminha nas trevas, mas ele terá a luz da vida".

• Para o Salvador do mundo: "Aprendam comigo que sou doce e humilde de coração, e encontrareis..."

• Para aquele que dá a vida: "Eu sou o pão vivo descido do céu; se alguém comer desse pão, ele viverá na eternidade".

• Para o Anjo da grande vontade: "Eu vim de Deus e retornarei a Deus; pois eu não vim de mim mesmo..."

• Quando representares Jesus Cristo com os profetas: "Aquele que receber um profeta em meu nome receberá a recompensa do profeta".

• Quando o representares com os apóstolos: "Eis que vos concedo o poder de caminhar sobre serpentes e sobre escorpiões..."

• Quando o representares com os bispos: "Vós sois a luz do mundo: não podemos esconder uma cidade que está sobre uma montanha".

• Quando o representares com os mártires: "Aquele que me confessar diante dos homens, eu o reconhecerei também diante do meu Pai, que está nos céus".

• Quando o representares como grande pontífice: "Senhor, Senhor, olha para mim das alturas do céu; vê e considera esse vinhedo e cuida daquela que tua mão direita plantou..."

Inscrições para os quadros que carregam os anjos na imagem da Natividade chamada "A Rosa"

• Sobre o quadro de São Miguel: "Aurora brilhante! Eu a saúdo, ó mulher única!"

• Sobre o quadro de Gabriel: "Vós, que fizestes germinar uma divina espiga, eu vos saúdo!"

• Sobre o quadro que eles carregam juntos: "Ó rosa incorruptível! Eu a saúdo, flor única!"

DIDRON, A. *Manual de iconografia cristã grega e latina*. Paris: [s.e.], 1845.

Iconostase

Tabique de madeira, de pedra ou mármore que, no santuário, separa o coro da nave. Ele aparece frequentemente coberto por ícones, particularmente entre os russos.

Idiorritmia

Literalmente, "sistema individual" (*idios*: particular, pessoal; *rhytmos*: ritmo, ordem, regra). Neste contexto, cada monge é livre para conduzir sua ascese, seu ritmo de vida e de oração como lhe aprouver ou como ele ouvir do Espírito que o guia...

Uma família monástica idiorrítmica compõe-se de cinco ou seis monges reunidos em torno de um presidente (*prés tos*) que, como um verdadeiro pai, vela pela harmonia do grupo. O número de mosteiros idiorrítmicos com relação aos cenobitas variou muito ao longo dos anos.

Hoje em dia, as comunidades do Monte Athos escolheram o cenobitismo.

Imaginal

Entre o mundo sensível e visível, tal qual ele pode ser capturado pelos sentidos e o mundo inteligível e invisível, acessível ao intelecto purificado, situa-se o mundo imaginal, "visível" e "invisível", "sensível" e "inteligível". Este se revela ao coração ou à "imaginação agente".

Este mundo é aquele onde "natural e graciosamente" somos introduzidos através dos ícones e da liturgia... Os monges do Monte Athos são assim preparados à contemplação deste mundo intermediário, que não é nem o da pesada matéria, nem o da pura luz... É ali que eles descobrem "o Espírito que se faz carne e a carne que se faz Espírito"...

Para os praticantes do hesicasmo, o conhecimento "dá a ver", ele pode tomar a forma de alguém (homem ou animal) ou de alguma coisa; não é nem uma alucinação nem uma ilusão quimérica, mas um símbolo vivo que ilumina e instrui o caminho daquele que vê.

Aquilo que aparece desta maneira diante de si é o nível ou o portal de um conhecimento adquirido ou a adquirir.

As aparições, ao mesmo tempo reais e simbólicas, são frequentes entre os monges, particularmente entre aqueles que, pela prática do hesicasmo, tornaram-se familiares ao *unus mundus*, mundo das sincronicidades. O interior e o exterior, o visível e o invisível, não são mais vividos como separados.

O próprio Ferrante Ferranti[15] entrou neste mundo – Uno – onde a matéria, a alma e o espírito vivem em boa convivência e harmonia. Suas imagens dão testemunho disso:

> A visão objetiva de um cisne sobre o Mar Egeu seria surpreendente e poderia parecer impossível àquele que não é familiar à realidade do mundo imaginal. No Monte Athos, como lhe lembrou um santo monge a quem ele pediu o discernimento, o que existe de mais normal e mais maravilhoso ao mesmo tempo? Em todo caso, sinal de ternura daquele que dispensa a graça e ordena a natureza em suas diferentes formas, visíveis e invisíveis.

Falta descobrir a mensagem ou a informação comunicadas por este cisne. Todos sabem: "Da Grécia Antiga à Sibéria, passando pela Ásia Menor, tanto para os povos eslavos quanto

15. Fotógrafo, nascido na Argélia em 1960, de mãe sarda e pai siciliano. Fotografou o Monte Athos para o livro *Chemins sur l'infini*, com texto de Jean-Yves Leloup [N.T.].

para os germânicos, um amplo conjunto de mitos, de tradições e de poemas celebra o cisne, pássaro imaculado, cuja brancura, o poder e a graça fazem dele uma viva epifania da luz"[16].

Na Grécia, o cisne é conhecido como o companheiro inseparável de Apolo, o deus "lício"[17], o deus lobo (*lug*), ou seja, *logos* e luz. Aliás, o cisne sempre foi visto pelos alquimistas como emblema do mercúrio. Nele estão presentes a cor e a mobilidade, assim como a volatilidade proclamada pelas suas asas. Ele conduz ao centro e à integração dos opostos (água-fogo), assim evocando o arquétipo do andrógino. No Monte Athos falaríamos, antes, de *anthropos*, o "homem transfigurado", que, tendo apaziguado suas polaridades masculina e feminina, dá testemunho de que no Cristo não há mais, como diz São Paulo, "nem macho nem fêmea", mas uma pessoa inteira, unificada, à imagem de Deus.

À semelhança de Apolo, os monges do Monte Athos reconhecerão na presença do cisne um encorajamento do Cristo a seguir seu esforço de "harmonização" das suas polaridades masculina e feminina e, ainda mais profundamente, das suas dimensões carnais e espirituais.

A vocação dos habitantes da santa "quase ilha" e do peregrino que caminha sobre suas margens não é a de unir em si o céu e a terra?

Inascibilidade

Literalmente, o fato de não ser nascido.

---

16. Cf. CHEVALIER, Jean & GHEERBRANT, Alain. *Dicionário dos Símbolos* [s.n.t.].

17. Originário da Lícia, região montanhosa da Ásia Menor que se tornou província romana.

"Existe em nós um não nascido, não feito, não criado e se não houvesse em nós este não nascido, não feito, não criado, não haveria saída para aquilo que é nascido, feito e criado", dizem os budistas.

Na teologia cristã, a inascibilidade, o fato de ser "não nascido", aplica-se a Deus Pai que não é engendrado, ou seja, que não tira sua origem de nada, que é sem princípio causal, que está acima de toda causa ou necessidade, de toda noção de tempo e de espaço...

Assim, o lugar onde somos engendrados é pura liberdade, "não nascido, não feito, não criado"... Isso merece uma "pausa" e nossa adoração: "Para, para onde corres? Neste momento o Pai engendra em ti seu filho", dizia Angelus Silesius. Dele, de onde provém toda paternidade no céu e na terra (Ef 3,14).

A paternidade humana, física e espiritual, talvez seja um eco desta gratuidade, desta liberdade, puro Dom, sem causa e sem finalidade, além da expressão de uma generosidade ou de um Amor "inato"...

Ser "Pai" é não ser a Causa (primeira ou segunda) de um filho ou de uma filiação. É testemunhar um Amor livre e gratuito com relação a tudo que existe, é testemunhar uma qualidade de relação inaudita e inefável...

Isaac de Nínive

Chamado igualmente Isaac o Sírio. Asceta e místico nestoriano do final do século VII.

Originário da Arábia (região do Beith Qataraye, sobre a costa do Golfo Pérsico diante das ilhas de Bahrein). Ele entrou cedo no Convento de Mar Mattai no djebel Makkoub, cerca de trinta quilômetros ao norte de Mossoul.

Foi criado na sede episcopal de Nínive pelo patriarca nestoriano Jorge, que ali morou entre 660 a 680. No entanto, ele lá não pôde ficar, sem dúvida devido ao ciúme do clero local contra um estrangeiro, e dali se retirou ao cabo de cinco meses. Ele morreu em uma idade muito avançada no Convento de Rabban Schabar, tendo ficado cego após uma vida de austeridades e devido às suas leituras.

Das suas obras traduzidas para o grego no século XVIII e publicadas por Nicéforo Theotoki (2. ed., Atenas, 1895) encontramos alguns trechos em Migne (P.G., t. 86, col. 811-886). Sob o título *Liber de contempteur mundi* estão assim reunidos vinte e cinco sermões diferentes, distribuídos arbitrariamente em cinquenta e três capítulos. O mesmo relato foi colocado nas filocalias grega e eslava. É desta maneira que ele chegou até a Rússia. Podemos lembrar que em *Os Irmãos Karamazov*, Smerdiakov é um leitor assíduo de Isaac o Sírio.

Os sermões de Isaac o Sírio foram publicados em russo na revista *Khristianskoe Tebtenia* entre 1821 e 1849.

K

Kenosis

Ação de esvaziar-se de si mesmo e de se fazer "nada".

A Epístola aos Filipenses fala da seguinte maneira sobre a *kenosis* do Cristo: "Tenhais entre vós os mesmos sentimentos que estão no Cristo Jesus":

"Ele, que é de condição divina, mas não reivindicou seu direito de ser tratado como um igual de Deus.

Mas Ele se despojou,
Tomando a condição de escravo.
Tornando-se similar aos homens
E reconhecido em seu aspecto como um homem,
Ele rebaixou-se
Tornando-se obediente até a sua morte,
A morte sobre uma cruz.
É por isto que Deus soberanamente o elevou
E lhe conferiu o nome que está acima de todo nome
Para que, ao ouvir o nome de Jesus, todo joelho se dobre
Nos céus, sobre a terra e sob a terra.
E que toda língua proclame que o Senhor é Jesus Cristo
À glória de Deus Pai"[18].

O cristão, e particularmente o monge, pode viver, a exemplo do Cristo, esta experiência de rebaixamento e de elevação, de morte e de ressurreição, de vazio e de plenitude. "É preciso que Ele cresça e que eu diminua", dizia João Batista; é preciso que o eu diminua para que o self venha a ser. Quando lhe perguntaram: "Quem és tu?", João Batista respondeu: "Eu não sou", um outro é "Eu Sou" e é no aniquilamento (*kenosis*) do meu "eu sou" que o Ser poderá acontecer...

Esse aniquilamento (*kenosis*) pode tomar uma forma negativa e trágica de "destruição", ou uma forma positiva de abertura, do ser finito ao Ser infinito.

É pela desapropriação do meu ser que o Ser pode acontecer, é quando eu não sou "nada", *no-thing*, uma não coisa, quando não me identifico a nada, a nenhum pensamento ou imagem, que o Todo pode se revelar.

---

18. Fl 2,5-11.

É no silêncio imaculado que o *logos* se encarna, é na perda de todas as minhas identidades passageiras e ilusórias que me é revelado meu nome, acima de todo Nome: "Eu sou o que Eu sou".

L

Liturgia

Na Igreja Ortodoxa a celebração eucarística que a Igreja latina chama de "missa" é designada pelo nome de "divina liturgia". Essa celebração tem um caráter completamente dominical; na Igreja Ortodoxa o domingo guardou seu caráter de celebração hebdomadária da Ressurreição e, por outro lado, a divina liturgia não é centrada unicamente na morte sacrificial do Cristo sobre a cruz, ela torna sacramentalmente presente todo o mistério da salvação e, muito particularmente, a Ressurreição.

Por isso a divina liturgia tem um caráter essencialmente festivo. Como, ao longo dos anos, as festas dos santos se multiplicaram e foram assimiladas até certo ponto aos domingos (já que os santos participam no céu da glória do Cristo ressuscitado), atualmente a divina liturgia pode ser celebrada quase todos os dias do ano. No entanto, ela não pode ser celebrada nos dias que possuem uma forte tonalidade penitencial, como os dias da semana da Grande Quaresma (da segunda à sexta), os dias da semana santa (salvo a Quinta-feira Santa) e certas vigílias e grandes festas.

Relembrando a história

Durante os três primeiros séculos não existiam festas fixas da divina liturgia. O bispo que celebrava improvisava seguindo um esquema tradicional, substancialmente idêntico em toda a Igreja. Pouco a pouco, no entanto, nos principais centros da cristandade, tomou-se o hábito de consignar por escrito algumas desses anáforas (ou cânones eucarísticos) improvisadas, e esses textos deram nascimento às grandes tradições litúrgicas da Igreja, sobretudo as de Roma, Alexandria, Jerusalém, depois de Constantinopla, cidade que recebeu o segundo posto após Roma, como nova capital do Império Romano.

Três liturgias são empregadas hoje em dia na Igreja Ortodoxa: a de São João Crisóstomo, a de São Basílio e a de São Tiago, irmão do Senhor.

A liturgia de São João Crisóstomo é, sem dúvida, uma antiga liturgia de Antioquia, retocada por este santo e introduzida por ele em Constantinopla quando se tornou arcebispo desta cidade. A liturgia de São Basílio foi composta por ele sobre a base da antiga liturgia da Capadócia, ela própria originária de Antioquia. A liturgia de São Tiago é ligada à tradição de Jerusalém.

Até o século XI a liturgia de São Basílio era habitualmente utilizada na órbita de Constantinopla. A de São João Crisóstomo, mais curta, era apenas um texto de apoio. Mas, finalmente, ela acabou impondo-se como texto ordinário da divina liturgia. A de São Basílio é utilizada apenas durante uns dez dias do ano, os cinco domingos da Grande Quaresma, a quinta e o sábado santos, as vigílias de Natal e da Teofania (6 de janeiro) e o 1º de janeiro, Festa de São Basílio.

A liturgia de São Tiago ainda é celebrada pelas igrejas gregas no dia 23 de outubro, Festa de São Tiago, primeiro bispo de Jerusalém.

Esquema da divina liturgia

1) Preparação das oferendas ("Prótese" ou "*Proskomídia*")

2) Liturgia da Palavra

a) Prelúdios

Grande litania

Cantos sálmicos e pequenas litanias; canto das beatitudes

Pequena entrada (procissão do Evangelho)

Tropários (curtas composições remetendo à festa do dia e aos santos padroeiros da Igreja)

Triságion (canto do "Deus Santo, Santo Forte, Santo Imortal, tenha piedade de nós")

b) Leituras

Canto sálmico antes da epístola (*Prokimenon*)

Epístola

Aleluia

Evangelho

Homilia

c) Orações/litanias

3) Liturgia Eucarística

a) Prelúdios

Duas orações/litanias para os fiéis

Grande entrada (procissão dos santos dons) ; canto do hino dos querubins

Litanias; oração da oferenda

Beijo de paz

Símbolo de Niceia-Constantinopla

b) Anáfora (cânone eucarístico)

Diálogo de introdução

Ação de graças para os benefícios divinos

Canto do "Santo, Santo, Santo..."
Relato da Ceia e palavras da instituição da Eucaristia
Anamnese (memória da obra da salvação)
Epiclese (invocação do Santo Espírito para a consagração dos santos dons)
Intercessões (*memento* dos vivos e dos mortos)
Conclusão e *Amém* final

c) Comunhão

Preparação à Comunhão: litania, oração dominical, preces
Elevação, Fração do Cordeiro, *comixtio* (o padre coloca uma parcela do corpo do Cristo no precioso sangue)
Zéon (o padre verte água quente no cálice)
Comunhão dos celebrantes e dos fiéis
Litanias de ação de graças
Preces finais; bênção do padre
Saída dos fiéis

Logos

Termo grego que, dentro da tradição cristã, traduz o hebraico *davar*, que significa ao mesmo tempo "palavra", "relação" e "acontecimento". Traduzido em latim por *verbum*, que por sua vez é traduzido por "verbo" em português e *verbe* em francês, ele perdeu progressivamente sua força, por significar apenas o discurso ou a razão e não mais a ação ou a informação criadora "pela qual" tudo existe.

Logos, *davar* em hebraico: inteligência, palavra, verbo, informação criadora...

Aqui, mais uma vez, traduzir é trair, reduzir.

O *logos* não é a palavra, o verbo ou a razão no sentido ordinário do termo. É a palavra criadora. O *davar* bíblico dá forma e consistência a todas as coisas. É interessante perceber igualmente que o *davar* (DBR) em hebraico quer dizer ainda:

1) Promessa, ordem, mandamento, conselho

2) Acontecimento, algo – fato, ação

3) Causa, motivo

Para os semitas, a palavra e o acontecimento não estão separados.

Trata-se de uma palavra em ação, de um verbo eficaz.

O conceito contemporâneo que mais se aproximaria deste *davar* hebraico é o conceito de informação.

Para que uma coisa exista, ela precisa ser "informada" no sentido genético do termo; sem esta informação, como dirá São João em seguida, nada subsiste. Nada toma forma.

No início, na origem, há, portanto, esta inteligência, esta palavra criadora que "informa" todas as coisas; mas a palavra é também aquilo que nos mantém na expectativa, na possibilidade de uma escuta e de uma relação.

Dizer que no início está a palavra é dizer que aquilo que é primeiro é da ordem da relação. Entre o Aleph, o incognoscível e a criação, há esta palavra, este "diálogo", o *logos* que coloca a dualidade e, no mesmo movimento, clama e torna possível a Unidade, não a unidade indiferenciada ou fusional, mas a unidade da relação: o Amor.

No pensamento grego, os estudos sobre o *logos* – quer eles cheguem ou não a uma comparação com o *logos* do Prólogo – começam com Heráclito. É a ele que São Justiniano atribuirá a honra de ter sido o primeiro a proclamar a existência do *logos*; ainda mais: de ter sido o primeiro a ter vivido segundo o *Logos* e vivido tão bem que ele mereceria o nome de cristão, assim como Sócrates.

Amélio, o neoplatônico, também lembrava-se de Heráclito, como sendo aquele "bárbaro" que o tinha plagiado em seu evangelho!... É verdade que o *Logos* foi proclamado em Éfeso por Heráclito seis séculos antes de Jesus Cristo, seis séculos antes que o próprio São João o proclamasse novamente – em Éfeso – o belo semblante daquele que encarna para ele o *logos*: Jesus Cristo, "Ele, o visível do invisível"...

Louvor

"Aos homens direitos convém o louvor" (Sl 32).

A ortodoxia que pretende ser "direita", "reta" (*ortho*) não possui outra missão além do louvor (*doxa*) (cf. Doxologia).

O monge ortodoxo não é, primeiro, um modelo de virtude ou de fidelidade à verdadeira fé ele é, antes de tudo, um ser de louvor e de celebração, ele está ali com toda a criação para ser uma alegre oferenda "ao louvor em glória do Altíssimo".

Como diz São Proclus de Constantinopla (século V) em uma homilia sobre a Anunciação:

> A natureza inteira prepara seus dons para a criança concebida sem Pai. A terra oferece o berço, as pedras oferecem as bilhas de Caná, as montanhas, uma gruta e as cidades de Belém; os ventos, sua obediência e o mar, sua submissão; as profundezas do mar oferecem os peixes da pesca e os próprios peixes, a moeda de troco; as águas oferecem o Rio Jordão; as fontes, a samaritana; o deserto, João Batista; os animais, o filhote do asno; os pássaros, a

pomba; os magos, seus presentes. As mulheres oferecem Marta, as viúvas, Ana e as estéreis Isabel; as virgens oferecem Maria, Mãe de Deus; os pastores, seus cantos; os padres, Simão; as crianças, seus ramos; os perseguidores oferecem Paulo; os pecadores pagãos, a Cananeia; aquele que sangra, sua fé; a prostituta, seu perfume; as árvores oferecem Zaqueu; as florestas, a Cruz e a Cruz, o bom ladrão; o oriente, uma estrela; o ar, a nuvem; os céus, os anjos; Gabriel, sua saudação...

M

Macário o Egípcio

Anacoreta durante sessenta anos no deserto de Scetes. Originário do Alto Egito, ele foi, sem dúvida, discípulo de Santo Antão.

Dentre as obras publicadas sob seu nome, apenas *A carta aos jovens monges* (MIGNE. P.G., t. 34, col. 403-410), conhecida desde o século V, pode lhe ser atribuída com certeza.

As cinquenta homilias que preenchem o tomo 34 da patrologia grega de Migne suscitaram diversas discussões e são consideradas geralmente como apócrifos.

Marcos o Eremita ou o Asceta (morto cerca de 430)

Autor de escritos ascéticos; aparentemente viveu no início do século V.

Discípulo de Crisóstomo, foi abade de um mosteiro em Ancyra da Galácia (atual Ancara, capital da Turquia), em seguida eremita no deserto da Judeia.

Escritor de um ascetismo "sóbrio e de bom quilate", deixou nove tratados ascéticos, dentre os quais o mais conhecido é o

De Lege Spirituali e dois tratados dogmáticos, sendo um deles contra os nestorianos (Obras em MIGNE. P.G., t. 65, col. 905-1.140).

Máximo o Confessor (cerca de 580-662)

O maior teólogo grego do século VII. Foi, primeiro, secretário privado do Imperador Heraclius, depois monge e abade do mosteiro de Chrysopolis, perto de Constantinopla. Lutou contra a heresia monotelita e teve que se exilar na África do Norte e em Roma. Preso em 653, foi reconduzido a Bizâncio e martirizado pela sua fé. Terminou sua vida no exílio, em um mosteiro.

Comentarista do Pseudo-Dionísio, ele despojou a doutrina do grande místico do Oriente de todo vestígio de neoplatonismo. Ele ficou conhecido no Ocidente por intermédio de João Escoto Erígena (Iohannes Scottus Eriugena[19]).

Monofisismo

Heresia da "verdade parcial" denunciada pelos monges do Monte Athos após o Concílio de Calcedônia. Heresia que por vezes parece tentá-los quando sua forte afirmação da divindade do Cristo lhes faz esquecer o realismo da sua humanidade e, em consequência, quando a intensidade da sua busca por Deus lhes faz perder o sentido da sua "natureza" e da sua condição humana.

Na origem do monofisismo encontram-se, de fato, algumas grandes figuras do monasticismo bizantino: Apolinário o Jo-

---

19. João Escoto Erígena (810-877), filósofo, teólogo e tradutor irlandês da corte de Carlos o Calvo. Expoente máximo do renascimento carolíngio no século IX, que escolheu como tema principal de seus estudos a relação entre a filosofia grega e os princípios do cristianismo [N.T.].

vem, bispo de Laodiceia em 362, Eutiques (378-454) e Cirilo de Alexandria, o inimigo de Nestório, que se oporá, aliás, como ele, ao Concílio de Calcedônia (451).

Desta ruptura do monofisismo com a ortodoxia nascerão as igrejas ditas "não calcedonianas" (copta, armênia, jacobita).

O Concílio de Calcedônia (451) reconhece o Cristo como sendo ao mesmo tempo "verdadeiro Deus e verdadeiro homem" em "uma única pessoa e duas naturezas", unidas sem mistura e sem confusão. Os monofisitas sustentam que, em Jesus, a natureza divina definitivamente absorveu a natureza humana, como os "monotelitas" dirão que a vontade divina do Cristo absorveu completamente sua vontade humana.

Tanto em um caso quanto em outro, é a realidade "verdadeiramente" humana do Cristo que é negada. Sua natureza, Sua energia, Sua vontade não se unem "livremente" à natureza, à energia e à vontade de Deus, mas são, de certa maneira, "absorvidas", destruídas, pela divindade.

A ortodoxia defende este paradoxo: para ser verdadeiramente divino é preciso ser verdadeiramente humano. Nossa união a Deus não destrói, mas transfigura nossa humanidade; não se trata de destruir o ego, mas de "abri-lo".

"Paradoxalmente", aqueles que se consideram como "canais" da Palavra de Deus, sem pensamento, sem desejo e sem vontade própria, correm o forte risco de se iludir ou de estar na inflação.

Para um ortodoxo, o sinal da nossa união com Deus não é a perda da nossa humanidade e das suas funções, mas, pelo contrário, sua divinização. Cada uma das nossas "funções" humanas encontra, pela graça ou pelo dom da Energia divina, seu pleno uso "natural", curado e transfigurado.

Deus se fez homem não para destruir o homem, mas para que Ele se torne plenamente humano, e é na plenitude da sua humanidade que Ele pode se tornar Deus.

O Verbo se fez carne, não para destruir ou desprezar a carne, mas para iluminá-la e divinizá-la...

A Consciência toma corpo não para que o homem se desencarne, mas para que o corpo tome Consciência, torne-se Consciência...

A Vida infinita, eterna, encarna-se na vida finita, temporal, não para negar os limites ou o tempo, mas para abrir nossos limites e nosso tempo à Sua pura Presença...

A Luz torna-se matéria para que a matéria se torne Luz, mais exatamente, a Luz é matéria, a matéria é Luz, sem confusão, sem separação. Este é o paradoxo que os físicos descobrem...

Deus é homem, o homem é Deus, sem confusão, sem separação. Este é o paradoxo que os teólogos descobrem no Cristo...

"Eu sou em Deus e Deus é em mim"... sem confusão, sem separação"... É o paradoxo que os hesicastas descobrem em si próprios...

Mistério

Ordinariamente, esta palavra significa aquilo que é mantido em segredo, reservado aos iniciados, podendo ser verdades inacessíveis à razão.

Para os cristãos, há um sentido ao mesmo tempo mais vasto e mais profundo: ele se aplica às coisas que estão além da compreensão, ou seja, além de toda definição que desposaria os sentidos, mas são realidades divinas das quais nós podemos participar, não através do intelecto, mas através da graça do Santo Espírito em nossa vida.

São Paulo ressalta que, se Deus é um Deus oculto, Ele é também um Deus que se revela e continua a se revelar a nós, como Pessoa, como Amor, "revelação de um mistério envolto de silêncio pelos séculos eternos, mas hoje manifestado" (Rm 16,25-26). O que permanece oculto não é algo reservado a uma elite; aquilo que permanece mistério, é o sentido pleno, pois hoje em dia nós "vemos como em um espelho, por enigmas, agora vemos cara a cara".

Na Igreja a palavra mistério (*mysterion*) é frequentemente utilizada para designar os sacramentos. Esses últimos não são simples "símbolos figurativos" sobre os quais poderíamos discutir longamente. As graças que aí estão presentes são as mesmas que as concedidas pelo Senhor na câmara alta, assim como nos momentos de cura e de perdão dos pecados.

O mistério é o fato de que a graça sacramental não é resultado dos esforços humanos, dos "méritos", mas um dom de Deus.

Estar consciente da Vida que se dá em nós é não estar consciente de "algo" que poderíamos explicar científica ou racionalmente. É estar consciente de um mistério (literalmente, aquilo que nos torna "mudos"), de algo além daquilo que as palavras, as emoções, os sentimentos podem "capturar".

É este ato de "des-capturamento" que abre a inteligência e o coração ao mistério.

N

Nestório – Nestorianos

O nestorianismo, junto com o monofisismo e o arianismo, é uma das heresias violentamente refutadas pelos monges do Monte Athos.

Nestório também era um monge, nascido na Síria, tornado bispo de Constantinopla em 428. Assim como Ário, ele não achava que Jesus era Deus desde a sua origem. Ele pensava que Ele era apenas um homem, uma personalidade humana que ocasionalmente unia-se a Deus, provavelmente no momento do seu batizado por João Batista às margens do Rio Jordão que é, de certo modo, sua "entronização"... ali onde começa sua filiação.

Existem, portanto, em Jesus, duas naturezas bem separadas: uma é humana como a de qualquer um dentre nós, a outra divina, que o fez participar em certos momentos, "de algo maior do que Ele", a altear além de Si mesmo; mas, se as duas naturezas coexistem, elas não são "consubstanciais" (*homoousia*) (cf. Concílio de Niceia, 325).

O homem e Deus não são "Um" sem confusão e sem separação. Eles permanecem definitivamente "dois". Calcedônia dirá "duas naturezas hipostasiadas" em uma única Pessoa. Jesus "é" os dois, Ele não está dividido em dois, paradoxo que faz da pessoa, ou hipóstase, o "terceiro incluso ou includente".

Para Nestório, há duas pessoas. Em alguns momentos, Ele é apenas "Jesus homem", em outros, Ele é "Cristo Deus". Não é o Cristo que morre, apenas Jesus. O Cristo não morre. Podemos observar a semelhança da doutrina de Nestório com a do Islã a respeito do Cristo: este não teria morrido, um outro teria morrido em seu lugar e, como para Nestório, Jesus não passa de um homem, um santo e um profeta, mas jamais um homem "consubstancial" a Deus, o que é considerado pelo Islã como a maior blasfêmia existente.

Contudo, se refletirmos a respeito, a afirmação islâmica, "apenas Deus é Deus", apenas Ele É, não existe outro absoluto além do Absoluto, outra realidade do que a Realidade, então, como o homem "é"?

Se ele "é", é porque ele participa, mesmo que de uma maneira relativa, do Absoluto. Apenas Deus "É"; ora, o homem "é", então, o homem "é" Deus. É a lógica de Calcedônia, com essas necessárias precisões: "Sem confusão – sem separação"...

Não se trata mais de confundir o relativo (o homem) e o Absoluto (Deus), também não se trata de separá-los: o relativo só é relativo com relação ao Absoluto, e esta relação, se não for uma ficção, mas bem real, deve ser buscada junto à substância ou o Ser, é uma relação (hipóstase) ontológica...

Eutiques, Cirilo de Alexandria e outros monofisitas "confundem"... Nestório e o nestorianismo, que influenciaram o Islã, "separam"...

Em um caso, estamos em presença de uma "Unidade indiferenciada"; em outro, de uma "Unidade partida" pela dualidade Criador/criatura.

Calcedônia mantém-se no meio e propõe o paradoxo de uma "Unidade diferenciada".

Deus e o homem não são confundidos.

Deus e o homem não estão separados.

As metáforas do enlace humano poderiam permitir que nos aproximássemos do mistério, pois trata-se sempre do mistério do Amor. No enlace, dois seres formam apenas um, eles permanecem, contudo, diferentes (a menos que, justamente, não haja "submissão", perda de identidade de um em "benefício" (?) do outro, ou indiferença de ambos, em estado de "justaposição" durante um breve instante).

No verdadeiro Amor, quanto mais "formamos apenas um" com o outro, mais o respeitamos na sua diferença; quanto mais respeitamos alguém na sua diferença e na sua alteridade, mais "formamos apenas um com ele"...

Todos esses paradoxos eruditos, por vezes "cansativos", destes antigos concílios talvez sejam apenas introduções ao grande *koan* do Amor: união dos contrários, seja no nível da relação humana ou da relação com Deus...

A perceber, ainda, que o nestorianismo não influenciou apenas Maomé e a redação do Corão, seus missionários evangelizaram também a China e a Índia. Hoje em dia, nós os encontramos sob o nome de sírios, caldeus ou siro-malabares (no Kerala, os nestorianos formam um contingente de mais de três milhões de pessoas).

Eles leem a Bíblia em siríaco, em uma versão dita *Peshitta* (simples), na qual alguns reconhecem o sabor "aramaico" da língua falada por Abraão e Jesus.

Atualmente, os nestorianos, que sempre se uniram ao símbolo de Niceia, só se distinguem pela sua oposição ao culto mariano (Maria é a mãe do homem Jesus e não do Filho de Deus). Como Nestório, eles continuam recusando à Maria o nome de *Theotokos*, Mãe de Deus; para um ortodoxo, isto é privar a humanidade da possibilidade de "conceber" Deus em si.

Orígenes, e mais tarde Mestre Eckhart, dirão que nós todos devemos nos tornar *Theotokos*, "mãe de Deus", ou seja, a missão ou a função da nossa humanidade é a de colocar Consciência e Amor no mundo, introduzir (ou reconhecer?) na matéria a Presença da luz, a Presença do Filho de Deus, ou seja, a relação filial "mais do que causal" do nosso ser com a Origem de tudo aquilo que vive e respira...

Podemos nos bater dolorosamente pelas palavras ou nomes cujos sentidos não compreendemos (e este foi o caso para a palavra *Theotokos*). O sentido dessas palavras e destes nomes só se revela na experiência; assim como o Evangelho, o símbolo de Niceia-Constantinopla não pertence apenas àqueles que o viveram ou que tentam, suavemente, vivê-lo.

Nicéforo

Monge do Monte Athos (século XIV). Autor de um tratado sobre *A guarda do coração* (MIGNE. P.G., t. 147, col. 988-996) e talvez o *Tratado sobre as três formas de oração* ou *Método da oração hesicasta*, atribuído, sem razão, a Simeão o Novo Teólogo (cf. HAUSHERR. "O método da oração hesicasta", *Or. Christ.*, vol. IX, 2, jun.-jul./1927; "Nota sobre o inventor do método hesicasta", *Or. Christ*, vol. XX, p. 179-182 e "Sobre a espiritualidade hesicasta", *Or. Christ.* Per. 3º ano, 1937, p. 260-272).

O

Ofícios

Ao ritmo do chamado da simandra, o monge ortodoxo celebra os ofícios da noite (*mesonycticon*) e da aurora (*orthros*), laudas matinais (*eni*) e liturgias. Na véspera das grandes festas, ele participa dos ofícios celebrados durante toda a noite (*agypnia*) ou durante todo o dia da quinta e sexta-feira santas. Ele pode recitar as "horas" da prima, da terceira e da sexta fora da igreja. Em compensação, as nonas, antes das vésperas, são sempre pronunciadas no interior do *catholicon*. As Completas (*apodipnon*) são ditas em comum e em particular após o jantar.

Oferenda

Ao longo da liturgia ortodoxa, o padre pronuncia essas palavras: "Nós te oferecemos aquilo que é Teu, daquilo que é Teu em todas as coisas e por todas as coisas..."

Dar à Luz aquilo que a Luz nos deu, dar à Vida aquilo que a Vida nos deu. Através da "oferenda" dos nossos teres ou do nosso ser, nós recolocamos todas as coisas no movimento da Vida que se dá. Essa é uma das chaves do hesicasmo: oferecer-se ao invés de sofrer, passar de um sofrimento ao qual nos identificamos ou que entretemos, a um sofrimento "oferto", que não mais nos pertence. Passar de uma vida "suportada" a uma vida "escolhida", depois de uma vida guardada ou preservada a uma vida dada ou oferecida. A única coisa que a morte não pode nos tirar é aquilo que teremos dado.

Talvez seja este o sentido profundo do sacrifício do Cristo, seu ato sagrado (*sacra-facere*, tornar sagrado): não tiramos a Sua Vida, Ele a dá. "Pois és Tu quem oferece e quem é oferecido, Tu que recebes e que distribuis, ó Cristo, nosso Deus" (prece secreta do padre durante a liturgia).

Em todo ato de louvor, de oferenda ou de dom, não apenas nós fazemos "circular a Vida", nós colocamos o "ato sagrado" que a torna imperecível.

Oração

> Para orar a Deus, tu não precisas de nada: onde quer que estejas, onde quer que O invoques, Ele te ouvirá. De fato, não há nenhuma ocupação, nenhum intermediário, nenhum servidor que possa vir se interpor entre nós.
> Dize: tenha piedade de mim! E Deus estará ali.
> Ele não aguarda o final da tua oração: tu recebes o dom antes mesmo de ter terminado de orar.
>
> São João Crisóstomo

"Ó Deus, dá-me um coração que escuta." A raiz do pecado, dizem também os Padres, é o esquecimento de Deus, é a falta de atenção. "Escuta, sede atento", Deus está aqui. E tu? "Adão, onde estás?"

"Se vendemos todos nossos bens, foi para comprar uma pérola preciosa. Se não nos casamos, se renunciamos a nossas riquezas e à nossa vontade própria, foi para adquirir a oração perpétua. Se nos libertamos de todas as preocupações do mundo, foi para podermos orar para Deus com um coração puro. Desta maneira, a oração deve ser a única ocupação do monge."

"Um dia perguntaram ao Abade Agatão: 'De todas as práticas, qual é a que demanda mais trabalho?' Ele respondeu: "Perdoem-me, mas acredito que não há trabalho maior do que orar para Deus. A partir do momento em que o homem quer orar, os demônios tentam impedi-lo; eles sabem que nada lhes faz mais obstáculo do que a oração'. De fato, como podem a mentira e a vaidade penetrar em um coração que ora? O ódio não possui mais um caminho por onde entrar no mundo e semear a guerra e a discórdia."

> Quando o Espírito estabelece sua moradia no homem, este não pode parar de orar. Pois o Espírito não para de orar nele, quer ele esteja dormindo, quer ele esteja vigiando, a oração não se separa do seu coração. Quer ele esteja comendo, quer ele esteja bebendo, quer ele esteja deitado, quer ele trabalhe, quer ele esteja mergulhado no sono, o perfume da oração se exala espontaneamente do seu coração. De agora em diante, ele não dá à oração um tempo determinado, mas todo o seu tempo.
>
> Santo Isaac

Oração de Jesus

Oração de Jesus, ou mais exatamente, oração "a" Jesus, sendo que a oração "de" Jesus é *abba* Pai-nosso.

A oração perpétua, que constitui junto com a "busca do local do coração", o fundamento do hesicasmo, remonta aos primeiros tempos da espiritualidade no Oriente.

Os textos citados abaixo nos permitem capturar e compreender o sentido desta tradição.

Evágrio Pôntico, *Practicos*, II, 49. "O trabalho das mãos, a vigília, o jejum não nos são comandados o tempo todo; mas é uma lei que nós oremos incessantemente... A oração (de fato) torna nosso espírito robusto e puro em vista da luta..."

Diádoco de Foticeia. Cem capítulos sobre a perfeição espiritual (Coleção "Fontes cristãs" ("Sources chrétiennes"), n. 5 bis):

> O intelecto exige absolutamente de nós, quando fechamos todas suas saídas pela lembrança de Deus, uma obra que satisfaça sua necessidade de atividade. É preciso, portanto, dar-lhe o nome mui santo do Senhor Jesus como a única ocupação que responde inteiramente a este objetivo. "De fato, ninguém pode dizer: Jesus é o Senhor, se não for no Espírito Santo" (1Cor 12,3)... (cap. 59). Quem quer purificar seu coração, que ele o faça arder constantemente pela lembrança do Senhor Jesus, fazendo disso apenas seu estudo e sua prática constantes [...] De fato, da mesma maneira, se quisermos purificar o ouro, o deixaremos descansar no fogo do crisol; damos a dureza ao metal que purificamos, da mesma maneira aquele que só se lembra de Deus pela intermitência perde, assim, aquilo que ele acreditara adquirir pela oração. É próprio de um homem amigo da virtude consumir incessantemente pelo pensamento de Deus aquilo que existe de terrestre no seu coração para que,

desta maneira, pouco a pouco, o mal seja dissipado pelo fogo da lembrança do bem e que a alma volte perfeitamente ao seu brilho natural com ampliado esplendor.

Ossuários

Os ossuários do Monte Athos são numerosos. São lugares de meditação caros aos monges.

Lugares de lucidez, por vezes de esclarecimentos: temos um crânio na cabeça, uma morte nos braços, um silêncio no coração... É uma evidência que fulmina e que ilumina.

A distância ínfima e infinita que separa nosso corpo de ossuário e nosso corpo de Eternidade é quase palpável: um sopro...

Quando Jesus pede à samaritana para orar *en Pneumati*, no Sopro (esta continua sendo a prática dos hesicastas), Ele sabe que ali está o fio que liga nossos ossuários à Sua luz.

P

Palamas, Gregório

Nascido em 1296, arcebispo da Tessalônica em 1347, morto em 1359.

Partidário dos hesicastas, Gregório Palamas buscou dar às suas doutrinas uma base dogmática. Suas teorias sobre a luz incriada e sobre a distinção em Deus da essência e das energias versam sobre problemas difíceis e suscitaram vivas controvérsias. Seu pensamento, criticado e sem dúvida mal compreendido durante longo tempo no Ocidente, é hoje em dia apresentado sob uma luz positiva por diversos autores.

Nosso corpo não tem nada de ruim como tal; ele é bom por natureza; apenas o espírito carnal, o corpo prostituído no pecado, é condenável. O mal não vem da carne, mas daquilo que a habita. O mal não é o espírito que habita no corpo, mas a lei oposta à lei do espírito que se exerce em nossos membros. Eis por que nos insurgimos contra a lei do pecado e a expulsamos do corpo para ali introduzirmos a autoridade do Espírito.

Graças a esta autoridade, nós fixamos sua lei em cada poder da alma e nos membros do corpo: a cada um o que lhe é devido. Aos sentidos, a natureza e os limites da sua existência: esta obra da lei carrega o nome de temperança; à parte apaixonada da alma, nós procuramos o *habitus* excelente: é a caridade; resta a parte razoável que nós melhoramos ao rejeitar tudo aquilo que se opõe à ascensão do espírito para Deus: esta parte da lei chama-se sobriedade.

Aquele que purificou seu corpo pela temperança, que, através da caridade, fez de seu irascível e da sua concupiscência ocasiões de virtude, que, enfim, apresenta a Deus um espírito purificado pela oração, adquire e vê em si mesmo a graça prometida aos corações puros.

"Carregamos este tesouro em vasos de argila" (2 Cor 4,6-7), compreendamos com estas palavras, nossos corpos. Como, desde agora, retendo nosso espírito dentro do nosso corpo, faltaríamos à sublime nobreza do Espírito?...

"Nossa alma é uma essência munida de múltiplos poderes, que têm como órgão o corpo que ela anima. Seu poder – o espírito, como nós o chamamos – opera no meio de determinados órgãos. Ora, quem jamais supôs que o espírito pudesse ter sua sede nas unhas, nas pálpebras, nas narinas ou nos lábios? Todos estão de acordo em colocá-lo dentro de nós. As opiniões divergem quando se trata de designar o órgão interno. Uns colocam o espírito no cérebro como em uma espécie de acrópole; outros lhe atribuem a região central do coração, aquela que é pura de todo sopro animal. Para nós, sabemos, de ciência certa, que nossa alma razoável e sensata não está dentro de nós como se ela estivesse dentro de um vaso – já que ela é incorpórea – não mais do que do lado de fora – já que ela está unida ao coração –, mas que ela está dentro do coração como se estivesse em seu órgão.

E o grande Macário não diz algo diferente: "O coração preside todo o organismo. Quando a graça tomou conta dos pastos do coração, ele reina sobre todos os pensamentos e sobre todos os membros. Pois é ali que se encontram o espírito e todos os pensamentos da alma". Nosso coração é, portanto, a sede da razão e seu principal órgão corporal. Se quisermos nos aplicar a vigiar e corrigir nossa razão através de uma atenta sobriedade, qual melhor maneira de vigiá-la do que unir o espírito espalhado pelas sensações para o lado de fora e reconduzi-lo ao interior de nós até este coração que é a sede dos pensamentos? É por esta razão que Macário prossegue: "É, portanto, ali que devemos observar para ver se a graça ali gravou as leis do Espírito". Ali, aonde? No órgão diretor, o trono da graça, ali onde se encontram o espírito e todos os pensamentos da alma, em suma, o coração. Tu medes agora a necessidade para aqueles que resolveram se vigiar na quietude, de trazer de volta, de tornar recluso seu espírito no seu corpo e, sobretudo, neste corpo no seio do corpo, que nós chamamos de coração.

Se "o Reino dos Céus está dentro de nós" (Lc 17,21), como não se excluiria do reino aquele que deliberadamente dedica-se a fazer sair seu espírito? "O coração reto, diz Salomão, busca o sentido" (Pr 27,21), este sentido que ele, aliás, chama de "espiritual e divino" (Pr 2,5) e sobre o qual os Padres nos dizem: "O espírito, inteiramente espiritual, está envolvido por uma sensibilidade espiritual; não paremos de buscar este sentido, ao mesmo tempo em nós e fora de nós".

São Gregório Palamas

Pantocrator

Literalmente, criador de Tudo (*pan*), traduzido geralmente por "Todo-poderoso". Podemos igualmente traduzir por "Plenitude daquele que preenche tudo em tudo". De um ponto de vista iconográfico, Pantocrator remete à representação do Cristo segurando o livro e abençoando, imagem que encontramos nas cúpulas das igrejas do Monte Athos. Certas representações estão por vezes mais próximas de uma representação do poder imperial (o Cristo como imperador bizantino) do que de uma simbolização do Amor e da Misericórdia Todo-poderosas que deveriam reinar sobre o mundo. Certos ícones testemunham, contudo, a possibilidade de representar a grandeza e a soberania do Cristo sem esquecer Sua doçura e Sua ternura ("Aprendam de mim que sou doce e humilde de coração e encontrareis repouso para vossas almas", literalmente, vossas "psiques").

Penthos

Atitude fundamental do monge que se reconhece "pecador", desorientado ou sem eixo (a palavra *hamartia*, que traduzimos por "pecado", quer dizer "errar o alvo"). As duas orações do Evangelho às quais a oração do coração faz referência são duas orações que expressam o *penthos*:

A do cego: "Jesus, Filho de Davi, tenha piedade de mim" (Lc 18,38) e a do publicano: "Ó Deus, tenha piedade de mim, pecador" (Lc 18,13). Para os cristãos, "filho de Davi" vira "Filho de Deus".

A oração do coração que retoma as palavras do cego e do publicano é, antes de tudo, uma oração de demanda e de arrependimento. A oração do hesicasta, assim como a oração de todo cristão, é uma oração de homem que se reconhece pecador. "O início da salvação é condenar-se": nenhuma sentença será repetida com maior frequência do que esta, em todos os tons, por todos os mestres da espiritualidade monacal: Antão, Arsênio, Ammoés, Poemen, Teodoro de Phermé, João Colobos, Matoés...

Ainda mais numerosos são os exemplos da colocação em prática de tal doutrina. Tudo, no monasticismo, está ligado a ela: chorar seus pecados constitui o indispensável noviciado da vida ascética e, mais ainda, a marca do progresso e o apanágio da perfeição. Se entramos na via da salvação pela confissão do nosso estado de pecadores, nela avançaremos pelo mesmo método: "Quanto mais um homem se aproxima de Deus, mais ele se vê como pecador. No momento em que o Profeta Isaías viu Deus, ele disse ser um miserável e um impuro", diz *abba* Matoés.

"Os monges preferiram a via do *penthos* a todas as outras, pois eles a julgaram mais eficiente e mais garantida contra a ilusão. Para eles, orar é, antes de tudo, estender a mão para Deus para receber."

"O Tratado de São Nilo o expressa claramente: 'Ora primeiro para receber o dom das lágrimas, a fim de amolecer, pela compunção, a dureza inerente à tua alma e, ao confessar contra ti mesmo tua iniquidade ao Senhor, obtém dele o perdão'. Estamos longe aqui da atitude daquele que invoca o Nome para despertar em si as energias da vida divina. Trata-se de um homem que se reconhece pecador e que necessita da misericórdia do seu Senhor para reencontrar sua beleza primeira."

Processão

Os monges do Monte Athos são particularmente sensíveis a esta questão da "Processão do Santo Espírito" e do *Filioque*, que é, para eles, a razão principal da separação da Igreja de Roma.

Da mesma maneira como existe um Deus único em Três Pessoas – Pai, Filho e Espírito Santo –, cada hipóstase (ou pessoa) da Divina Trindade pode ser designada como uma maneira única de fazer existir a mesma essência, de receber as outras na eterna circulação do amor (*périchorese*). As hipóstases identificam-se sem se confundir, "contentando-se mutuamente" (São João Damasceno) em um "movimento eterno de amor" (São Máximo o Confessor).

O Pai é a fonte que, de toda eternidade, engendra Seu Filho e faz proceder o Espírito, o sopro que carrega a Palavra. O Pai, única origem das Pessoas divinas, princípio da Unidade na Trindade, é sem origem; o Filho é engendrado pelo Pai, o Espírito procede do Pai.

Essas relações – paternidade, geração, processão – expressam a unidade na diversidade, unidade da natureza e diversidade de relações pessoais. Unidade absoluta coincidindo com diversidade absoluta, pois essas relações se relacionam com o Pai que é tanto o princípio quanto a recapitulação da Trindade; ao Pai, fonte única das Pessoas que recebem n'Ele essa mesma natureza.

A Igreja Ortodoxa considera a fórmula que afirma que o Espírito Santo "procede do Pai" como a expressão adequada da verdadeira fé. Alguns heréticos, em particular os arianos, sustentavam que o Espírito e o Filho são criaturas e que o Filho é inferior ao Pai, recusando-lhe assim a plenitude da divindade.

Face a essas heresias e querendo combatê-las, o Oriente e o Ocidente reagirão de maneira diversa. O Oriente sustenta que o Espírito Santo deve sua existência diretamente ao Pai sozinho. No Ocidente, a teologia trinitária tomou outro rumo: para afirmar a divindade do Filho, foi declarado que o Espírito Santo procede do Pai e do Filho. Tudo indica que, originalmente, as palavras "e do Filho" (o *Filioque*) foram acrescentadas ao credo na Espanha. Foi no III Concílio de Toledo, em 589, ou até mesmo durante um concílio espanhol anterior (447), que a adição "e do Filho" foi introduzida. Dali, ela passou para a França, em seguida para a Germânia e foi acolhida por Carlos Magno.

Foi na corte deste último que a disputa começou através de escritos que acusavam os gregos de heresia por recitarem o Símbolo na sua forma original. Carlos Magno desejava se afirmar como único imperador romano e ele utilizou a controvérsia para desacreditar o Oriente. Ele tentou convencer Roma a inserir o *Filioque* no *Credo*, mas o Papa Leão III lhe escreveu que, apesar de achar que o *Filioque* era doutrinariamente exato, ele estimava que seria um erro alterar o texto original do Símbolo. Ele ordenou que o *Credo* sem o *Filioque* fosse gravado sobre placas de prata que mandou colocar sobre as portas da Igreja de São Pedro (808).

Até 850, os gregos não tomaram providências com relação ao que estava acontecendo, mas quando o fizeram foi de maneira enérgica, por dois motivos: o primeiro foi a proibição, feita pelos concílios ecumênicos, para que não fosse realizada nenhuma modificação no Símbolo: se algo fosse adicionado, isto só poderia ser feito pela autoridade de um concílio ecumênico devidamente recebido pelo povo. O segundo motivo é por julgarem (e ainda julgam) o *Filioque* teologicamente inaceitável, introduzindo um conceito errôneo da processão do Santo Espírito, assim falseando a doutrina da Igreja.

No início do século XI, quando o papado estava inteiramente sob a influência dos imperadores germânicos, a interpolação foi introduzida em Roma.

Foi apenas no Concílio de Lyon (1274) que a doutrina do *Filioque* foi erigida como dogma pelo Ocidente. Este concílio jamais foi aceito pelas igrejas e o povo ortodoxos.

A Igreja Católica Romana, tendo conservado o Credo dito de Niceia-Constantinopla, interpolou após as palavras: "que procede do Pai", as palavras: "e do Filho" (*Filioque*). Essa interpolação levou alguns a introduzirem uma distinção entre as Pessoas divinas em termos de "oposições de relações".

Tal abordagem comporta o risco de confundir "essência" e "hipóstase", de ser um atentado à "monarquia" do Pai (fazendo do Pai e do Filho um segundo "princípio" na Santa Trindade), de minimizar o caráter propriamente "pessoal" do Espírito Santo, agente por excelência da nossa participação à vida divina (cf. 2Pd 1,4). Essa interpretação terá, portanto, repercussões sobre o próprio conceito da salvação do homem: "Não se pode dizer que a questão da processão do Espírito Santo não tem uma grande importância no conjunto da doutrina cristã, que permanece mais ou menos idêntica entre os católicos romanos e os ortodoxos. Em dogmas tão fundamentais, é o "mais ou menos" que é importante, pois ele empresta um sotaque diferente a toda doutrina, ele a apresenta sob uma nova luz, ou seja, dá lugar a uma outra espiritualidade" (LOSSKY, V. *Ensaio sobre a teologia mística da Igreja do Oriente*, p. 19).

O mundo ortodoxo jamais aceitou a doutrina do *Filioque*, apesar das diversas pressões (aí compreendidas as pressões econômicas e políticas) exercidas ao longo dos séculos.

> Não ser engendrado, ser engendrado, proceder, caracteriza o Pai, o Filho e Aquele que chamamos de Espírito Santo, de maneira a salvaguardar a distinção das três hipóstases na única natureza e majestade da Divindade, pois o Filho não é o Pai, já que existe apenas um único Pai, mas Ele é isso que o Pai é; o Espírito Santo, apesar de proceder de Deus, não é o Filho, pois existe apenas um Filho único, mas Ele é isso que o Filho é. Um são os Três em divindade e o Um é Três em personalidade (SÃO GREGÓRIO DE NAZIANZO. Discurso 31, apud LOSSKY, V. *À imagem e semelhança de Deus*, p. 75).

Q

Querigma

Do grego *kerygma*: pregação, proclamação solene, anúncio, testemunho.

Os apóstolos enviados pelo Cristo, após sua Ressurreição, "Vão fazer de todas as nações, discípulos" (Mt 28,19). Eles tornam-se os portadores da Palavra de Deus, continuadores da missão que o Pai confiou ao seu Filho. E é exatamente a proclamação da obra do Cristo que constitui o próprio objeto do querigma apostólico.

Pregar o Cristo é pregar sua ressurreição dentre os mortos, e é exatamente este anúncio que foi um escândalo para os judeus e uma loucura para os pagãos, pois "agradou a Deus salvar os crentes pela loucura do querigma" (1Cor 1,21).

No Livro dos Atos, Lucas dá alguns exemplos de querigma apostólico, em particular os discursos de Pedro e de Paulo (At 2,14-39; 13,16-41 etc.).

Quirotonia

Do grego *cheirotonia*; significa a ação de estender a mão para votar. Este termo designa a eleição de um candidato para pertencer ao clero de uma Igreja e a imposição das mãos, pelo bispo, sobre este candidato.

R

Rasóforos

No Monte Athos, distinguimos três tipos de monge, ou melhor, três etapas da vida monástica:

- Os iniciantes: os rasóforos. Após ter postulado junto de um mosteiro e passado cerca de três anos de noviciado sob a direção de um "pai espiritual", o jovem monge é admitido no primeiro nível – rasóforo – da vida monástica. Um hábito (*rasou*) e um gorro (*skouphos*) lhe são dados.
- Alguns anos mais tarde (cinco a dez anos), se ele o desejar (ele também pode escolher permanecer rasóforo durante toda a sua vida), o monge pode tornar-se "stravóforo" (portador da cruz) ao longo de uma cerimônia durante a qual lhe é passado um pequeno hábito (*schéma*), um tecido portando a cruz que de agora em diante ele deverá usar em todas as situações. Na mesma ocasião, ele deverá tocar o livro dos evangelhos e lhe serão passados os regulamentos do mosteiro. Tendo chegado a este segundo nível, ele tem o direito de carregar um amplo manto (*mandyas*) e um véu negro que cobrirá seu *skouphos*. De agora em diante, ele estará ligado por toda a sua vida ao seu monastério.
- O terceiro e último grau é o do "grande hábito" (*megaloschema*). Só se chega a esse grau após muitos anos de vida monástica. O monge é, então, considerado como conselheiro e guia espiritual da comunidade.

Essas três etapas correspondem às três etapas do batismo e às três etapas da vida mística:

1) O mergulho na água, a purificação ou via purgativa – os iniciantes.
2) O crisma ou unção com o óleo, a confirmação ou via iluminativa – os que prosseguem.
3) A comunhão ou via unitiva – os perfeitos.

S

Simandra

Tábua entalhada em uma essência resinosa particularmente vibrante, a simandra tem dimensões calculadas para criar uma ressonância máxima. Bate-se nela com golpes de martelo extremamente rápidos segundo uma técnica e um ritmo tradicionais que não excluem um toque pessoal. O monge a faz soar, seja em volta da igreja, seja em volta do conjunto do mosteiro em função das horas, dos ofícios ou das festas. Após ter terminado seu itinerário, ele faz os sinos retinirem. Existem também simandras em metal, suspensas nos campanários, que são colocadas a soar, a golpes de martelo, em certos momentos precisos.

Simão (ou Simeão) o Novo Teólogo (949-1022)

Um dos maiores místicos da Igreja grega. Introduzido aos 19 anos na corte imperial, ele entrou cedo no Mosteiro de Stoudion. Ao cabo de seis anos, ele foi para o mosteiro em São Mamede, onde foi higumeno durante vinte e cinco anos. Após um conflito com o Patriarca Estêvão da Nicomédia, teve que deixar Constantinopla durante um período, mas foi reabilitado antes de sua morte.

T

Teofania

Manifestação (*phanie*) de Deus (*theos*) ou da luz (epifania).

A maneira ortodoxa "direita e celebrante" de ver o mundo é vê-lo como uma teofania, uma "manifestação". É uma visão "não objetiva", "não objetivante", pois o mundo não é feito de "coisas" ou de objetos, mas de "presenças"... O desencantamento ou a dessacralização do mundo é esta redução do mundo ao mundo dos objetos e das aparências. É a perda do sentido da Aparição.

Todo ser é uma "aparição", uma manifestação do ser. A essência da manifestação, é o próprio Ser: o Ser no ente...

Os textos bíblicos nos lembram que o Ser incriado se manifesta na criação, que o Ser invisível se torna visível em tudo aquilo que *ek-siste*. A existência é uma ex-teriorização da essência, um ex-tase (colocar-se do lado de fora) do Ser.

Essas teofanias se fazem, por vezes, pela aparição de anjos (Gn 16,7-14; 18); Deus permanece invisível, mas a Sua Presença é assinalada, como no episódio do combate de Jacó com Deus (Gn 32,23-33). Deus se manifesta primeiro a Moisés sob o aspecto da sarça ardente (Ex 3,1-12), antes de se revelar sobre a montanha do Sinai (Ex 33,18-23; 34,5-29). É como uma "leve brisa", "silêncio de um sopro sutil" que a presença de Deus se manifesta a Elias (1Rs 19,11-13).

Teofania é também o nome da grande festa do batizado do Cristo no Rio Jordão, realizado por São João Batista (Mt 3,13-17; Mc 1,9-11; Lc 3,21-22) e celebrada no dia 6 de janeiro. Este batizado não é apenas a manifestação de Deus no mundo como Cristo, mas uma manifestação da Santa Trindade.

> Na antiga liturgia cristã, a festa do dia 6 de janeiro é chamada não de "Teofania", mas de "Teofanias", no plural, pois não se trata de uma única manifestação divina, mas de três manifestações. O Pai, o Filho e o Espírito Santo – todos os três são revelados ao mundo" (GILLET, L. *O ano da graça do Senhor*, p. 107-108).

Se a luz inacessível onde Deus habita (1Tm 6,16) é a glória na qual Deus aparecia aos justos do Antigo Testamento, ela é também a luz eterna que, penetrando a humanidade do Cristo, tornou visível aos apóstolos Sua Divindade no momento da Transfiguração, essa indizível teofania que, assim como o batizado, é uma teofania trinitária (Mt 17,1-8; Mc 9,2-8; Lc 9,28-36).

"O Cristo, nosso Deus, que é a Luz da Luz, o Deus que se manifesta, mostrou-se ao mundo" (Matinas da Teofania).

Teófano o Recluso

Seu nome secular era Georges Govorov, monge, professor e bispo de Tambov em 1859. Ele se retirou em 1866 ao eremitério de Vychen onde permaneceu até sua morte, escrevendo diversas obras, mantendo uma correspondência ativa e traduzindo textos antigos, sobretudo aqueles que formam a filocalia russa.

Teologia

De *theos*, Deus, e *logos*, palavra.

A *theoria*, de onde vem a palavra *theos* quer dizer "contemplação" e "visão". A teologia é uma palavra contemplativa e visionária mais do que explicativa e racional.

Evágrio Pôntico (ca. 346-399) dizia: "É teólogo aquele que ora. Aquele que ora é teólogo".

A teologia é uma palavra rigorosa que, após ter escrutinado as Escrituras, sabe se ajoelhar em silêncio face a este Real que excede não apenas seus conceitos, mas todas "tomadas" sensoriais e afetivas.

Tetragrama sagrado YHWH

O Nome de Deus é impronunciável; ele é simbolizado por quatro letras: o *yod*, o *he*, o *vav*, o *he*. O Nome é igualmente intraduzível: "Aquele que é o Ser que Ele É" é apenas um eco da Realidade que este nome indica. O nome é um "ícone sonoro", ele não define nem descreve o que ele convida a descobrir.

Os cabalistas observam que a palavra amor, em hebraico *ahava*, escreve-se: *Aleph, he, bet, he*; seu valor numérico é treze. Quando dois amores se encontram, temos 13 + 13 = 26, que é o próprio número do tetragrama YHWH: 10 + 5 + 6 + 5 = 26.

O Nome, como o ícone, pode ser considerado como "mundo intermediário", *emtsa* em hebraico; ele é constituído pelo Amor que vem da Fonte da luz em direção ao mundo e do amor do mundo em direção à Fonte da luz (13 + 13). Ele é, assim, um lugar de encontro e de relação no qual pode se desenvolver (*apocalypsis*) um pouco do segredo de YHWH, o que o Apóstolo João apresentará como sendo, justamente, "Amor" (1Jo 3), *Agapé* em grego.

Trindade

Existe em Deus uma unidade verdadeira, eterna, assim como uma diferenciação pessoal. Os termos "essência", "substância", "ser" (*ousia*) expressam esta unidade, o termo pessoa (hipóstase), essa diferenciação. É isso que Gregório de Nissa, junto com os outros Padres da Igreja, denomina, segundo um estranho paradoxo, "diversidade na unidade" e "unidade na diversidade". Nossa razão é incapaz de nos demonstrar esta verdade, mas Deus a revela: "Existe entre os Três uma partilha e uma diferenciação que estão além das palavras e da compreensão. A distinção entre as Pessoas não entrava a unicidade da sua natureza, não mais do que a unicidade compartilhada da sua essência não leva a uma confusão das características distintas das pessoas" (GREGÓRIO DE NISSA, apud WARE, K. *Abordagens de Deus na tradição ortodoxa*, p. 53).

V

Vestes litúrgicas

Cada elemento do hábito litúrgico tem um significado; uma oração particular é dita pelo padre quando ele se reveste dos paramentos litúrgicos. A estola, por exemplo, lembra-lhe sua missão de pastor ela representa a ovelha perdida que o "bom pastor" carrega sobre seus ombros para levá-la de volta ao "lar justo".

EDITORA VOZES LTDA.
Rua Frei Luís, 100 – Centro – Cep 25689-900 – Petrópolis, RJ
Tel.: (24) 2233-9000 – E-mail: vendas@vozes.com.br